270 Recettes
pour cuisiner tous les jours

Éditions Ouest-France

Sommaire

DESCRIPTIF DES PICTOGRAMMES

Temps de préparation

Temps de cuisson

Niveau de difficulté :

difficile

moyennement facile

facile

Niveau de prix :

cher

moyennement cher

pas cher

REMARQUES

- Les niveaux de prix et de difficulté sont relatifs à la catégorie de recettes concernée. En effet, le budget consacré à une soupe très élaborée sera toujours moins élevé que celui consacré à une viande préparée simplement.
- Les prix des produits frais sont considérés en saison.
- Le vin conseillé s'applique à la recette où il figure et non systématiquement à l'ensemble du menu proposé.

Entrées

Assiette « Galipette »

Ingrédients

- 12 gros champignons de Paris bistres ou blancs,
- 2 petits fromages de chèvre frais,
- 4 cuillerées à soupe de rillettes d'oie,
- 150 g de beurre d'escargot frais (ou surgelé),
- 250 g de pissenlits des prés nettoyés,
- sel, poivre,
- beurre,
- huile de noix.

Pour la vinaigrette :

- 3 à 4 cuillerées à soupe d'huile de noix,
- 2 cuillerées à soupe de vinaigre de cidre,
- 1 petite échalote et 1 petite gousse d'ail hachées,
- sel, poivre.

Pour le beurre d'escargot frais :

- 120 g de beurre mou mélangé à 1 échalote,
- 1 grosse gousse d'ail,
- 5 brins de persil, le tout haché,
- sel et poivre.

4 personnes

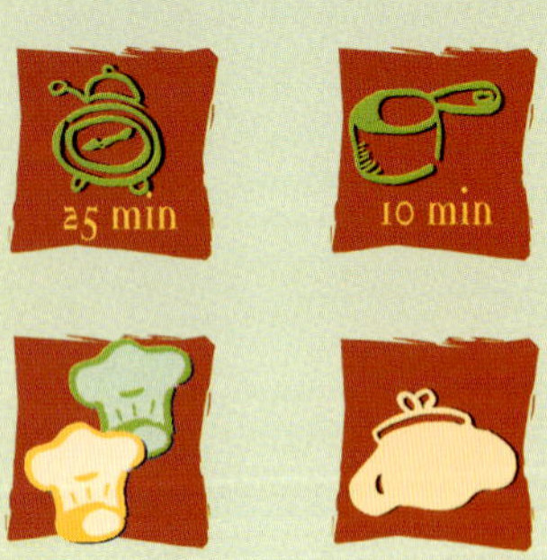

Menu

Assiette « Galipette »
●
Anguilles sautées
●
Riz au lait
aux saveurs exotiques

Vin conseillé :
sancerre blanc.

1 Supprimer les pieds des champignons. Essuyer les têtes avec un linge humide.
2 Faire fondre une noix (50 g) de beurre avec deux cuillerées à soupe d'huile de noix dans une ou deux poêles sur feu doux. Y déposer les champignons face bombée dessus.
3 Saler, poivrer, couvrir et les faire étuver 10 min.
4 Découvrir, retourner les champignons. Augmenter le feu, faire réduire totalement le liquide rendu à la cuisson et dorer légèrement les champignons. Les retirer et les disposer face bombée dessous dans un plat à four. Laisser refroidir, puis les farcir :
– 4 avec un demi-fromage de chèvre et un peu de poivre,
– 4 avec une cuillerée à café de beurre d'escargot,
– 4 avec des rillettes.
5 Assaisonner le pissenlit avec la vinaigrette et en coucher un petit lit dans chaque assiette.

Pour servir :
1 Faire dorer les champignons 10 min sous le gril du four en les surveillant. Poser trois champignons farcis sur chaque assiette et servir aussitôt.

Assiette de jeunes légumes « Martine »

Ingrédients

- 2 bottes de jeunes carottes,
- 2 bottes de jeunes navets,
- 2 bottes de jeunes poireaux,
- 2 bottes de petits oignons,
- 12 mini-fenouils,
- 12 tomates cerise,
- 1 courgette jaune,
- 1 bouquet de coriandre fraîche,
- 100 g de beurre fermier

Bouillon de poule :

- 1 poule de 1,5 kg,
- 200 g de carottes,
- 200 g d'oignons,
- 100 g de poireaux,
- 200 g de pieds de champignons,
- thym, laurier,
- clou de girofle,
- sel et poivre.

6 personnes

1 Faire un bouillon avec la poule. Ajouter les carottes, les oignons, les poireaux et les pieds de champignons préalablement taillés en dés, le thym, le laurier, le clou de girofle, le sel et le poivre.
2 Faire cuire pendant 1 h 30. Retirer la poule. Laisser réduire le bouillon pour concentrer les saveurs.
3 Éplucher tous les légumes. Les cuire séparément dans un peu de bouillon de poule avec de la coriandre fraîche.
4 Dresser les jeunes légumes dans une assiette creuse. Arroser le tout du bouillon de poule réduit monté au beurre fermier.

Menu

Assiette de jeunes légumes « Martine »
•
Jambon d'York « Route de l'Orient »
•
Mélodie Tomate Fruits des bois

Vin conseillé : un coteaux-du-loir blanc 1997, cuvée de l'Effraie.

Bouquets du Croisic

à la fleur de sel et laitue de mer

Ingrédients

- 500 g de bouquets,
- 1 kg de fleur de sel de Guérande,
- 4 cuillerées à soupe de beurre demi-sel,
- 20 g de laitue de mer (demander à son poissonnier),
- 10 cl de Muscadet.

4 personnes

15 min

5 à 8 min

Menu

Bouquets du Croisic à la fleur de sel et laitue de mer

•

Biftecks à la Montaigu

•

Vacheton Mirabelle

Vin conseillé : Muscadet de l'année

Sauce

1 150 à 200 g de beurre doux, 10 cl de Muscadet. Faire réduire le Muscadet de moitié et monter au beurre. Assaisonner de sel et poivre.

2 Dessaler à l'eau douce la laitue de mer. L'éponger. Passer les bouquets au beurre chaud sans les cuire. Dans un plat à gratin disposer le sel de Guérande. Etaler sur le sel la laitue de mer. Disposer ensuite les bouquets et recouvrir avec le reste de la laitue puis le reste du sel.

3 Cuire au four 5 à 8 min, th. 8. Servir le plat tel quel accompagné d'un beurre de Muscadet.

Croûtons « Barbouillette »

Ingrédients

- 8 œufs,
- 1 petite boîte de pointes d'asperges (les égoutter),
- 4 foies de volaille,
- 2 grosses cuillerées à soupe de crème fraîche épaisse,
- 1 cuillerée à soupe de vieux marc d'Anjou ou de cognac,
- 1 échalote finement hachée,
- 4 grandes tranches de pain de mie,
- environ 100 g de beurre,
- sel, poivre, huile.

4 personnes

Préparer les croûtons :

1 Chauffer une noix de beurre et une cuillerée à soupe d'huile dans une poêle sur feu vif. Lorsque le mélange commence à se colorer « noisette », y frire rapidement les tranches de pain de mie sur les deux faces. Retirer du feu, tenir au chaud ou réchauffer au dernier moment.

2 Retirer toute trace de fiel des foies de volaille. Chauffer une noisette de beurre et deux cuillerées à soupe d'huile dans une poêle. Y faire revenir l'échalote et les foies de volaille 3 à 4 min en remuant. Puis les couper en tout petits dés. Les remettre dans la poêle, saler, poivrer, arroser de vieux marc. Laisser chauffer 2 min, ajouter les pointes d'asperges. Tenir au chaud sur feu doux.

3 Casser cinq œufs entiers dans une jatte. Ajouter le jaune des trois autres, la crème fraîche, sel et poivre. Battre le tout à la fourchette.

4 Faire fondre une noix (50 g) de beurre dans une casserole à fond épais sur feu doux. Y verser les œufs et remuer à la cuiller de bois jusqu'à ce qu'ils prennent consistance de crème épaisse. Ajouter alors le mélange aux foies de volaille. Remuer doucement pour l'incorporer hors du feu. Poser un croûton par assiette et recouvrir de la « Barbouillette ». Servir ausitôt.

Menu

Croûtons « Barbouillette »

•

Tournedos de thon clouté aux anchois et bigorneaux à la moutarde violette

•

Figues fraîches au gratin

Vin conseillé :
Minervois blanc

Duo de langoustines et artichauts,

vinaigrette au jus de truffe « Chantal de Glamour »

Ingrédients

- 6 artichauts,
- 30 langoustines royales,
- 2 citrons,
- 2 cl d'huile d'arachide,
- 15 g de farine,
- 250 g de haricots verts frais,
- 1/2 truffe hachée,
- 5 cl d'huile de noix,
- 3 cl de vinaigre de champagne au jus de truffes,
- sel et poivre.

6 personnes

50 min

25 min

Menu

Duo de langoustines et artichauts, vinaigre au jus de truffe

•

Truite aux deux fleurs : sel, thym

•

Tarte au chocolat au poivre et coulis de groseille

Vin conseillé : un ménetou-salon blanc 1996, cuvée Pierre-Alexandre.

1 Éplucher les artichauts à l'aide d'un couteau en le tournant (comme si vous épluchiez une pomme) de façon à obtenir le cœur et son foin.

2 Les mettre à tremper à l'eau citronnée au fur et à mesure pour les empêcher de noircir.

3 Préparer un blanc (jus de citron, farine, huile) et l'ajouter en remuant au fouet à l'eau bouillante salée. Plonger les cœurs dans cette préparation et cuire 25 min. Les rafraîchir dans l'eau glacée pour arrêter la cuisson. Enlever le foin. Couper les artichauts en quartier. Les réserver au frais.

4 Ébouillanter les langoustines 1 min 30. Les égoutter et les décortiquer en conservant le bas de la queue (pour la décoration).

5 Cuire quelques haricots verts frais à l'eau bouillante salée et les couper en petits tronçons.

6 Faire une vinaigrette avec de l'huile de noix, de la truffe hachée et du vinaigre de champagne au jus de truffe.

7 Pour le dressage, réunir tous les ingrédients et disposer harmonieusement sur une assiette.

8 Arroser le tout de vinaigrette au jus de truffe, à l'aide d'une cuillère.

Feuilleté d'asperges vertes
aux cornes d'abondance

Ingrédients

- 4 carrés de feuilletage cru à 6 tours de 10 cm x 7 cm, épaisseur 4 mm,
- 200 g de cornes d'abondance (trompettes-de-la-mort),
- 32 belles asperges cuites à l'eau salée (croquantes) et additionnées d'un jus d'orange,
- 200 g de beurre,
- 1 échalote hachée,
- 1 jus d'orange,
- 1/2 jus de citron,
- 1 pincée de sucre,
- sel et poivre du moulin,
- 1 cuillère à soupe de crème double,
- 1 botte de ciboulette ciselée,
- 1/2 l du jus de cuisson des asperges.

4 personnes

1 Cuire les quatre carrés de feuilletés à 180° environ pendant 20 min.

2 Pendant ce temps, réchauffer doucement les asperges dans une partie de leur jus de cuisson puis préparer la sauce comme suit. Mettre une casserole au chaud avec le jus d'orange, le jus de citron, une pincée de sucre et trois cuillères à soupe de jus de cuisson des asperges, faire bouillir et réduire aux trois quarts.

3 Dans une seconde casserole, faire sauter vivement dans 20 g de beurre les échalotes hachées et les cornes d'abondance. Saler, poivrer, égoutter et tenir au chaud en récupérant le jus de cuisson que l'on ajoute à la première réduction, remettre à bouillir et réduire de nouveau à demi, puis verser la cuillère de crème, repasser au feu pour un bouillon, retirer et émulsionner avec un petit fouet en incorporant le beurre progressivement et en petite quantité, ajouter la ciboulette hachée.

4 Sortir les feuilletés, ôter le chapeau délicatement avec un petit couteau, creuser légèrement, jeter l'intérieur.

5 Bien égoutter les asperges chaudes, les disposer sur le carré feuilleté, avec les cornes d'abondance sur le dessus, arroser de sauce, puis remettre le couvercle.

Menu

Feuilleté d'asperges vertes aux cornes d'abondance

•

Noix de ris de veau aux morilles

•

Corolle de Plougastel

Vin conseillé :
Bourgogne aligoté

Feuilleté de caille

de M. Delaunay

Ingrédients

- 200 g de pâte feuilletée,
- 1 jaune d'œuf,
- 200 g de chair de caille,
- 100 g de gras de porc,
- 100 g de maigre de porc,
- 25 g de foie gras,
- 1/2 botte de persil,
- sel et poivre du moulin,
- 1 pincée des
- 4 épices,
- 20 cm de gros boyaux de porc,
- 1,5 cl de calvados.

4 personnes

Menu

Feuilleté de caille
de M. Delaunay

•

Sandre en écailles de cèpes

•

Feuilleté de pommes
caramélisées, sauce
aux écorces de cannelle –
sorbet pomme

Vin conseillé :
Côtes du Luberon blanc

1 Hacher grossièrement la chair de caille, le gras, le maigre de porc, le foie gras, le persil et les épices. Ajouter le calvados, bien mélanger, puis introduire le tout dans le boyau pour faire un saucisson.

2 Cuire 30 min à petits frémissements dans un court-bouillon bien assaisonné. La cuisson terminée, égoutter et laisser refroidir.

3 Pendant ce temps, préparer la dorure avec le jaune d'œuf et un peu d'eau.

4 Étaler la pâte feuilletée, de façon à envelopper le saucisson, bien sceller les extrémités.

5 Faire un petit trou au milieu pour évacuer la vapeur. Badigeonner la dorure, et cuire au four pendant 25 à 30 min. Servir très chaud, avec une salade et une sauce de votre choix.

Flan de moules de bouchot

au concassé de tomates nantaises, coriandre et algues frites

Ingrédients

Pour le flan :

- 300 g de moules (cuites au Muscadet et échalotes hachées),
- 4 œufs,
- 1 cuillerée à café de jus de tomate concentré,
- 10 cl de jus de cuisson de moules,
- 10 cl de crème,
- sel de Guérande,
- poivre de Cayenne.

Pour la tomate concassée :

- 4 belles tomates nantaises,
- 100 g de beurre,
- 1 oignon,
- 1 cuillerée à café de coriandre en grains.

Pour les algues frites :

- 100 g d'algues (laitues de mer),
- 1 cuillerée à soupe de farine,
- 50 cl d'huile d'arachide.

6 personnes

30 min + 30 min

30 min

1 Mixer les moules avec tous les ingrédients pour le flan, passer au chinois fin, le partager dans six petits moules préalablement beurrés et cuire doucement au four au bain-marie, 30 min environ à th. 5 ou 6.

2 Pendant la cuisson, ébouillanter les tomates quelques secondes, les rafraîchir et les éplucher. Les couper en deux pour les épépiner, et les hacher grossièrement. Faire suer au beurre l'oignon haché, ajouter les tomates, le coriandre concassé, saler, poivrer et laisser cuire 30 min.

3 Ajouter le beurre en petits morceaux et bien mélanger sans faire bouillir.

4 Blanchir les algues à l'eau bouillante 30 s, les rafraîchir et les égoutter sur un papier absorbant, les fariner légèrement et les frire rapidement, égoutter sur un papier absorbant et saler légèrement.

5 Démouler les flans (après les avoir laissé reposer un instant) sur assiette sur un petit tas de tomates, décorer avec les algues.

Menu

Flan de moules de bouchot au concassé de tomates nantaises

•

Canard des vergers

•

Paimpolaise

Vin conseillé : muscadet Coteaux de Loire sur lie de l'année

Flan de Saint-Jacques
et de poireaux à la truffe

Ingrédients

Farce de Saint-Jacques :
- 75 g de chair de poisson blanc (merlin, colin, cabillaud...),
- 175 g de chair de Saint-Jacques,
- 50 g de panade au pain (20 g mie + 30 g lait),
- 30 g de blanc d'œuf,
- 1/2 œuf entier,
- 110 g de crème épaisse,
- 5 g de truffe fraîche hachée.

Garniture :
- 380 g de poireaux.

Sauce :
- 30 g d'échalote hachée,
- 80 g de Noilly Prat,
- 200 g de crème fleurette,
- 100 g de fumet de poisson,
- 50 g de beurre,
- p. m. poivre et sel,
- p. m. huile de colza.

Décor :
- p. m. pousses de cerfeuil,
- p. m. langues de corail de Saint-Jacques.

4 personnes

45 min

15 min

Menu

Flan de Saint-Jacques et de poireaux à la truffe
•
Gigot d'agneau en croute de sel
•
Bricelets aux fraises de vecologue fourrés de glace à la vanille

Vin conseillé : blanc fumé de Pouilly

1 La farce : mixer ensemble la chair de poisson, la chair de Saint-Jacques avec un tout petit peu d'eau glacée, ajouter un peu de sel, ajouter alors la panade, les blancs, l'œuf, la crème, mixer à nouveau, rectifier l'assaisonnement. Mélanger délicatement pour incorporer à la farce la truffe hachée.

2 Garnir de cette farce des petites darioles beurrées. Enveloppez dans du papier film.

3 Les cuire à la vapeur 10 min. Garniture de poireaux : cuire dans de l'eau bouillante salée les poireaux lavés, émincés et assaisonnés.

4 Réchauffer à la vapeur au dernier moment. Sauce : faire revenir 2 min dans un peu d'huile l'échalote. Ajouter le fumet, le Noilly. Laisser réduire de moitié. Ajouter la crème. Monter au beurre. Assaisonner, chinoiser, mixer au dernier moment. Dressage et finitions : au centre d'une assiette creuse, dresser le flan.

5 Autour, dresser un cordon de poireaux réchauffés. Napper de deux petites louches de sauce.

6 Décorer le dessus des flans de langues de corail passées 1 min à la vapeur et de pousses de cerfeuil.

Fleurs de courgettes farcies,

aux miettes d'araignée de mer et morilles à la crème « Marie-Alexia »

Ingrédients

- 5 petites araignées mousse,
- 24 fleurs de courgettes,
- 400 g de blancs de poireaux,
- 250 g de morilles,
- 150 g de beurre,
- 1 citron,
- 80 cl de crème fraîche épaisse,
- sel et poivre.

6 personnes

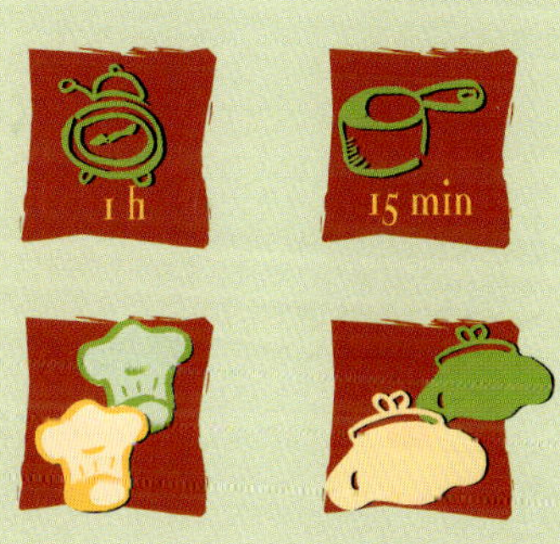

1 Cuire les araignées au court-bouillon. Les décortiquer minutieusement. Réserver les chairs au frais.

2 Éplucher les poireaux (conserver uniquement le blanc), les couper en bâtonnets très fins et faire fondre doucement au beurre demi-sel.

3 Une fois cuits, les mélanger avec les miettes d'araignées et quelques dés de morilles à la crème (préparés comme indiqué ci-dessous).

4 Couper le bout des courgettes, ouvrir les fleurs délicatement, ôter le pistil et farcir avec le mélange poireaux, miettes et morilles. Cuire 2 à 3 min les fleurs farcies dans un couscoussier (vapeur).

5 Dresser sur une assiette et disposer harmonieusement les morilles à la crème.

Préparation des morilles

1 Les mettre à tremper dans une grande quantité d'eau fraîche (après avoir retiré le bout terreux) puis les nettoyer avec une brosse fine, une à une, sous un petit filet d'eau afin d'éliminer le sable.

2 Dans un premier temps, les étuver (cuisson avec couvercle) dans une casserole avec du beurre, du jus de citron, du sel et du poivre frais à feu vif jusqu'à évaporation de leur eau de végétation.

3 Ôter du feu, faire bouillir à la crème épaisse.

4 Ajouter les morilles, laisser mijoter 2 à 3 min, saler et poivrer.

Menu

Fleurs de courgettes farcies, aux miettes d'araignée de mer et morilles à la crème

•

Petits salés aux lentilles

•

Biscuit des anisetiers de Honfleur

Vin conseillé :
un puligny-montrachet 1997,
Jean-Pierre Bachelet

Foie gras chaud

aux pommes de terre

Ingrédients

- compter 50 g de foie gras cru par personne et
- 100 g de pommes de terre,
- poivre.

6 ou 8 personnes

Menu

Foie gras chaud aux pommes de terre
•
Filet de sole à la mode des pommes
•
Galette du Vexin

Vin conseillé :
Saint-Joseph rouge

1 Découper dans un lobe des cubes ; laisser ces cubes au réfrigérateur jusqu'à leur utilisation ; utiliser les « chutes » (petits morceaux se détachant au moment de la découpe) pour faire « sauter », jusqu'à ce qu'elles soient dorées, des pommes de terre (Roseval, BF 15) préalablement cuites en « robe des champs », épluchées et également coupées en cubes (de la même taille que pour le foie gras) ; ajouter les cubes de foie gras et un peu de poivre ; laisser à couvert dans la poêle pendant quelques minutes puis agiter la poêle pour retourner le tout ; laisser encore quelques minutes et servir dans un plat très chaud.

Foie gras de canard poêlé

aux bluets des Vosges

Ingrédients

- 1 foie gras de canard de 450 g,
- 50 g de bluets,
- 10 cl de vinaigre balsamique,
- 1 cuillère à soupe de miel,
- sel, poivre.

4 personnes

1 Tailler dans le lobe de foie gras huit belles escalopes, les mettre dans une poêle antiadhésive bien chaude.
2 Cuire 1 min de chaque côté, saler et poivrer.
3 Réserver sur un papier absorbant.

Pour confectionner la sauce aigre-douce :
1 Dégraisser la poêle.
2 Ajouter le vinaigre balsamique puis la cuillère de miel, ensuite les bluets.
3 Dresser sur une assiette le foie gras poêlé avec un trait de sauce aigre-douce.

Menu

Foie gras de canard poêlé
aux bluets des Vosges
•
Vieille au four
•
Caissette de mirabelle
au coulis de myrtille

Vin conseillé :
Blanc des Vosges
Michel Moine

Ingrédients

- 600 g lançons moyens,
- 500 g lait demi-écrémé,
- 200 g farine type 55,
- huile pour friture,
- p. m. sel,
- poivre,
- 4 quartiers de citron,
- persil.

Friture de lançons

4 personnes

20 min

10 min

Menu

Friture de lançons

•

Jarret de porc à la bière

•

Quatre-quarts de Caroline

Vin conseillé :
gros plant

1 Écailler les lançons et les vider s'il s'agit de gros spécimens uniquement. Laisser les têtes. Tremper les lançons dans le lait, puis les sécher dans la farine. Enfiler par les yeux les poissons par six dans des brochettes en les espaçant légèrement. Les plonger dans la friture chaude (190 °C) jusqu'à ce qu'ils soient bien dorés. Les égoutter sur du papier absorbant. Servir sur un grand plat avec les quartiers de citron, du persil frit et éventuellement une sauce tartare.

Galette de pommes de terre

au lard et aux œufs de truite fumée

Ingrédients

- 1,5 kg de pommes de terre,
- 36 tranches très fines de poitrine fumée,
- 60 g d'œufs de truite fumée,
- 2 oignons,
- 1 kg de beurre,
- 20 cl de crème fraîche,
- 20 cl de pinot blanc d'Alsace,
- 2 échalotes,
- cerfeuil,
- sel, poivre.

6 personnes

1 Éplucher et tailler les pommes de terre en gros cylindres. Les couper en rondelles de 2 mm d'épaisseur, les réserver dans l'eau.

2 Ciseler les oignons et les faire suer dans 50 g de beurre ; saler, poivrer.

3 Chemiser chacun des petits moules à tarte individuels antiadhésifs avec six tranches de lard en partant du centre du moule vers les bords. Laisser dépasser les tranches de lard. Réserver au frais. Faire clarifier 900 g de beurre. Y plonger les rondelles de pommes de terre.

4 Laisser cuire pendant 5 min et les égoutter sur un papier absorbant.

5 Dans chaque moule, ranger une couche de pommes de terre sur les tranches de lard ; saler, poivrer.

6 Déposer une cuillère d'oignon au centre, recouvrir d'une seconde couche de pommes de terre disposées en rosace. Recouvrir avec les bandes de lard qui dépassent et cuire dans un four chaud à 200 °C pendant 15 min.

7 Pendant la cuisson, faire réduire les échalotes ciselées avec le pinot blanc.

8 Incorporer la crème et monter avec les 50 g de beurre restant. Filtrer le tout et rectifier l'assaisonnement.

9 Démouler chaque galette sur une assiette. Disposer dessus une cuillerée d'œufs de truite fumée, napper de sauce, décorer de cerfeuil. Servir très chaud.

Menu

Galette de pommes de terre au lard et aux œufs de truite fumée

•

Cuisse de poulet au gros sel

•

Savarin de pommes et poires caramélisées beurre de poiré

Vin conseillé :
Pinot blanc d'Alsace

Gâteau d'herbes à l'ancienne

Ingrédients

- 6 feuilles de chou vert ou frisé débarrassées de leurs côtes,
- 250 g d'épinards équeutés,
- 6 feuilles vertes de bettes,
- 2 blancs de poireaux émincés,
- 1 tablette de bouillon de volaille,
- 1 petit bouquet garni (thym, laurier, persil).

Pour la liaison :

- 3 œufs,
- 1 oignon haché,
- 3 cuillerées à soupe d'oseille hachée (fraîche ou surgelée),
- 2 cuillerées à soupe de persil haché,
- 2 cuillerées à soupe d'estragon ciselé (frais ou surgelé),
- 3 cuillerées à soupe de cerfeuil frais ciselé,
- 3 cuillerées à soupe de ciboulette ciselée (fraîche ou surgelée),
- 20 cl de crème fraîche liquide,
- 2 cuillerées à café bombées de Maïzena,
- sel, poivre, beurre.

Pour la sauce :

- Le jus de 1 citron,
- 6 cuillerées à soupe de crème fraîche épaisse,
- 100 g de beurre coupé en morceaux.

6 personnes

30 min

1 h 15

Menu

Gâteau d'herbes à l'ancienne
•
Cul de lapin bardatte
•
Poivre au vin « belle Angevine »

Vin conseillé :
Muscadet de Sèvre et Maine

1 Faire bouillir une marmite d'eau salée et additionnée de la tablette de bouillon de volaille. Y blanchir successivement pendant 3 min les feuilles de chou, les épinards et feuilles de bettes, les blancs de poireaux. Les égoutter soigneusement.

2 Hacher au couteau épinards et feuilles de bettes. Y mélanger les blancs de poireaux.

Préparer la liaison :

1 Battre les œufs à la fourchette dans une jatte assez grande, avec la Maïzena, la crème fraîche, sel et poivre. Y incorporer l'oignon et les herbes de la liaison. Bien mélanger, puis ajouter le mélange épinards, bettes et blancs de poireaux.

2 Préchauffer le four sur th. 6 ou 200°.

3 Beurrer largement un moule à charlotte et le tapisser de feuilles de chou débordant sur l'extérieur. Remplir le centre avec la préparation précédente. Rabattre les feuilles de chou. Déposer quelques petits flocons de beurre sur le dessus. Couvrir d'aluminium ménager. Faire cuire 1 h 15 dans le four, plongé aux trois quarts du moule dans un bain-marie chaud. Le centre du gâteau d'herbes ne doit plus être liquide, sinon prolonger la cuisson de 10 min.

4 Laisser tiédir 10 à 15 min avant de démouler sur un plat. Servir tiède. Couper en tranches et napper de sauce.

Préparer la sauce (à la dernière minute) :

1 Faire réduire le jus de citron quasiment à sec dans une poêle antiadhésive sur feu doux. Ajouter la crème fraîche, sel et poivre. Amener à ébullition en remuant. Puis ajouter le beurre, retirer du feu, ne plus remuer mais imprimer un mouvement tournant à la poêle en la tenant par la queue. Le beurre ainsi incorporé rend la sauce onctueuse. Verser dans une saucière et servir.

2 Le gâteau d'herbes peut se préparer à l'avance voire la veille. Le faire cuire alors 1 h et le réchauffer 30 min pour terminer sa cuisson.

Grosses ravioles de morteau

et foie gras de canard, filet d'huile de colza grillé

1 Confectionner la pâte à ravioles. Dans le bol d'un batteur, mélanger tous les ingrédients et travailler la pâte jusqu'à ce qu'elle se décolle du bol. Laisser reposer 1 à 2 h.

2 Émincer l'échalote et le poireau. Faire suer avec 30 g de beurre dans une petite casserole à couvert. Une fois cuit, laisser refroidir. Étaler très finement la pâte à ravioles. Détailler des carrés de 15 cm. Prévoir deux ravioles par personne. Les carrés peuvent attendre au frais.

3 Couper la saucisse de Morteau cuite en tranches de 5 mm ainsi que le lobe de foie gras de canard. Assaisonner. Déposer une cuillère de légumes étuvés et d'herbes hachées au centre des carrés.

4 Intercaler deux tranches de Morteau et deux tranches de foie gras de canard.

5 Badigeonner le tour du carré avec le jaune d'œuf. Recouvrir chaque carré d'un nouveau carré. Bien coller les bords de la pâte entre eux. Cuire les ravioles 5 à 6 min dans de l'eau bouillante salée.

6 Chauffer le bouillon de volaille. Ajouter le restant du beurre et mixer. Rectifier l'assaisonnement.

7 Dresser les ravioles dans les assiettes chaudes, napper de bouillon. Ajouter un filet d'huile de colza grillé dans le jus et les pluches de cerfeuil restantes.

Ingrédients

Pâte à ravioles,
- 2 œufs,
- 200 g de farine,
- 1 cuillère à soupe d'huile d'olive,
- 2 pincées de sel.

Garniture :
- 500 g de saucisse de Morteau cuite,
- 1 lobe de foie gras de canard de 400 g,
- 60 g d'échalote,
- 100 g de poireau,
- 2 jaunes d'œufs,
- 3 dl de bouillon de volaille,
- 100 g de beurre,
- 2 cl d'huile de colza grillé,
- cerfeuil et ciboulette.

6 personnes

Menu

Grosses ravioles de morteau et foie gras de canard, filet d'huile de colza grillé

•

Noisettes d'agneau noir du Velay à l'ail de Billom

•

Coupes « Douceur Angevine »

Vin conseillé : Menetou-Salon blanc

Les œufs en meurette

Ingrédients

Pour la sauce :
- 50 g de beurre,
- 1 oignon,
- 100 g de lardons,
- 1 gousse d'ail,
- 3 échalotes,
- 3 carottes,
- 20 g de farine,
- 1 l de vin rouge (Bourgogne Passetoutgrain),
- 50 cl de jus de viande ou de volaille,
- 1 bouquet garni (persil, thym, laurier),
- sel, poivre.

Pour la garniture :
- 12 œufs entiers,
- 6 tranches de pain,
- 1 gousse d'ail,
- 200 g de champignons de Paris,
- 100 g de lardons,
- 50 g de beurre.

Pour le pochage :
- 50 cl de vin rouge,
- 1 l d'eau,
- 10 g de sel,
- 20 cl de vinaigre de vin.

6 personnes

Menu

Les œufs en meurette

•

Echine de porc aux abricots secs et au miel de Cavaillon

•

Tarte aux pommes d'hier

Vin conseillé : Côtes du Luberon

1 Commencer par faire la sauce. Dans une marmite, faire revenir avec le beurre les 100 g de lardons, l'oignon, les échalotes ciselées, une gousse d'ail écrasée, les carottes émincées. Saupoudrer de farine puis faire légèrement colorer pour obtenir un roux brun. Ajouter 1 l de vin rouge et le bouquet garni. Faire réduire de moitié et ajouter le jus de viande, saler et poivrer. Faire réduire jusqu'à ce que la sauce nappe la cuillère. Filtrer la sauce à travers une passoire. Si la sauce est trop acide, ajouter une ou deux cuillerées de beurre. Réserver cette sauce. Émincer les champignons et les poêler au beurre. Faire revenir les lardons. Les ajouter à la sauce ou les laisser en garniture. Frotter les tranches de pain à l'ail et les griller. Mettre la sauce au vin dans de petits bols. Dans une marmite, mettre l'eau, le vin rouge, le vinaigre et le sel. Porter à ébullition. Casser les œufs au-dessus de cette préparation et les pocher pendant 3 min. Retirer les œufs pochés à l'écumoire. Les mettre dans la sauce au vin et présenter avec les petits croûtons.

Moules à la crème

Ingrédients

- 3 l de moules,
- 1 bouquet garni,
- 40 g de beurre,
- 40 g de farine,
- 250 g de crème fraîche,
- 20 cl de vin blanc,
- 4 échalotes,
- sel, poivre.

4 personnes

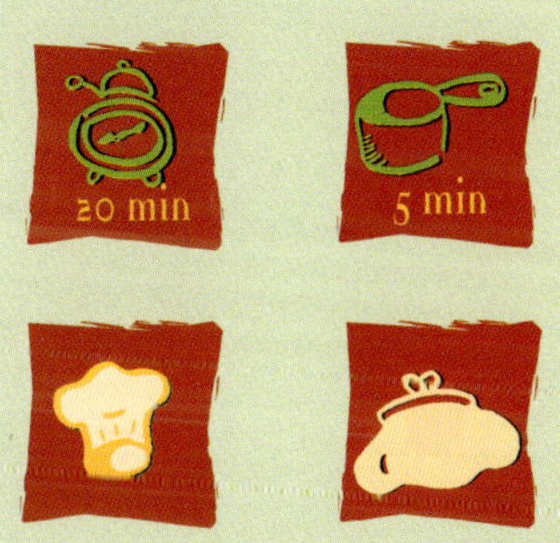

1 Gratter soigneusement les moules une par une (jeter celles qui sont ouvertes) et les laver en les brassant dans l'eau froide.
2 Les mettre dans une grande sauteuse avec le bouquet garni et le poivre et les faire ouvrir à feu vif pendant 4 à 5 min en remuant de temps en temps.
3 Recueillir le jus de cuisson des moules et le passer au tamis. Tenir les moules au chaud.
4 Hacher les échalotes et les faire cuire doucement dans le beurre, ajouter la farine et mouiller avec le vin blanc et le jus de cuisson. Terminer avec la crème fraîche et faire réduire le tout à feu doux. Saler et poivrer légèrement.
5 Au moment de servir, verser la sauce sur les moules bien chaudes.
6 Dans le Nord, les moules à la crème sont traditionnellement accompagnées d'un plat de frites.

Menu

Moules à la crème
•
Jambonneau au cidre
•
Gâteau au sucre

Vin conseillé :
Muscadet

Ingrédients

- 850 g de petites langoustines cuites 40 s dans un court-bouillon.

Velouté de cèpes :

- 50 g d'échalote ciselée,
- 80 g de cèpes nettoyés,
- 300 g de bouillon de légumes,
- 200 g de crème fleurette,
- 20 g de beurre doux,
- 15 g d'huile d'arachide,
- p. m. sel, poivre,
- 10 g de petites feuilles arroche-faux-pourpier cuites 25 s dans de l'eau bouillante salée.

4 personnes

25 min

25 min

Petites langoustines au velouté

de cèpes et à l'arroche-faux-pourpier

Menu

Petites langoustines
au velouté de cèpes
et à l'arroche-faux-pourpier

•

Bar grillé au fenouil

•

Fraises en gelée de vin rouge

Vin conseillé :
Petit-Chablis

1 Faire suer l'échalote ciselée dans l'huile d'arachide pendant 1 min, ajouter les cèpes émincés, laisser revenir 2 min. Mouiller du bouillon de légumes et de la crème.

2 Laisser réduire doucement pendant 20 min, ajouter le beurre. Mixer. Passer au chinois-étamine. Assaisonner.

3 Tiédir au four à 100 °C ou à la vapeur pendant 1 min les petites langoustines décortiquées.

4 Dans des assiettes creuses, dresser les langoustines. Napper autour de velouté, mixer au dernier moment.

5 Parsemer de feuilles d'arroche-faux-pourpier tiédies à la vapeur.

Poêlée de Saint-Jacques
en nage de Muscadet

Ingrédients

- 500 g de noix de coquilles Saint-Jacques escalopées,
- 3 échalotes finement hachées,
- 2 blancs de poireaux avec un peu de vert taillés en fines lamelles,
- 3 carottes moyennes coupées en tout petits cubes,
- 6 petits champignons bien blancs et fermés,
- 1 verre moyen (15 cl) de muscadet sur lie,
- 3 grosses cuillerées à soupe de crème fraîche,
- 100 g de beurre,
- 1 petit bouquet de cerfeuil ciselé,
- 1 salade verte (feuilles de chêne ou laitue) assaisonnée,
- sel, poivre.

6 personnes

30 min

7 min
+ 2 min cuisson st jacques

1 Blanchir les carottes 5 min dans de l'eau bouillante salée. Les égoutter.
2 Dans une sauteuse, faire fondre les échalotes avec une noix de beurre sur feu doux 1 à 2 min. Puis ajouter les poireaux, les carottes et les champignons finement émincés. Saler, poivrer, faire cuire doucement 5 min en remuant.
3 Ajouter le Muscadet, augmenter le feu et faire réduire le jus de moitié. Incorporer la crème fraîche, amener à ébullition ; retirer du feu et réserver.

Au moment de servir
1 Chauffer une noix de beurre dans une poêle sur feu vif et lorsqu'il cesse de mousser y jeter les noix de Saint-Jacques. Remuer 2 min, saler, poivrer, retirer du feu.
2 Réchauffer d'autre part la nage de petits légumes.
3 Garnir les assiettes d'un petit lit de salade. Verser au centre la nage de légumes et recouvrir de noix de Saint-Jacques poêlées.
4 Saupoudrer de cerfeuil et servir de suite.

Menu

Poêlée de Saint-Jacques en nage de Muscadet
•
Gigot à la Brayaude
•
Mousse d'Avalou aux croquants de pomme

Vin conseillé :
Muscadet sur lie

Poêlon du metsi
de chez Sancey

Ingrédients

- 1 Metsi,
- 40 cl de crème,
- 3 pincées de cumin,
- 750 g de pommes de terre cuites en « robe des champs »,
- 60 g de lardons fumés,
- 30 g d'échalotes.

4 personnes

Menu

Poêlon du metsi
de chez Sancey
•
Poulet de la ferme au cidre
•
Œufs à la neige à l'ancienne

Vin conseillé :
Anjou blanc

1 Verser au fond du poêlon la crème, puis le cumin. Disposer dessus la moitié des pommes de terre en rondelles.

2 Parsemer l'échalote ciselée et les lardons. Recouvrir avec les pommes de terre restantes. Saler et poivrer. Disposer le metsi coupé en tranches.

3 Cuire 15 min au four th. 6-7. Déguster chaud.

Pommes d'or au roquefort

Ingrédients

- 4 pommes d'or,
- 100 g de roquefort,
- 100 g de crème,
- sel, poivre.

4 personnes

15 min

30 min

1 Couper le chapeau des pommes d'or. Enlever les pépins et les cuire à la vapeur. Retirer la chair, la mélanger avec le roquefort et la crème, assaisonner.

2 Remettre le mélange dans les pommes d'or et poser le chapeau. Repasser à four chaud 10 min.

3 La pomme d'or fait partie de la famille des cucurbitacées. Cueillie avant maturité, cuite à la vapeur, elle se déguste à la façon d'un avocat.

Menu

Pommes d'or au roquefort

•

Osso-buco

•

Croquande

Vin conseillé :
Côteaux de saumur Blanc

Rémoulade de céleri,

radis noir et Saint-Jacques au beurre de poivrons

Ingrédients

- 20 noix de Saint-Jacques,
- 1 très grosse pomme de terre,
- 1/2 radis noir,
- 1/2 céleri-rave,
- 10 cl de mayonnaise,
- 1/2 citron vert,
- 1/2 carotte,
- 1/2 poivron rouge,
- 100 g de beurre clarifié (beurre fondu et débarrassé de son petit lait et des impuretés),
- 10 cl de crème fraîche,
- 1 cuillère de graine de moutarde,
- 1 cl de vinaigre d'alcool blanc,
- 4 feuilles de salade (feuilles de chêne, mâche ou autre petite salade).

4 personnes

35 min

30 min

Menu

Rémoulade de céleri, radis noir et Saint-Jacques au beurre de poivrons

•

Dos de dorade rôti aux petits coquillages et huile de noisette « Jean-François »

•

Ambonnagéen aux biscuits roses

Vin conseillé : graves blanc

1 Bien nettoyer les noix de Saint-Jacques, égoutter et éponger au torchon. Peler, laver, émincer la pomme de terre en vingt fines tranches, les faire cuire au beurre clarifié. Éplucher, laver, râper céleri et radis noir, mélanger avec la mayonnaise et une cuillère de graine de moutarde. Gratter, laver la carotte, laver, équeuter et vider le poivron rouge, les mettre à cuire dans une casserole pendant 25 min, égoutter, puis transformer en purée dans un petit mixer, et tamiser. Mettre cette purée à réduire aux trois quarts avec le vinaigre blanc, ajouter la crème, laisser fondre et monter au fouet avec la moitié du beurre. Poêler les Saint-Jacques ; une fois cuites, les garder au chaud. Disposer la feuille de chêne ou mâche dans l'assiette, mettre un peu de rémoulade, puis les noix de Saint-Jacques, avec sur chacune une chips de pomme de terre, entourer d'un cordon de beurre fondu et parsemer de feuilles d'aneth.

Suprême de foies blonds

au coulis d'écrevisses

1 Demander au boucher d'extraire la moelle des os.

La veille

1 Débarrasser les foies de toute trace de fiel et des petits nerfs qui relient les lobes. Les mettre à macérer une nuit dans une jatte avec un verre (20 cl) de lait.

Le lendemain

1 Couper la moelle en morceaux. La faire ramollir à pratiquement fondre dans une assiette posée sur une casserole d'eau chaude (ou dans le micro-ondes).

2 Égoutter les foies de volaille. Les verser dans le mixeur. Ajouter la moelle de bœuf ; mixer en pommade. Ajouter les œufs et les jaunes ; mixer 1 min. Ajouter 30 cl de lait, le porto, le sucre, la pincée de noix de muscade, sel et poivre. Mixer encore 1 min pour parfaitement amalgamer le tout.

3 Préchauffer le four sur th. 4 à 5 ou 160°.

5 Beurrer très largement un moule à charlotte ou à manqué antiadhésif. Y verser la préparation. Plonger le moule jusqu'aux deux tiers de sa hauteur dans un bain-marie juste tiède. Faire cuire 1 h 30 dans le four. Le centre du suprême ne doit plus être liquide mais souple sous le doigt. Laisser refroidir 10 min au sortir du four avant de démouler sur un plat.

6 Servir le suprême de foies blonds légèrement nappé de coulis d'écrevisses et présenter le reste de coulis en saucière.

7 Préparer le coulis d'écrevisses.

8 Verser le sachet de court-bouillon dans 1 l d'eau et amener à ébullition.

9 Pendant ce temps, laver les écrevisses rapidement sous l'eau froide. Pour retirer les veines intestinales : saisir le corps de chaque écrevisse dans une main et, de l'autre, tordre le centre de la queue d'un côté à l'autre. Lorsque la queue se détache du corps, retirer aussitôt (elle est attachée aux intestins qui en sortiront entiers). Jeter les écrevisses dans le court-bouillon en ébullition. Les faire cuire vivement, à découvert, 5 à 6 min en remuant de temps en temps. Les égoutter et les décortiquer. Réserver séparément les queues et les carapaces.

Ingrédients

- 6 foies de poulardes ou de canards,
- 120 g de moelle de bœuf,
- 3 œufs et 3 jaunes,
- 50 cl de lait,
- 1 fine pointe de couteau d'ail écrasé,
- 4 cuillerées à soupe de bon porto blanc ou de pineau,
- 1/2 cuillerée à café de sucre,
- 1 pincée de noix de muscade râpée,
- sel, poivre.

Pour le coulis d'écrevisses :

- 12 écrevisses (ou 18),
- 1 sachet de court-bouillon de poisson,
- 1 carotte,
- 1 oignon,
- 1 branche de céleri (juste la côte),
- 5 à 6 petits champignons de Paris encore bien fermés,
- 1/2 petite gousse d'ail) : le tout finement haché au mixeur,
- 6 cuillerées à soupe de crème fraîche épaisse,
- 1 branchette de thym,
- 1 feuille de laurier,
- 1/3 de verre (7 cl) de porto blanc,
- 2 cuillerées à soupe de marc ou de cognac,
- 1/2 cuillerée à café de curry,
- 100 g de beurre,
- sel, poivre.

6 personnes

Menu

Suprême de foies blonds au coulis d'écrevisses

•

Noix de veau au livarot

•

Les sablés de Caen

Vin conseillé :
Coteaux de l'Ambance

Ingrédients

- 200 g de pâte feuilletée (soit 4 cercles de 15 cm de diamètre sur 2 mm d'épaisseur),
- 200 g de bleu de Gex,
- 2 poires william.

Tarte au bleu de Gex et aux poires

4 personnes

20 min

12 min

Menu

Tarte au bleu de Gex
et aux poires
•
Perche meunière aux zestes
d'orange et citron
•
Savoie

Vin conseillé :
Sancerre blanc

1 Disposer les disques de pâte entre deux plaques et cuire 10 min au four, th. 7-8. Couper le bleu de Gex en tranches de 5 mm. Éplucher les poires et les détailler en fines lamelles.

2 À la sortie du four garnir immédiatement de tranches de bleu de Gex et remettre au four 3 min. Ressortir les tartes et déposer les lamelles de poire dessus, les repasser 2 min au four et servir.

Vol-au-vent d'Amboise

Ingrédients

- 1 croûte à vol-au-vent en pâte feuilletée commandée chez le pâtissier (environ 20 cm de diamètre),
- 10 belles morilles coupées en quatre,
- 1 petit ris de veau paré et blanchi coupé en petits cubes,
- 250 g de quenelles de brochet ou de volaille,
- 250 g de noix de coquilles Saint-Jacques avec corail (surgelées),
- 1 petite boîte de pelures de truffes,
- 1/2 bouteille de champagne brut,
- 2 cuillerées à soupe de fond de veau déshydraté,
- 1 tablette de bouillon de volaille,
- 1/2 cuillerée à café de coriandre en poudre,
- 1 pincée de noix de muscade râpée,
- 4 cuillerées à soupe de crème fraîche,
- 150 g de beurre,
- 50 g de farine,
- 2 jaunes d'œufs,
- sel, poivre,
- sucre.

6 à 8 personnes

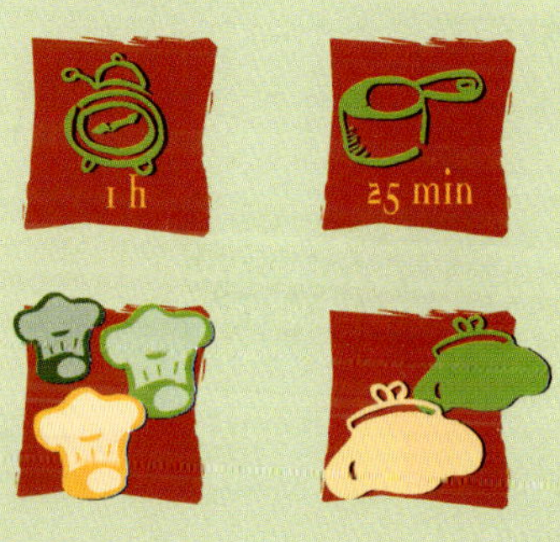

1 Chauffer une noisette de beurre dans une poêle et y cuire les morilles 8 min, en remuant fréquemment. Les saler, poivrer, les verser dans une jatte.

2 Escaloper les coquilles Saint-Jacques, laisser le corail entier ou s'il est très important, le couper en deux. Chauffer une noisette de beurre dans la poêle. Y faire revenir 2 min les coquilles Saint-Jacques en remuant. Saler, poivrer. Verser dans la jatte. Les arroser de pelures de truffes.

3 Chauffer à nouveau une noisette de beurre. Y dorer le ris de veau 5 à 6 min. Saler, poivrer, verser dans la jatte.

4 Pocher 10 min les quenelles à l'eau bouillante salée. Les égoutter, les couper en grosses rondelles, les verser dans la jatte. Poser la jatte sur une casserole d'eau chaude mais non bouillante. Laisser en attente.

5 Dans une casserole, faire fondre 70 g de beurre sur feu doux. Y jeter la farine et la faire cuire 3 min sans la colorer. Retirer du feu, laisser refroidir. Puis mouiller avec le champagne en remuant vivement. Porter sur le feu, ajouter la coriandre, noix de muscade, fond de veau, tablette de bouillon de volaille, crème fraîche et une demi-cuillerée à café de sucre. Faire mijoter ce velouté 20 min à découvert en remuant fréquemment à l'aide d'un fouet. Goûter et saler, poivrer. Placer les jaunes d'œufs dans un bol, y mélanger une louche de velouté. Verser le tout dans la casserole. Mélanger vivement jusqu'à onctuosité parfaite. Ajouter le contenu de la jatte en mélangeant délicatement.

5 Chauffer la croûte à vol-au-vent 15 min dans le four préchauffé sur th. 5 ou 170°. La poser sur un plat, la remplir de la préparation.

Menu

Vol-au-vent d'Amboise
•
Pintade rôtie
•
Poêlée de mûres sauvages – glace au lait réduit

Vin conseillé :
Jurançon sec

Assiette des 3 foies gras des ducs de Lorraine

Ingrédients

- un lobe de foie gras de canard d'environ 360 g à partager en trois parts égales,
- sel, poivre,
- poivre mignonnette,
- 1 pincée de sucre,
- 1 pincée de paprika,
- sauternes,
- porto,
- amandes hachées,
- graines de sésame.

4 personnes

25 min

1 h

Menu

Assiette des 3 foies gras des ducs de Lorraine

•

Tournedos Rossini

•

Charlotte aux fruits rouges

Vin conseillé : Sauternes

Pour la terrine de foie gras :

1 Dénerver le foie gras. Saler, poivrer. Ajouter une pincée de sucre, une pincée de paprika.

2 Faire mariner avec du sauternes.

3 Cuire le foie gras dans une terrine à 50 °C pendant 1 h.

Pour le foie gras aux amandes :

1 Dénerver le foie gras, l'assaisonner avec sel, poivre et porto.

2 Pocher dans de la graisse de canard environ 15 min : il doit être tiède à l'intérieur.

3 Laisser refroidir et former un boudin. Le passer dans des amandes hachées puis le mettre en gelée.

Pour le foie gras poêlé :

1 Couper quatre belles tranches de foie gras.

2 Dans une poêle très chaude, les faire cuire 30 s de chaque côté.

3 Les assaisonner de fleur de sel, poivre mignonnette et graines de sésame.

Blanc-manger au gwell,

soupe glacée aux abricots « Odile et Jean-Yves »

Ingrédients

- 3 à 4 feuilles de gélatine,
- 300 g de gwell (lait fermenté),
- 150 g de sucre,
- 30 cl de crème fleurette,
- 1 kg d'abricots,
- 200 g de sucre,
- 20 cl d'eau,
- 1/2 gousse de vanille,
- 1 graine de cardamome,
- 1 feuille de menthe pour la décoration.

6 personnes

40 min

15 min

1 Ramollir à l'eau froide 10 min les feuilles de gélatine. Les presser fortement entre vos mains pour extraire la peau.
2 Les incorporer au fouet à un petit peu de gwell tiède.
3 Laisser refroidir. Mélanger au gwell restant.
4 Ajouter 150 g de sucre, la crème fouettée et une pointe de couteau de cardamome moulue.
5 Garnir huit petits moules hexagonaux et faire prendre au frais 6 h. Eplucher les abricots à l'économe.
6 Les couper en deux et les cuire à feu doux pendant 15 min dans 200 g de sucre, l'eau et la demi-gousse de vanille fendue et grattée pour libérer les grains. Mixer. Laisser refroidir.
7 Mettre au congélateur 45 min avant de servir.
8 Dresser la soupe d'abricots glacée dans une assiette creuse, démouler au centre le blanc-manger et poser délicatement les abricots sur la soupe.

Menu

Blanc-manger au gwell, soupe glacée aux abricots « Odile et Jean-Yves »

•

Carpe farcie à l'ancienne au Monbazillac

•

Brioche chaude, raisinée et sorbets au marc de Bourgogne

Vin conseillé : un alsace gewurztraminer 1996 Hanenberg, Cécile Be

Ingrédients

- 2 (600 g) tourteaux (femelles),
- 10 cl de vinaigre,
- 10 cl de vin blanc,
- 2 l d'eau,
- 2 pincées de gros sel gris,
- 5 g de poivre en grains,
- thym,
- laurier,
- 1 oignon,
- 3 bottes de jeunes poireaux,
- 100 g de beurre demi-sel,
- 50 g de beurre,
- 300 g de tomates,
- 8 avocats mûrs,
- 1 botte de carottes,
- 2 cuillerées à café de curry,
- 1 feuille de laurier,
- 300 g de pain complet,
- 1 l de fond blanc de volaille ou de légumes,
- pousses de fenouil ou cerfeuil pour le décor.

6 personnes

Menu

Chairs de tourteaux émiettés aux poireaux et avocats, crème de carottes au curry

•

Mijotée de porc « Vallée d'Isère »

•

Les bourdelots « Haut-Normand »

Vin conseillé :
un alsace gewurztraminer 1998, la fleur-de-Schlumb

Chairs de tourteaux

émiettés aux poireaux et avocats, crème de carottes au curry « Marine »

1 Cuire les tourteaux (15 à 20 min environ) dans un court-bouillon avec de l'eau et du vinaigre de vin blanc, du gros sel gris, du poivre en grains écrasé, du thym, du laurier et un oignon taillé en rouelles.

2 Égoutter et décortiquer les corps, pattes et pinces avec précaution. Conserver au frais.

3 Pendant la cuisson des tourteaux, émincer les jeunes poireaux en fines rouelles (éliminer le vert). Les fondre au beurre demi-sel. Après cuisson, conserver à température ambiante.

4 À l'aide d'une petite cuillère à boule parisienne, prélever de petites billes dans la chair des tomates débarrassées de leur peau. Faire la même chose avec les avocats. Les assaisonner aussitôt mais séparément de vinaigrette pour éviter le noircissement.

5 Réserver au frais.
Éplucher la botte de carottes, les tailler en rondelles régulières. Faire fondre l'oignon coupé finement haché dans du beurre, ajouter le curry, cuire légèrement. Ajouter les carottes, la feuille de laurier et 1 l de fond blanc de volaille ou, à défaut, un bon bouillon de légumes. Saler et poivrer. Laisser cuire 30 min. Retirer la feuille de laurier et mixer.

6 Tailler des ronds de pain complet à l'aide d'un emporte-pièce et les toaster.

7 Poser les toasts sur une assiette et procéder au montage : remettre le cercle sur les toasts, tapisser de 0,5 cm de fondue de poireaux au beurre, puis compléter aux trois quarts de chairs de tourteaux, tasser légèrement à l'aide d'une cuillère.

8 Retirer le cercle. Répartir ensuite avec harmonie les billes de tomates et d'avocats.

9 Tapisser le tour avec la crème de carottes. Décorer de pousses de fenouil ou de cerfeuil.

Corolle de noix de Saint-Jacques et saumon mariné,

mousse d'endives à l'anguille fumée « Nicolas »

Ingrédients

- 400 g de saumon,
- 8 belles coquilles Saint-Jacques,
- 200 g de gros sel,
- 100 g de sucre,
- coriandre en grains,
- poivre blanc,
- thym, laurier,
- 1 échalote,
- 500 g d'endives,
- 50 g de beurre,
- 150 g d'anguilles fumées,
- 20 cl de crème épaisse,
- 10 cl de lait entier,
- huile d'olive,
- jus de citron,
- 1 botte de basilic.

4 personnes

La veille

1 Mariner pendant 12 h un filet de saumon désarêté avec du gros sel, du sucre, quelques graines de coriandre, du poivre blanc, des fleurs de thym et du laurier émietté.

Le lendemain

1 Plonger le saumon dans de l'eau froide pendant 1 h. L'éponger dans un linge propre et gratter avec le dos d'un couteau tous les aromates restés accrochés à la chair.

2 Dans le saumon, couper des tranches (comme pour un saumon fumé) à l'aide d'un trancheur alvéolé, puis tailler avec un emporte-pièce (de la grosseur des noix de Saint-Jacques) des ronds de saumon mariné.

3 Réserver au frais.

4 Prélever les noix des coquilles Saint-Jacques vivantes (ou demander à son poissonnier), les couper en fines tranches. Réserver au frais.

5 Préparer la mousse d'endives

6 Hacher une échalote et la faire revenir au beurre sans coloration. Ajouter les endives coupées très finement que vous aurez préalablement citronnées, laisser cuire 10 min. Ajouter la crème fraîche, laisser refroidir légèrement, ne pas saler.

7 Verser l'appareil dans des petits ramequins beurrés. Cuire au bain-marie dans un four à 150 °C pendant 20 à 25 min.

8 Pendant ce temps, dresser une assiette en intercalant les tranches de saumon mariné et les noix de Saint-Jacques crues, les enduire au pinceau d'un mélange d'huile d'olive, de jus de citron et de basilic ciselé.

9 Démouler au centre la mousse d'endives. Décorer avec des pousses d'épinards.

Menu

Corolle de noix de Saint-Jacques et saumon mariné, mousse d'endives à l'anguille

•

Poulet « Mr. Beaucaire »

•

Milla

Vin conseillé :
un bandol blanc

Pâtisson aux tomates-cerises

ou tomate poire jaune

Ingrédients

- 1 kg de pâtisson,
- 150 g d'oignons,
- 1 citron,
- persil, cerfeuil ou ciboulette,
- 250 g de tomates ou de tomates de Sibérie,
- 4 branches de céleri,
- 1/2 cuillère à café de coriandre ou d'estragon,
- ail,
- 25 cl de vin blanc sec,
- huile d'olive et paprika.

4 personnes

10 min

50 min

1 Cuire 30 min à la vapeur. Laisser refroidir.
2 Décalotter et retirer les pépins. Réserver la chair. Faire revenir les morceaux de pâtisson et d'oignons dans l'huile d'olive. Ajouter les tomates, le céleri, le jus de citron, le vin blanc, la coriandre, le cerfeuil, l'estragon, l'ail et le paprika.
3 Cuire 20 min à petit feu et laisser réduire. Laisser refroidir.
4 Verser dans le pâtisson devenu soupière. Parsemer de persil et mettre au réfrigérateur.
5 Servir très frais en hors-d'œuvre.

Menu

Pâtisson aux tomates-cerises ou tomate poire jaune
•
Aileron de raie à l'orange
•
Tarte aux myrtilles

Vin conseillé :
Corbières blanc

Petit melon charentais

Ingrédients

- 6 petits melons,
- 3 verres de pineau.

6 personnes

1 Égaliser la base des melons en entamant au couteau le fond de l'écorce afin que ceux-ci restent bien fixes sur les assiettes.
2 Trancher aux trois quarts de la hauteur le chapeau de chaque melon, afin d'obtenir une ouverture suffisamment large sans en altérer le galbe général.
3 Vider le melon de ses graines.
4 Verser dans chaque melon un verre à liqueur de pineau et laisser macérer 30 min avant de servir.
5 Servir très frais.

Menu

Petit melon charentais
•
Joues de porc au pain d'épices et fenouil, jus au thé
•
Cake aux griottines de Fougerolles

Vin conseillé :
Pineau rouge

Petits choux au comté

Ingrédients

- 50 cl de lait,
- 5 g de sel,
- 1 pincée de poivre,
- 120 g de beurre,
- 250 g de farine,
- 8 œufs,
- 125 g de comté,
- 2 grosses cuillerées de crème fraîche.

6 personnes

40 min

35 min

Menu

Petits choux au comté
•
Papillottes de truite « ou de saumon » au chou et lard
•
Tarte aux mirabelles

Vin conseillé :
Crémant de Bourgogne blanc

1 Dans une casserole, mettre lait, sel, poivre et beurre, porter à ébullition.
2 Incorporer la farine en remuant avec la cuillère pour dessécher la pâte qui ne doit pas adhérer au récipient.
3 Retirer la casserole du feu.
4 Incorporer les œufs deux par deux puis le comté coupé en petits dés, puis la crème. Bien mélanger.
5 Disposer la pâte en petits tas moulés à la cuillère sur une plaque beurrée, en laissant d'assez grands espaces.
6 Badigeonner le dessus à l'œuf et semer un peu de comté râpé. Cuire au four moyen 20 à 30 min.

P.S. : en Bourgogne, ces choux se nomment Gougères. Ils conviennent parfaitement pour les dégustations ou l'apéritif.

Poichichade

Ingrédients

- 250 g de pois chiches cuits au naturel,
- 2 ou 3 gousses d'ail écrasées,
- le jus de 2 citrons,
- 1 cuillerée à soupe d'huile d'olive,
- 1 pincée de paprika,
- sel,
- piment selon le goût,
- 1 cuillerée à soupe de persil haché,
- bouillon de volaille.

6 à 8 personnes

1 Passer les pois chiches au moulin à légumes puis mixer cette purée en y ajoutant le jus de citron, l'ail écrasé, l'assaisonnement et le bouillon de volaille afin d'obtenir une purée pas trop épaisse.
2 Réchauffer à feu doux.
3 Servir dans un grand bol, saupoudrer de paprika et de persil haché.
4 Arroser d'huile d'olive et de grains de sésame grillés.
5 Ce plat est un amuse-bouche pour l'apéritif et il se mange avec des tranches de pain grillé et un bon vin blanc.

Menu

Terrine de canard au foie gras

•

L'agneau de pré-salé aux « monjhettes »

•

Pêches de vignes pochées au nectar de Bourgignon

Vin conseillé :
Coteaux du tricastin

Salade de pétoncles

Ingrédients

- 1,6 kg de pétoncles noirs,
- 60 g d'échalote ciselée finement,
- 25 g de vinaigrette,
- 400 g de céleri branche taillé en petits dés,
- 25 g de cornichons taillés en petits dés,
- 120 g de pommes vertes en petits dés,
- 100 g de tomates émondées et épépinées taillées en petits dés,
- quelques feuilles de salade de saison (laitue, lolo rosa, feuilles de chêne ou mesclun...),
- 1 cuillerée à soupe de persil haché,
- 1 cuillerée à soupe d'ail triquêtre ciselé,
- 25 g d'huile d'olive,
- p. m. sel, poivre.

6 personnes

1 h

quelques minutes

Menu

Salade de pétoncles
•
Gras-double à la lyonnaise
•
Tarte au chocolat
et infusion café tabac

Vin conseillé :
Graves

1 Ouvrir les pétoncles, retirer leurs barbes et les nettoyer avec précaution. C'est une opération longue et minutieuse.
2 Les laver et les sécher sur un linge.
3 Les cuire à la poêle dans l'huile d'olive 40 s en remuant constamment. Assaisonner.
4 Mélanger les herbes à la vinaigrette. Dans un saladier, mélanger les légumes, les pommes, les tomates, les cornichons. Ajouter les pétoncles, assaisonner avec la vinaigrette.
5 Dans des coupes, disposer les feuilles de salade, ajouter le mélange légumes, fruits et pétoncles.

Sardinade

Ingrédients

- 12 petites sardines entières salées au gros sel 2 h 30,
- 1/2 jus de citron,
- 3 cuillerée à soupe de crème d'olive (se trouve en épicerie fine),
- 2 gousses d'ail hachées,
- 30 g d'huile d'olive extra,
- poivre noir concassé,
- pain ficelle.

4 personnes

30 min

10 min

1 Faire tremper les sardines dans de l'eau fraîche pendant 15 min. Lever les filets. Les sécher. Sur une plaque, ranger les filets, arroser du jus de citron. Parsemer de l'ail haché. Parsemer de poivre noir concassé. Napper d'huile d'olive. Laisser au frais 2 h 30

2 Au bout de ce temps, égoutter les filets de sardines et les tailler en petits morceaux. Griller des petites rondelles de pain ficelle. Tartiner de crème d'olive, arroser de l'huile qui a servi à mariner les filets de sardines.

3 Disposer sur les croûtons des petits morceaux de sardines. Servir.

Menu

Sardinade

•

Tête de veau sauce gribiche

•

Tarte aux pommes d'hier

Vin conseillé :
Bergerac sec

Tartare de grosse truite au brési

Ingrédients

- 500 g de filet de grosse truite fraîche,
- 150 g de brési en tranches fines,
- 2 échalotes,
- 1 petit bouquet de ciboulette,
- 1 petit bouquet de cerfeuil,
- 1 branche d'estragon,
- 1 betterave rouge cuite,
- 1 cuillère à café de moutarde douce,
- vinaigre de Xérès,
- vinaigre balsamique,
- 20 cl d'huile d'olive,
- sel et poivre,
- Tabasco.

6 personnes

Menu

Tartare de grosse truite au brési
•
Sauté de lapin grand-mère
•
Caillebotte

Vin conseillé :
Côtes de Blaye blanc

1 Hacher finement la chair de truite au couteau (peu à la fois pour ne pas chauffer la chair), et réserver au frais.

2 Tapisser six ramequins ou cercles en inox de 6 cm de haut par 7 cm de diamètre, légèrement huilés, de fines tranches de brési. Hacher le restant du brési.

3 Passer la betterave dans une centrifugeuse pour obtenir du jus. Ciseler l'échalote. Mélanger la chair de truite, le brési haché, l'échalote, le sel, le poivre, deux gouttes de Tabasco, la cuillère de moutarde, l'huile d'olive, le vinaigre de Xérès et la moitié des herbes ciselées.

4 Rectifier l'assaisonnement selon son goût. Garnir les ramequins ou les cercles. Emulsionner le jus de betterave avec 10 cl d'huile d'olive et une cuillère à café de vinaigre balsamique.

5 Au moment de servir démouler sur des assiettes. Disposer la vinaigrette de betteraves rouges autour du tartare et le restant des herbes dessus.

Daube de queue de bœuf
à l'avallonnaise

Ingrédients

- 2 kg de queue de bœuf,
- 5 cl d'huile,
- 50 g de beurre,
- 1 pied de veau,
- 100 g de lardons,
- 1 kg de carottes,
- 5 feuilles de gélatine,
- sel, poivre.

Pour la marinade :

- 1 bouteille de vin rouge (Bourgogne),
- 1 cuillerée à soupe de vinaigre de vin,
- 5 cl de marc de Bourgogne,
- 1 oignon,
- 2 carottes,
- 1 poireau,
- 1 tête d'ail,
- 1 bouquet garni (persil, thym, laurier).

6 à 8 personnes

1 Couper la queue avec son os en morceaux (le demander à son boucher).
2 Faire une marinade avec le vin rouge, le vinaigre, le marc de Bourgogne, l'oignon, les deux carottes et le poireau émincés, la tête d'ail coupée en deux et le bouquet garni. Y plonger la queue de bœuf et laisser mariner pendant 12 h. Ensuite égoutter la queue.
3 Dans une marmite, mettre l'huile et le beurre et faire revenir la queue avec les lardons. Puis ajouter la marinade avec sa garniture aromatique et le pied de veau coupé en deux.
4 Faire cuire le tout pendant 2 h à couvert, puis récupérer la queue, l'enlever de son os et l'émietter. La remettre à cuire pendant 1 h avec les carottes coupées en rondelles et un peu d'eau.
5 En fin de cuisson, ajouter les cinq feuilles de gélatine (préalablement ramollies à l'eau tiède) dans le jus de cuisson encore chaud. Verser le tout dans une terrine et laisser prendre au réfrigérateur. Servir frais.

Menu

Daube de queue de bœuf
à l'avallonnaise
•
Matelote de lieu
•
Croustillant glacé
au pain d'épice de Mouthe
banane flambée

Vin conseillé :
Mercurey blanc

Foie gras en terrine à l'ancienne

Ingrédients

- 1 foie d'oie ou de canard de 500 g,
- 1 boîte (1 kg) de graisse d'oie,
- 6 g de sel fin, (1 cuillerée à café rase),
- 1/2 cuillerée à café de poivre blanc.

8 personnes

15 min la veille
10 min le jour même

7 min

1 Choisir un foie beige rosé très clair, souple sous le doigt sans être mou. Éviter les foies jaunes qui souvent sont granuleux.

La veille :

1 Dénerver soigneusement le foie à l'aide d'un couteau pointu à lame fine. Inciser d'abord chaque lobe en partant de l'extrémité la plus renflée, où se situe la veine principale ; décoller celle-ci. Tout en continuant avec le couteau, tirer sur la veine : elle vient toute seule en faisant apparaître toutes les ramifications nerveuses, ce qui permet de réaliser un dénervage parfait.

2 Mélanger le sel et le poivre dans le creux d'une main et en saupoudrer le foie. Refermer les lobes l'un sur l'autre, bien les serrer. Enfermer le foie dans un linge et laisser reposer une nuit dans le réfrigérateur.

Le lendemain :

1 Préchauffer le four sur thermostat 10 ou température maximale.

2 Faire chauffer la graisse d'oie dans une casserole jusqu'à ce qu'elle soit bouillante.

3 Installer le foie, retiré de son linge, dans une terrine à couvercle pouvant contenir 750 g à 1 kg. Il doit y être très à l'aise. Verser la graisse chaude dessus, couvrir et faire cuire 7 min dans le four (pas 1 min de plus !).

4 Sortir la terrine du four et laisser refroidir totalement avant de remettre dans le réfrigérateur pour 24 h.

Servir avec des toasts chauds.

Menu

Foie gras en terrine à l'ancienne

•

Rouget au coulis d'olives noires

•

Gâteau aux pommes

Vin conseillé :
Loupiac blanc

Fromage persillé de cochon

au gris de Toul

Ingrédients

- 1 tête de porc (fendue en deux),
- 1 l de gris de Toul,
- 1 pied de veau,
- 3 carottes,
- 3 échalotes,
- 3 oignons,
- 1 poireau,
- 1 bouquet garni,
- 1/2 tête d'ail,
- laurier,
- 3 clous de girofle,
- 4 blancs d'œufs,
- 1 bouquet de persil,
- cerfeuil,
- 2 branches d'estragon,
- sel, poivre.

6 personnes

1 Mettre la tête de porc préalablement nettoyée, ainsi que le pied de veau dans une grande casserole avec une quantité d'eau suffisante et le gris de Toul.
2 Amener à ébullition. Ajouter les légumes : oignons, carottes, échalotes, poireau, bouquet garni, ail, laurier, sel, poivre, clous de girofle. Compter environ 2 h 30 de cuisson. Une fois cuite, laisser un peu refroidir la viande, puis la détacher des os.
3 Enlever la peau de la langue et couper les chairs en gros morceaux.
4 Les disposer dans votre moule en les mélangeant aux herbes hachées (persil, cerfeuil, estragon). Pendant ce temps, jeter les blancs d'œufs dans la cuisson pour la clarification, laisser cuire doucement 20 min puis passer la cuisson à travers un linge, verser sur la terrine, laisser reposer une nuit.

Menu

Fromage persillé de cochon
au gris de Toul
•
Côtes de veau du gars Paul
•
Terrine de fruits
au Sauvignon de Saint Bris
et coulis de fruits rouges

Vin conseillé :
Gris de Toul

Incontournable pâté lorrain

Ingrédients

- 400 g de pâte feuilletée,
- 250 g d'échine de porc,
- 100 g de filet de veau,
- échalote,
- persil,
- 1 pointe d'ail,
- vin blanc,
- sel, poivre.

6 personnes

45 min

40 min

Menu

Incontournable pâté lorrain
•
Gigot de Belle Ile en mer
•
Crème renversée

Vin conseillé :
vin blanc
des Côtes de Toul

1 La veille, détailler la viande en petits dés de 1 cm de côté, bien mélanger le veau avec le porc.
2 Faire mariner l'ensemble une nuit au réfrigérateur avec l'échalote ciselée, le persil haché, une pointe d'ail, et le vin blanc.
3 Étendre la pâte feuilletée, la détailler en deux parties.
4 Sur la première partie, disposer la viande marinée, recouvrir de l'autre partie de feuilletage, décorer et dorer l'ensemble.
5 Enfourner à 190 °C et laisser cuire 40 min.

Jambon persillé

Ingrédients

- 1,5 kg de jambon demi-sel,
- 1 jambonneau demi-sel,
- 2 pieds de cochon,
- 1 l de vin blanc sec (Aligoté),
- 10 cl de vinaigre de vin,
- 1 oignon,
- 2 carottes,
- 4 échalotes,
- 1 tête d'ail,
- 100 g de persil haché,
- 1 bouquet garni (avec poireau, céleri, persil),
- thym,
- laurier,
- poivre noir en grains.

8 personnes

18 h 30

2 h 30 environ

1 Faire dessaler le jambon et le jambonneau pendant 6 h. Précuire le jambon et le jambonneau. Pour cela, les plonger dans l'eau froide et les laisser cuire à feu moyen pendant 30 min. Puis les égoutter et les remettre à cuire avec les deux pieds de cochon, 1 l de vin blanc, un oignon, deux carottes, deux échalotes, deux gousses d'ail, le bouquet garni, le thym, le laurier et quelques grains de poivre noir. Recouvrir d'eau, faire cuire doucement à couvert pendant 2 h.

2 Égoutter le jambon et le jambonneau, les couper en gros dés. Faire réduire le bouillon jusqu'à obtenir environ 1 l de liquide et le filtrer à travers une passoire. Y rajouter le vinaigre de vin.

3 Mettre un peu de ce bouillon dans un ramequin et réserver le reste. Mettre alors le ramequin 30 min au congélateur. Si au bout de ces 30 min vous n'obtenez pas une gelée, rajouter quatre à cinq feuilles de gélatine alimentaire (que vous aurez ramollies préalablement à l'eau tiède) dans le bouillon restant. Hacher finement les échalotes et l'ail restant et le persil. Réserver.

4 Dans une terrine, monter le persillé en alternant les dés de jambon et jambonneau et l'ail, les échalotes et le persil hachés. Couler la gelée refroidie (mais non encore prise) au fur et à mesure que vous montez le persillé.

5 Mettre la terrine au réfrigérateur pendant 12 h. Il n'est pas nécessaire de mettre du jambonneau dans cette recette, cela n'est pas de coutume mais en ajouter permet de rendre le jambon persillé plus moelleux.

Menu

Jambon persillé

•

Filets de turbot du Nabab René Madec

•

Couronne d'ananas aux fruits rouges
Sabayon granité Yvon

Vin conseillé :
Mâcon blanc

Langue lucullus

Ingrédients

- 300 g de foie gras ou de mousse de foie gras,
- 400 g de langue de bœuf fumée,
- 1/2 cuillerée à café de cognac,
- 1/2 cuillerée à café de porto,
- 50 g de beurre,
- 1 sachet de gelée instantanée du commerce,
- 1 petite boîte de pelures de truffes,
- sel, poivre.

6 personnes

30 min

Menu

Langue lucullus
•
Dorade aux agrumes et au gros sel
•
Renversé de pommes

Vin conseillé : Montlouis

1 Faire couper la langue fumée en tranches fines par votre charcutier. Mélanger le beurre et le foie gras dans un mixeur pour les réduire en pommade.
2 Ajouter le cognac, le porto et les pelures de truffes. Saler et poivrer. Étaler cette mousse sur les tranches de langue et constituer un millefeuille. Maintenir le tout bien serré dans du film transparent et mettre au réfrigérateur.
3 Préparer la gelée. Enduire le millefeuille de langue avec la moitié de la gelée à l'aide d'un pinceau. Vous garderez l'autre moitié pour la décoration en la coupant en dés une fois prise. Servir bien frais avec des tranches de pain de campagne grillé.

Mousseline de brochet

à la crème d'estragon

1 Chauffer les 100 g de beurre dans une casserole sur feu doux. Y jeter la farine et la faire cuire 2 min en remuant. Ajouter le lait petit à petit en remuant vivement. Faire épaissir puis dessécher cette pâte, toujours en la remuant, jusqu'à ce qu'elle se détache des parois de la casserole et forme une boule (comme pour une pâte à choux). Y incorporer un à un le jaune des 4 œufs. Réserver les blancs, les fouetter en neige avec une pincée de sel.

2 Mixer les filets de brochet en purée avec le jus de citron.

3 Incorporer successivement à la pâte : la purée de poisson, la crème fraîche petit à petit et en dernier les blancs d'œufs. Saler, poivrer. Réserver au froid.

4 Chauffer une noisette (20 g) de beurre dans une poêle. Y faire revenir les échalotes. Ajouter les champignons émincés, le vin, sel et poivre. Faire réduire sur feu vif presque à sec. Ajouter le saumon et le persil. Puis retirer du feu et laisser refroidir. Incorporer dans la mousseline de brochet.

5 Préchauffer le four sur th. 6 ou 200°.

6 Beurrer un moule couronne ou à manqué et le remplir de la préparation. Poser le moule dans un bain-marie. Couvrir d'aluminium ménager. Enfourner. Réduire la température du four à th. 5 ou 180° et laisser cuire 1 h 15.

Préparer la crème d'estragon :

1 Faire cuire l'estragon dans le vin 10 min sur feu doux. Le liquide ayant réduit de moitié, ajouter la crème fraîche, sel et poivre. Laisser mijoter encore 1 à 2 min, puis retirer du feu et lier cette sauce avec le beurre en le brassant à l'aide d'un fouet.

Pour servir :

1 Laisser légèrement refroidir 10 min la mousseline de brochet avant de la démouler sur un plat. L'arroser de 2 à 3 cuillerées de sauce. Juste pour la décoration.

2 Servir le reste de sauce en saucière.

Ingrédients

- 400 g de filets de brochet,
- 200 g de filets de saumon coupés en petits dés,
- 30 cl de crème fraîche liquide très froide,
- 100 g de farine,
- 1 grand verre (25 cl) de lait,
- 100 g de beurre,
- 4 œufs,
- 150 g de petits champignons bien blancs,
- 3 échalotes grises finement hachées,
- 1 citron pressé,
- 1 cuillerée à soupe de persil haché,
- 1 verre moyen (15 cl) de sauvignon,
- sel, poivre,
- beurre.

Pour la crème d'estragon :

- 100 g de feuilles d'estragon frais ou surgelé, hachées,
- 1 verre moyen de sauvignon,
- 50 g de beurre,
- 25 cl de crème fraîche liquide.

6 personnes

Menu

Mousseline de brochet à la crème d'estragon

•

Pot-au-feu de cochon

•

Rigodon aux cerises

Vin conseillé :
Nuits Saint Georges blanc

Pâté de cochon en bocaux

Ingrédients

- 500 g de gorge de cochon,
- 400 g de lard gras,
- 500 g de foie de cochon,
- 1 oignon,
- 2 gousses d'ail,
- 3 œufs,
- 1 grosse cuillerée de crème épaisse,
- 4 cl de marc du Jura,
- sel (18 g au kg),
- poivre (5 g au kg).

pour 5 à 6 bocaux de 350 g

faire stériliser pendant 2 h 30

2 h 30

Menu

Pâté de cochon en bocaux

•

Barbue à la dieppoise

•

Figues rôties, coulis de figues au vin rouge

Vin conseillé :
Sylvaner

1 Hacher les viandes avec l'oignon et l'ail. Ajouter le marc du Jura, la crème, les œufs, le sel et le poivre. Mélanger délicatement avec une spatule en bois.

2 Remplir les bocaux. Fermer avec les caoutchoucs et faire stériliser pendant 2 h 30. Conserver dans un endroit frais à l'abri de la lumière. C'est toujours agréable d'ouvrir un bocal de pâté à la dernière minute.

Pâté de lapin vendéen

Ingrédients

- 850 g de viande de lapin,
- 200 g de jambon cru de pays,
- 200 g de noix de veau,
- 1 bouteille de vin blanc,
- 1/2 verre de cognac,
- 1 pied de veau,
- 1 fine barde de lard,
- bouquet garni,
- ail,
- persil,
- sel, poivre.

6 personnes

1 Dépouiller, vider et parer le lapin. Le désosser complètement, ce qui représente l'opération la plus difficile de cette recette traditionnelle.

2 Couper des filets dans le râble et les cuisses du lapin et les réserver.

3 Hacher le reste des chairs du lapin avec le foie, la viande de veau, un petit bouquet de persil et une gousse d'ail. Mettre le hachis dans une jatte. Ajouter le cognac, un verre de vin blanc, sel et poivre. Bien malaxer l'ensemble et laisser mariner pendant 2 h.

4 Dans une casserole, placer le pied de veau coupé en deux, tous les os de lapin, le bouquet garni, sel et poivre en grains. Ajouter le vin et 50 cl d'eau. Faire bouillir. Ajouter alors le jambon coupé en grosses tranches et laisser cuire pendant 15 min.

5 Retirer le jambon et continuer à faire cuire le pied de veau pendant 2 h. Hacher le jambon et le mélanger au hachis de lapin mariné.

6 Garnir le fond et le bord d'une terrine à pâté avec la barde fine qui doit dépasser tout autour afin d'être repliée sur la terrine remplie.

7 Placer au fond de la terrine une couche de farce, puis les filets de chair de garenne, puis une couche de hachis et ainsi de suite pour terminer par la farce. Rabattre la barde sur le dessus.

8 Placer la terrine couverte dans un plat servant de bain-marie et mettre à four doux (th. 3, 150°) pendant 1 h 30.

9 Pendant ce temps, continuer la cuisson du pied de veau à feu doux. Filtrer le bouillon qui prendra en gelée.

10 Sortir la terrine du four. Retirer la barde cuite du dessus de la terrine et verser le bouillon chaud en piquant le pâté avec une longue aiguille. Laisser refroidir et réserver au frais pendant 2 jours avant de consommer.

Menu

Pâté de lapin vendéen
•
Filet d'agneau de pays
en croûte légère,
jus de thym
•
Soupe de cerises
et sorbet au ratafia

Vin conseillé :
Pessac-Léognan blanc

Petits pâtés de Pézenas

Ingrédients

- 400 g de farine,
- 200 g de saindoux,
- 100 g de filet de mouton,
- 50 g de graisse de rognons de mouton,
- 50 g de graisse de rognons de veau,
- 40 g de cassonade ou sucre roux,
- 1 citron,
- 1 œuf,
- sel et poivre.

16 petits pâtés

Menu

Petits pâtés de Pézenas
•
Canard rôti dans son jus de muscadet
•
Oreillettes

Vin conseillé :
Coteaux du Languedoc
La Clape

1 La veille, faire la pâte, ce qui est très facile : Dans une terrine, mélanger la farine, le saindoux, une pincée de sel et, peu à peu, un demi-verre d'eau, ou plus, jusqu'à obtenir, en pétrissant, une pâte ferme qui n'attache plus aux doigts. La mettre en boule et la laisser reposer au frais quelques heures.

2 Détailler en très petits morceaux le filet de mouton. Il ne faut pas le hacher, mais le découper en tout petits morceaux.

3 Prélever la graisse des rognons et la hacher finement. Râper finement le zeste du citron. Mélanger la viande de mouton, les graisses de rognons, le zeste râpé et le sucre roux. Saler et poivrer.

4 Travailler l'ensemble assez longuement pour obtenir une farce homogène.

5 Sur la planche à pâtisserie, étaler la pâte en une abaisse épaisse de 3 mm.

6 Découper, à l'aide d'un petit verre, 32 cercles de 5 cm de diamètre.

7 Pétrir à nouveau la pâte, l'étaler à la même épaisseur et découper des bandes de 3 cm de haut, de manière à façonner 16 petits cylindres de 2 cm de diamètre. Une fois terminé, chaque petit pâté ressemble à une bobine.

8 Sur une rondelle, placer un petit cylindre dont les bords et le fond sont soudés avec un peu d'eau. Remplir avec la farce de viande.

9 Poser par-dessus, comme un couvercle, une autre rondelle que l'on soude avec un peu d'eau et en appuyant légèrement tout autour. La photographie montre bien l'aspect que doivent avoir ces délicieux petits pâtés, avant et après la cuisson.

10 Percer le rond formant couvercle de 3 trous bien réguliers et enduire chaque petit pâté, au pinceau, de jaune d'œuf délayé dans un peu de lait.

11 Déposer les petits pâtés sur une plaque farinée et les enfourner à four chaud préchauffé, thermostat 6/7, 220° pendant environ 30 min.

12 Ils doivent être bien dorés à la sortie du four et se dégustent chauds, accompagnés d'une salade assaisonnée au jus de citron.

Petits ramequins de foies de volaille aux poireaux

Ingrédients

- 4 petits poireaux,
- 50 g de beurre,
- 120 g de foies de volaille,
- sauce vinaigrette.

2 personnes

30 min

20 min

(+ le temps de refroidissement et de conservation en réfrigérateur)

1 Éliminer le vert foncé de 4 petits poireaux ; laver et couper en julienne. Faire chauffer 50 g de beurre dans une casserole à feu très doux (très doux pour éviter que le beurre ne « tourne en huile »).

2 Ajouter les morceaux de poireau ; faire cuire pendant 10 min. Émincer 120 g de foies de volaille (en enlevant fibres et liaisons graisseuses) ; mélanger avec les poireaux et faire cuire pendant 5 à 10 min. Placer dans deux ramequins et laisser au réfrigérateur.

3 Au moment de servir, démouler et déguster avec une vinaigrette bien relevée.

Menu

Petits ramequins de foies de volaille aux poireaux

•

Poulet « Gaston Gérard »

•

Pain d'épices au miel

Vin conseillé :
Château-Grillet blanc

Poilettes fertoises

Ingrédients

- 3 kg de viande prise dans les côtes du porc, avec le gras, le maigre et les os,
- 50 g de sel,
- 2 verres d'eau,
- 1 feuille de laurier,
- 1 clou de girofle,
- 1 cuillerée de poivre moulu,
- 1 cuillerée à café de muscade râpée.

10 personnes

20 min

6 h

Menu

Poilettes fertoises
•
Entrecôte gros sel
•
Cornets de Murat

Vin conseillé :
Chardonnet du Château-Thébaut

1 Retirer la couenne du lard, désosser la viande et la couper en petits dés de 2 à 3 cm de côté. Mettre les morceaux de viande dans une pothine en terre vernissée, avec les os et la couenne. Ajouter le sel, le laurier, le clou de girofle. Verser l'eau.

2 Porter rapidement à ébullition à couvert, puis laisser cuire à découvert, pendant 6 h, en remuant souvent, afin que la viande n'attache pas. Six heures plus tard, retirer les couennes et les os. Écraser et brasser la viande avec un pilon.

3 Verser aussitôt dans des pots de grès ébouillantés, à l'aide d'une louche, comme pour des confitures. Laisser refroidir à l'air et couvrir de papier sulfurisé.

4 Servir avec des tranches de pain grillé bien chaudes... Un délice.

Potje-ulesch

Ingrédients

- Les ailes, les cuisses et le blanc d'une petite poule,
- les pattes avant et arrière d'un lapin,
- 300 g d'épaule de veau,
- 200 g de poitrine de lard maigre,
- 100 g de lard gras,
- 4 échalotes,
- 50 cl de vin blanc sec,
- thym,
- laurier,
- 8 branches de persil,
- sel, poivre,
- 1 grande couenne fraîche.

8 à 10 personnes

1 Couper les viandes en morceaux sans désosser la poule ni le lapin. Éplucher les échalotes, les hacher avec le persil. Tapisser le fond d'une terrine de tranches fines de lard gras, mettre une couche de viande en alternant poule, lapin et veau. Combler les vides avec des dés de poitrine de lard maigre et le mélange échalotes et persil.

2 Bien tasser l'ensemble. Poser sur le dessus une branche de thym et la feuille de laurier, couvrir avec la couenne fraîche découpée aux dimensions de la terrine. Prendre bien soin de mettre le côté gras de la couenne sur les viandes. Verser le vin blanc sur les viandes de façon à les couvrir.

3 Fermer la terrine, faire une pâte épaisse avec un peu d'eau et de farine et l'appliquer sur les bords du couvercle. Mettre la terrine à cuire au bain-marie à four doux pendant 3 h au moins.

4 Laisser refroidir la terrine puis la placer au réfrigérateur pendant 12 à 15 h avant de l'entamer.

Menu

Potje-ulesch

•

Lapin au cidre

•

Cake sucré au potimarron

Vin conseillé :
Sancerre blanc

Rillettes de homard breton,

tartine grillée aux algues « papa et maman »

Ingrédients

- 4 homards bretons vivants (500 g),
- sel, poivre,
- 1 bouquet garni,
- 1 brindille de fenouil,
- 80 g de beurre (pour rissoler),
- 50 cl de fumet de poisson,
- 150 g de beurre (pour infuser les carapaces),
- 150 g de mouron des oiseaux,
- 4 tartines de pain aux algues ou de campagne.

4 personnes

Menu

Rillettes de homard breton, tartine grillée aux algues

•

Côte de veau de lait, échalotes et ail confits « mon pépé »

•

Blanc-manger aux mûres et son coulis

Vin conseillé : un chablis grand cru Valmeur 1995 domaine-des-hala

1 Choisir 4 beaux homards bien vivants au marché.
2 Couper les homards vivants en tronçons réguliers, saler et poivrer. Casser les pinces à l'aide d'un petit marteau.
3 Faire revenir au beurre mousseux pinces et tronçons dans un sautoir à feu très doux 45 s de chaque côté (le temps de cuisson est important pour que la chair du homard reste moelleuse).
4 Décortiquer délicatement les corps et les pinces. Conserver les tronçons vides pour la présentation.
5 Dans le sautoir, fondre du beurre et faire infuser à feu doux la tête concassée des homards pendant 10 min sans que le beurre colore.
6 Broyer les têtes dans un robot-coupe pendant 5 min. Passer au travers d'un tamis.
7 Ajouter à la chair du homard hachée finement au couteau (sauf les pinces).
8 Saler, poivrer. Réserver au frais. Dresser cette préparation froide (rillettes) dans les tronçons évidés. Ajouter les pinces et quelques feuilles de mouron des oiseaux (salade sauvage).
9 Accompagner cette entrée d'un pain aux algues ou de campagne grillé.

Terrine d'aubergine et foie gras,

langues d'agneau et jus de poivrons

La veille

1 Cuire les langues.

2 Blanchir les langues d'agneau à l'eau citronnée. Égoutter et rincer. Les cuire à feu doux avec la garniture d'oignons, de carottes, le bouquet garni et quatre clous de girofle, de l'eau à hauteur et une pincée de sel.

3 Au bout de 1 h, vérifier la cuisson à l'aide d'un couteau (on ne doit pas sentir de résistance en piquant la langue).

4 Égoutter les langues, retirer la peau blanche. Les réserver dans la cuisson filtrée.

Préparer le caviar d'aubergines.

1 Laver, retirer le pédoncule puis couper trois aubergines en deux dans le sens de la longueur. Les déposer dans une plaque allant au four.

2 Inciser la chair, badigeonner d'huile d'olive, saler. Cuire à four chaud à 180 °C-200 °C pendant 45 min en évitant une trop grande coloration.

3 À la sortie du four, retirer la chair de la peau à l'aide d'une cuiller.

4 Mixer la chair d'aubergine afin d'obtenir une purée bien lisse puis incorporer les feuilles de gélatine ramollies. Vérifier l'assaisonnement.

Montage de la terrine

1 Laver, retirer le pédoncule puis couper dans le sens de la longueur et en tranches fines de 1 mm la dernière aubergine.

2 Colorer les lamelles à l'huile d'olive dans une poêle. Assaisonner avec sel et poivre. Les retourner puis les égoutter sur du papier absorbant.

Chemiser la terrine de papier film en laissant dépasser 10 cm de chaque côté puis disposer les tranches d'aubergine de façon à recouvrir les parois.

3 Tiédir le caviar d'aubergines, bien le mélanger.

4 Recouvrir le fond de la terrine de 1 cm de caviar d'aubergines.

5 Disposer quatre tranches de foie gras.

6 Couvrir le foie gras de 1 cm de caviar d'aubergines.

7 Disposer en quinconce les langues d'agneau. Appuyer à l'aide d'une pelle pour bien les enfoncer dans le caviar.

8 Ajouter les quatre dernières tranches de foie gras puis la pulpe restante.

9 Rabattre les lamelles d'aubergines puis le papier film.

Presser légèrement avec une planchette et un poids de 500 g.

Le jour même

1 Laver les poivrons, les ouvrir en deux, retirer les grains.

2 Les passer à la centrifugeuse avec les feuilles de géranium odorant.

3 Réduire la moitié du jus obtenu des deux tiers et lier à la Maïzena. Une fois refroidi, ajouter la moitié du jus restant. Vérifier l'assaisonnement.

4 Réserver au frais.

5 Démouler la terrine, retirer le papier film.

6 Une fois les tranches coupées, servir avec le coulis de poivrons et des toasts de pain de campagne.

Ingrédients

- 8 tranches de foie gras,
- 8 langues d'agneau,
- 4 grosses aubergines,
- 50 cl d'huile d'olive,
- 10 feuilles de gélatine,
- 1 citron jaune,
- 2 oignons,
- 2 carottes,
- 1 bouquet garni,
- 4 clous de girofle,
- sel, poivre.

Pour le coulis :

- 5 poivrons rouges,
- quelques feuilles de géranium odorant,
- 1 cuil. à café de Maïzena.

pour une terrine de 16 personnes (une terrine Le Creuset)

Menu

Terrine d'aubergine et foie gras, langues d'agneau et jus de poivron

•

Bœuf mode à la normande

•

Feuilleté aux pommes en chaud-froid

Vin conseillé :
Coteaux du Layon

Terrine de canard au foie gras

Ingrédients

- 1 kg de cuisses de canard désossées et dégraissées,
- 1 kg de porc (épaule et bas joue),
- 1 kg de foie gras de 2e choix,
- 5 œufs,
- 10 cl de crème,
- 50 g de sel,
- 5 g de poivre, persil et thym,
- 100 g d'oignons échalotes.

20 personnes

60 min

2 h 30

Menu

Terrine de canard au foie gras

•

Maquereaux au thym et au gros sel

•

Tarte de semoule au cassis et coulis de sureau

Vin conseillé : Bonnezeaux

1 Hacher la viande et le foie gras, les épices, le persil. Terminer avec un morceau de mie de pain pour nettoyer le hachoir. Mélanger tous les ingrédients.

2 Casser les œufs, verser la crème, le sel, le poivre, le thym. Mélanger bien toute la masse. Mettre dans une terrine ou dans un plat à cake. Cuire au bain-marie th. 7-5 pendant 2 h 30 en surveillant qu'il ne manque pas d'eau dans le plat du bain-marie.

3 Laisser refroidir dans le four, puis mettre au froid. Pour que cette terrine garde tout son arôme, ne la démouler qu'au moment de servir.

4 Couper en tranches et servir soit par assiette, soit sur plat.

Terrine de canard au marc d'Arbois

Ingrédients

- 1 canard de Barbarie de 2,5 kg,
- 300 g d'échine de porc,
- 300 g de lard gras,
- 250 g de foie de canard,
- 150 g de foie gras de canard cuit,
- 1 barde de lard,
- 1 oignon,
- 2 gousses d'ail sans le germe,
- 1 dl de marc d'Arbois,
- gros sel, poivre,
- 1 branche de thym,
- 1 feuille de laurier.

pour 1 grosse terrine

1 Désosser complètement le canard. Détailler les filets en fines lanières, les cuisses, l'échine de porc et le lard gras en morceaux. Dans une jatte, assaisonner et arroser les lanières avec 5 cl de marc. Faire mariner 4 h.

2 Passer le restant des viandes au hachoir sauf le foie gras cuit. Hacher l'oignon et l'ail. Mélanger délicatement les ingrédients de la farce, l'assaisonnement (18 g de sel au kilo et 5 g de poivre au kilo) et le restant du marc.

3 Tapisser le fond de la terrine avec la moitié de la barde. Intercaler la farce, les lanières, les tranches de foie gras cuit jusqu'à remplir la terrine. Recouvrir avec le restant de la barde, la branche de thym et la feuille de laurier.

4 Recouvrir d'un papier aluminium, mettre le couvercle et cuire 1 h 30 au bain-marie à thermostat 6. En fin de cuisson, presser légèrement la terrine à l'aide d'une planchette et d'un poids pendant environ 2 h. Garder au réfrigérateur 2 à 3 jours

Menu

Terrine de canard
au marc d'Arbois

•

Cul de veau
du vieux presbytère

•

Méli-mélo de fruits rouges
au muscadet

Vin conseillé :
Mâcon-Villages blanc

Terrine de foie gras au sauternes

Ingrédients

- 1 beau foie gras de canard de 600 g,
- 1 demi-bouteille de sauternes jeune,
- 2 cuillerées à café de sel,
- 1 cuillerée à café de poivre blanc.

8 personnes

30 min

40 min (à préparer l'avant-veille)

Menu

Terrine de foie gras au sauternes
•
Daube à l'avignonnaise
•
Far aux pruneaux

Vin conseillé : Coteaux du Layon

1 Dénerver le foie comme indiqué à la recette de la terrine de foie de canard. Assaisonner de sel et de poivre, mettre dans un plat creux. Arroser de sauternes. Laisser mariner une demi-journée au frais, en retournant de temps en temps.

2 Préparer le bain-marie dans un four chauffé à 150° (th. 5). Disposer le foie dans une terrine, tasser, mettre la terrine au bain-marie frémissant à 70° au plus. Laisser cuire 40 min.

3 Sortir la terrine du four, placer une planchette de la même taille, poser dessus un poids, et laisser prendre au réfrigérateur. Lorsque le foie gras est bien refroidi, ôter le poids et la planchette, récupérer toute la graisse qui a débordé, la faire fondre et la couler sur le foie. Remettre au frais pour deux jours.

Terrine de lapin au serpolet

et au chardonnay de Vuillafans

Ingrédients

- 1 gros lapin,
- 3 échalotes,
- 1 bouteille de vin blanc de Chardonnay de Vuillafans,
- 1 bouquet de jeunes pousses de serpolet frais,
- 10 cl d'huile d'olive,
- 1 barde de lard,
- sel et poivre.

pour 1 terrine

1 Désosser le lapin et couper en lanières. Réserver le foie pour le lendemain.

2 Ciseler l'échalote. Mélanger le tout avec l'huile d'olive, le vin de Charcennes, le sel (16 g par kg de préparation) et le poivre. Laisser mariner 24 h.

3 Le lendemain incorporer le serpolet frais. Tapisser le fond d'une terrine avec la barde de lard, ajouter le lapin mariné en intercalant le foie au milieu de la terrine. Cuire 1 h 30 au bain-marie à th. 5/6.

4 Une fois la cuisson terminée, laisser refroidir en pressant légèrement à l'aide d'une planchette et d'un poids de 300 g.

5 Entrée très fraîche que l'on peut accompagner éventuellement d'une salade aux orties (à cueillir avant la floraison).

Menu

Terrine de lapin au serpolet et au chardonnay de Vuillafans

•

Féra au vin

•

Kuign-amann de Fanch

Vin conseillé :
Chardonnay de Vuillafans

Terrine de saumon aux petits pois

Ingrédients

- 500 g de filet de saumon,
- 1 boîte 4/4 de petits pois extrafins égouttés,
- 4 cuillerées à soupe d'oseille hachée, fraîche ou surgelée,
- 1 petit bouquet de cerfeuil haché,
- 3 cuillerées à soupe de persil haché,
- 4 cuillerées à soupe de crème fraîche,
- 6 œufs,
- 1/2 cuillerée à café de paprika doux,
- sel, poivre,
- beurre pour le moule.

Pour la sauce :

- 3 gros petits-suisses,
- 3 cuillerées à soupe de crème fraîche,
- 1 échalote finement hachée,
- 1 cuillerée à soupe d'oseille,
- 1 de persil,
- 3 de cerfeuil, hachées,
- quelques brins de ciboulette ciselés,
- sel, poivre.

6 à 8 personnes

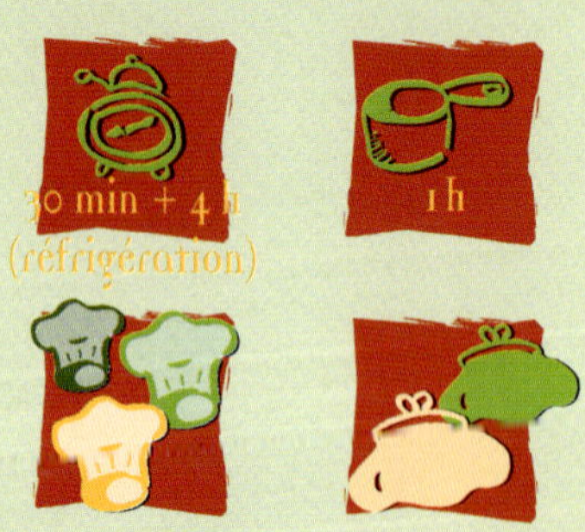

1 Couper le saumon en cubes et le mixer avec le paprika. Ajouter 3 œufs un par un en mixant bien entre chaque. Puis incorporer la crème fraîche, sel et poivre. Réserver dans une jatte.
2 Mixer les petits pois égouttés avec l'oseille, le cerfeuil et le persil. Ajouter un par un les 3 œufs restants, sel et poivre. Mixer encore un peu le tout en purée verte. Préchauffer le four sur th. 5 ou 6 ou 180°.
3 Beurrer un moule à cake de 13 x 26 cm en Téfal ou en Pyrex. Y verser la moitié de la purée de petits pois. La creuser légèrement au centre et y placer la purée de saumon. Recouvrir du reste de petits pois, le saumon étant ainsi entouré de petits pois. Plonger le moule dans un bain-marie tiède et faire cuire 45 min à 1 h dans le four en couvrant d'aluminium ménager à mi-cuisson.
4 La terrine est cuite lorsque le centre est souple sous le doigt.
5 Laisser refroidir totalement avant de démouler. Puis envelopper d'un film plastique et mettre 3 h dans le réfrigérateur.
6 Servir coupé en tranches sur un lit de chiffonnade de laitue. Accompagner de la sauce.

Sauce

1 Mélanger tous les ingrédients dans une jatte, réserver au frais.
2 La terrine saumon-petits pois sera encore meilleure préparée la veille.

Menu

Terrine de saumon aux petits pois
•
Pot-au-feu des anciens
•
Salade de fruits à la normande

Vin conseillé : Pouilly fumé

Terrine de sole ou de limande

Ingrédients

- 800 g de filets de sole ou de limande,
- 1 grande botte de persil,
- poivre,
- quatre-épices,
- 1 cuillerée à soupe de beurre.

6 personnes

1 Faire lever des filets pour obtenir environ 800 g de chair ; hacher finement 10 cuillerées à soupe de persil ; ajouter poivre, quatre-épices et un peu de beurre et mélanger le tout.
2 Beurrer abondamment le fond et les parois d'une terrine ; placer une couche de filets de poisson, puis une couche du hachis préparé plus haut, ainsi de suite pour les couches successives.
3 Placer la terrine avec son couvercle dans un bain-marie au four (20 min environ à th. 6-7)
Avant de servir, enlever l'excédent de beurre qui est venu en surface.

Menu

Terrine de sole ou de limande
•
Blanquette de veau
•
Milassous

Vin conseillé : Chablis grand cru

Fromage de têtes de cochon

Ingrédients

- 1/2 tête de cochon,
- 2 pieds de cochon,
- 1 queue de cochon,
- 50 cl de vin blanc de Vuillafans,
- 2 carottes,
- 1 oignon,
- 1 poireau,
- tête d'ail,
- thym, laurier,
- bouquet de persil plat.

pour 4 petits saladiers

30 min

environ 4 h 30

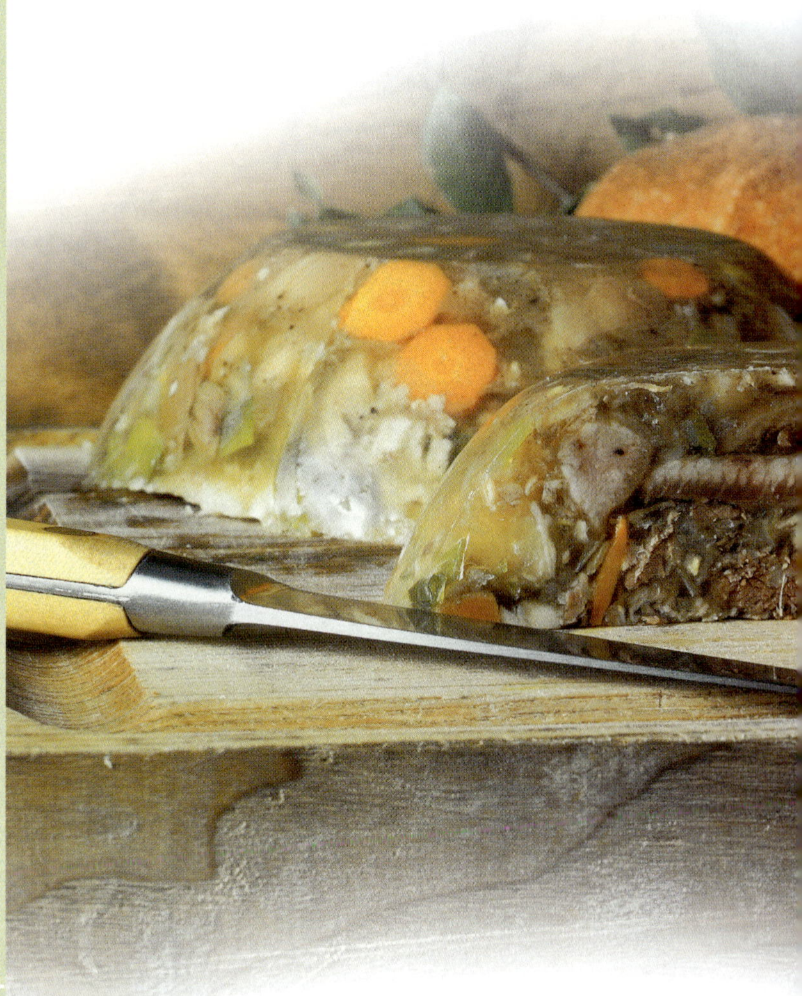

Menu

Fromage de têtes de cochon
•
Brandade de morue
•
Clafoutis aux fruits frais

Vin conseillé :
Gros plant

1 Dans une grande casserole mettre la tête, les pieds et la queue de cochon.
2 Recouvrir d'eau froide et porter à ébullition en écumant sans arrêt. Saler et cuire environ 4 h. Quand la chair se détache de l'os, sortir les morceaux. Retirer tous les os.
3 Couper grossièrement et remettre dans le bouillon avec les carottes émincées en rondelles, le poireau coupé finement, le vin blanc, l'ail, l'oignon haché et les aromates. Cuire 30 min. Ajouter le persil plat ciselé, vérifier l'assaisonnement.
4 Verser cette préparation dans des saladiers. Mettre à refroidir. Servir avec des cornichons et des champignons au vinaigre.

Lapin du pays

en compote
aux carottes nouvelles
et marc d'Auvergne

Ingrédients

- 1 beau lapin du pays,
- 50 cl de vin blanc de Saint-Pourçain,
- 1 cuillère à soupe d'estragon, de ciboulette et de cerfeuil,
- 1 l d'eau et 2 cubes de bouillon de volaille,
- 200 g de carottes nouvelles de Limagne,
- 1 branche de céleri,
- 2 bouquets garnis,
- 5 cl de marc d'Auvergne,
- sel et poivre du moulin.

6 ou 8 personnes

1 Faire entièrement désosser le lapin par son volailler ou son boucher. Conserver les os que vous faites bouillir 2 h avec l'eau, le bouillon et un bouquet garni, pour obtenir un fond. Chinoiser et réserver.

2 Couper en gros morceaux et assaisonner. Mettre en marinade une nuit avec le céleri branche coupé en cubes, le bouquet garni, le vin blanc et le marc.

3 Égoutter les morceaux de lapin et les faire colorer. Couvrir avec le fond de lapin. Laisser cuire jusqu'à ce que la viande soit fondante, puis la retirer.

4 Cuire à leur tour les carottes nouvelles épluchées et lavées, dans le fond de lapin. Les retirer et laisser réduire le bouillon de cuisson jusqu'à ce qu'il n'en reste que 1 l.

5 Tremper 25 g de gélatine en feuilles dans de l'eau froide. Une fois ramollie, l'ajouter au litre de liquide bouillant. Laisser tiédir.

6 Mélanger ensemble les carottes, les herbes, le lapin et le jus de cuisson gélatiné. Mouler dans une terrine tapissée de film alimentaire.

7 Réfrigérer pendant 24 h. Démouler en tirant sur le film. Couper précautionneusement en tranches. Servir très frais avec une salade.

Menu

Lapin du pays en compote aux carottes nouvelles et marc d'auvergne

•

Filet de saint-pierre aux cèpes

•

Galette charentaise

Vin conseillé : vin blanc de Saint-Pourçain

Ingrédients

- 1 lobe de foie gras de canard,
- 50 g de lentilles cuites,
- 25 cl de gelée de volaille,
- 4 filets de cailles,
- sel, poivre,
- 10 cl d'armagnac,
- 1 l de graisse de canard.

6 personnes

Pyramide de foie gras

aux lentilles vertes et cailles des Vosges

La veille :

1 Mettre à dégorger le foie gras dans de l'eau froide pendant 3 h ; l'égoutter et bien l'éponger.

2 Faire mariner pendant une nuit le foie gras avec le sel, le poivre et 5 cl d'armagnac ; ôter la peau des filets de caille et les faire également mariner pendant une nuit avec du sel, du poivre et les 5 cl d'armagnac restant.

Le jour même :

1 Tiédir la graisse de canard. Y pocher le foie gras pendant environ 20 min : il doit être tiède à l'intérieur.

2 Cuire environ 5 min les filets de caille à la vapeur.

3 Égoutter le foie gras et les filets de caille sur une grille.

Montage de la terrine :

1 Prendre un moule en forme de pyramide : garnir le fond d'une couche de 1 cm de lentilles cuites, ajouter un peu de gelée de volaille.

2 Répartir le foie gras de canard que l'on aura coupé en deux dans la longueur, puis remettre un peu de gelée.

3 Ajouter les filets de caille puis à nouveau de la gelée. Laisser prendre au froid.

4 Démouler la terrine puis couper des tranches de 1 cm d'épaisseur. Dresser sur assiette et décorer selon son humeur.

Menu

Pyramide de foie gras
aux lentilles vertes
et caille des Vosges

•

Brochet au beurre blanc

•

Mousse au chocolat

Vin conseillé :
Tokay pinot gris

Bisque d'étrilles

Ingrédients

- 1 kg d'étrilles cuites,
- 3 carottes,
- 1 gros poireau,
- 1 oignon,
- 2 gousses d'ail,
- 2 tomates,
- 1 dose de safran,
- 1 cuillerée à soupe de paprika,
- 1 bouquet garni,
- 25 cl de vin blanc sec,
- 1 petit verre (7,5 cl) de pastis,
- 3 cuillerées à soupe de crème fraîche épaisse,
- 3 jaunes d'œufs,
- sel, poivre,
- piment de Cayenne,
- huile d'olive.

6 personnes

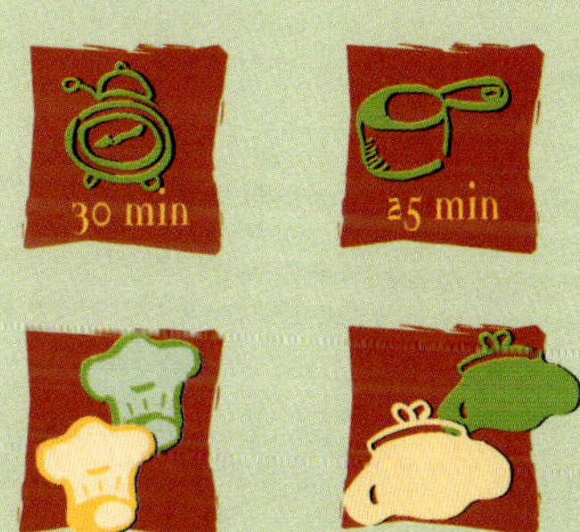

1 Éplucher les légumes : carottes, poireau, oignon et ail, les hacher grossièrement. Les faire revenir avec 3 cuillerées à soupe d'huile d'olive dans une marmite sur feu moyen pendant 8 à 10 min en remuant.

2 Ajouter les tomates coupées en morceaux, le bouquet garni, le vin blanc, le safran, le pastis, sel et poivre. Amener à ébullition, laisser cuire 5 min.

3 Ouvrir les étrilles, retirer les branchies (lamelles blanches), écraser grossièrement les corps et les pinces. Les jeter dans la marmite. Ajouter 1,5 l d'eau et laisser mijoter à couvert 25 min.

4 Ensuite, passer le tout longuement au mixeur et filtrer à travers un tamis. Remettre cette soupe à chauffer dans la marmite.

5 Préparer dans une soupière les jaunes d'œufs mélangés à la crème fraîche et une bonne pincée de piment de Cayenne.

6 Au moment de servir, verser lentement la bisque dans la soupière en remuant vivement.

7 Accompagner de petits croûtons frits à l'huile d'olive.

Menu

Bisque d'étrilles

•

Coq au vin

•

Tarte aux pralines

Vin conseillé :
Pouilly fumé

Bouillabaisse

Ingrédients

Soupe de poisson
- 3 kg de soupe rouge,
- 1 poireau,
- 1 bulbe de fenouil,
- 3 têtes d'ail (coupées en deux),
- 1 oignon,
- 250 g de tomates concentrées,
- 2 g de safran,
- thym, laurier

Poissons
- 5 rougets barbets moyens (200 g pièce),
- 2 filets de saint-pierre (500 g pièce), coupés en 10 portions,
- 5 vives (100 g pièce),
- 1 petit congre (tronçonné en darne de 80 g environ),
- 5 rascasses moyennes (200 g pièce),
- 5 grondins (200 g pièce)

Rouille
- 2 jaunes d'œufs,
- 50 cl d'huile d'olive,
- 3 gousses d'ail,
- paprika, safran,
- piment de Cayenne

Divers
- 200 g de fromage râpé,
- 1 baguette pour croûtons,
- quelques pommes rates cuites à l'eau, légèrement safranées, pour la garniture

10 personnes

Menu

Bouillabaisse

•

Agneau de pré-salé aux maugettes

•

Gâteau de pommes et gaudes sablées

Vin conseillé :
Blanc de Cassis

1 Faire suer tous les légumes sans coloration. Ajouter les poissons (soupe rouge), le concentré de tomates, le safran. Bien remuer jusqu'à ce que le poisson se désagrège.
2 Mouiller à l'eau juste à hauteur.
3 Faire cuire 3 h à bouillon modéré. Passer ensuite au chinois (pas trop fin).
4 Rectifier en sel et poivre puis reserver au chaud. Il doit rester au moins 5 l de bouillon.
5 Prendre trois sautoirs évasés. Y disposer dans l'un les grondins et les vives ; dans un autre, les rascasses et les rougets ; dans le dernier, le congre et le saint-pierre. Arroser les poissons d'huile d'olive et saupoudrer d'un peu de fleur de sel.
6 Mouiller ensuite avec la soupe à peine à hauteur et commencer à cuire les poissons. Une fois cuits, réserver au chaud.
7 Ecraser l'ail finement puis ajouter les jaunes d'œufs, une pincée de safran, de paprika, de sel et de piment de Cayenne.
8 Ajouter l'huile en remuant comme pour une mayonnaise.
9 Détendre avec une cuillère à soupe de soupe de poisson un peu réduite.
10 Servir en premier la soupe restante avec les croûtons, le fromage et la rouille.
11 Servir en deuxième service tous les poissons réunis dans un plat avec un peu de bouillon.

Beaucoup d'histoires ont été écrites sur cette merveilleuse recette et beaucoup de régionaux l'interprètent de diverses façons. De village en village, la recette change. Il est sûr que l'étymologie est « quand ça boue, tu abaisses ». De grands noms comme Morard, cuisinier provençal de grande réputation, liaient la rouille au corail d'oursin.

Pour moi, comme toutes les recettes, si elle est faite avec amour et passion et qu'elle est partagée avec de bons amis, c'est toujours le bonheur.

Un bon vin blanc de Cassis, ou un AOC Bellet (petit coteau au-dessus de Nice) vont à merveille avec ce plat.

Bouriquette

Ingrédients

- 1 bouquet d'oseille fraîche,
- 4 échalotes moyennes finement hachées,
- 4 pommes de terre moyennes coupées en cubes,
- 1 bonne cuillerée à soupe de saindoux ou de beurre,
- 2 cuillerées à soupe de farine,
- 1 tablette de bouillon de volaille,
- 4 œufs,
- 4 tranches de pain de campagne rassis,
- sel, poivre,
- beurre,
- 1 verre de vinaigre,
- 1 petit bouquet de cerfeuil ciselé.

4 personnes

15 min

35 min (soupe), 3 min (œufs)

1 Équeuter l'oseille, la couper en lanières et la faire fondre avec les échalotes et le saindoux (ou beurre) dans une casserole à fond épais 5 min en remuant.

2 Ajouter la farine, remuer, mouiller avec 50 cl d'eau chaude, émietter la tablette de bouillon. Saler, poivrer, ajouter les pommes de terre. Laisser cuire 30 min.

Préparer les œufs pochés

1 Amener à ébullition 1,5 l d'eau non salée mais additionnée de vinaigre. Casser les œufs un par un dans une petite tasse. Approcher la tasse de la surface de l'eau frissonnante et la faire pivoter d'un mouvement sec et rapide. Ainsi le blanc de l'œuf tombera en même temps que le jaune et le recouvrira. Ensuite, rabattre plusieurs fois durant la cuisson les voiles de blanc sur l'œuf. Ne jamais faire cuire plus de trois ou quatre œufs à la fois. Au bout de 3 min, les retirer à l'écumoire (on peut les réserver au chaud dans de l'eau tiède).

Préparer les croûtons

1 Couper le pain rassis en petits cubes. Chauffer une noix de beurre dans une poêle. Y dorer les croûtons.

Pour servir

1 Déposer un œuf poché au fond de chaque assiette creuse, recouvrir d'une louche de bourriquette. Parsemer de cerfeuil et accompagner des croûtons.

Menu

Bouriquette
•
Côtelettes de veau au cognac
•
Corniottes aux framboises flambées au marc de Bourgogne

Vin conseillé :
Muscadet

Bréjaude

Ingrédients

- 3 carottes coupées en tronçons,
- 3 navets coupés en cubes,
- 1 petit rutabaga coupé en cubes,
- 2 poireaux taillés en rondelles,
- 1 branche de céleri émincée,
- 1 poignée de fèves décortiquées,
- 1 poignée de haricots verts taillés en bâtonnets,
- 1 poignée de petits pois frais ou surgelés 5 à 6 pommes de terre,
- 1 oignon piqué de 2 ou 3 clous de girofle,
- 1 bouquet garni,
- sel, poivre,
- huile,
- 1 morceau de lard demi-sel de 300 g,
- 3 tranches fines de lard demi-sel coupées en lardons.

6 à 8 personnes

30 min

environ 3 h

1 Dans un grand faitout, faire fondre les lardons avec deux cuillerées à soupe d'huile, 2 à 3 min. Puis ajouter les légumes, excepté les pommes de terre. Les faire suer et légèrement blondir 5 à 6 min en remuant. Ajouter le bouquet garni et l'oignon piqué de clous de girofle. Mouiller avec 4 à 5 l d'eau. Saler, poivrer. Faire venir à ébullition sur feu vif. Y plonger le lard, réduire le feu, couvrir, laisser mijoter 2 h 30.

2 Ajouter alors les pommes de terre coupées en petits dés.

3 Retirer le lard avec une écumoire. L'écraser à la fourchette dans une passoire au-dessus de la soupe. Il doit passer au travers des trous de la passoire.

4 Laisser mijoter encore 30 min.

5 Tailler des tranches de pain de campagne dans la soupière et tremper la soupe.

Menu

Bréjaude

Bœuf bourguignon

Quatre quarts

Vin conseillé : Côtes du Ventoux blanc

Bullinada du Barcarès
(soupe de poissons)

Ingrédients

- 1,2 kg de poissons variés,
- 100 g de saindoux,
- 300 g d'ail,
- 6 belles pommes de terre,
- 1/2 cuillerée à café de safran en poudre,
- 2 cuillerées de farine,
- 1 l de bouillon de poisson,
- 2 cuillerées d'huile d'olive,
- persil,
- piment de Cayenne,
- sel et poivre.

4 personnes

1 Choisir des poissons variés : lotte, rascasse, rouget, merlan... Les nettoyer, les écailler, les vider, les couper en tronçons et les fariner de tous côtés.
2 Éplucher les pommes de terre et les couper en rondelles fines. Hacher l'ail avec un bouquet de persil. Dans une cocotte en fonte, faire fondre le saindoux. Parsemer le fond avec le hachis d'ail et de persil. Ajouter le sel, une pointe de cayenne, le safran, le poivre gris. Disposer en les alternant des couches de pomme de terre et des tronçons de poissons bien farinés.
3 Verser sur le tout du bouillon de poisson froid, jusqu'à hauteur de la dernière couche. Couvrir la cocotte et la poser sur un feu très vif.
4 Dès que le bouillon entre en ébullition, verser l'huile d'olive, couvrir et laisser cuire à grands bouillons pendant 12 min.
5 Servir très chaud avec des croûtons frits et un vin blanc frais.

Menu

Bullinada du Barcarès (soupe de poissons)
•
Tête de porc farcie au boudin noir
•
Tarte des Demoiselles Tatin

Vin conseillé : un vin blanc frais.

Consommé de légumes au foie gras,
crêtes et rognons de coq

Ingrédients

- 1 bocal de consommé de légumes filtré,
- 100 g de carottes,
- 100 g de navets,
- 100 g de céleri boule,
- 1 foie gras de 500 g,
- 4 crêtes de coq,
- 200 g de rognons de coq,
- thym,
- laurier,
- 10 g de farine,
- 10 g de vinaigre blanc,
- 1 l de fond blanc,
- fines herbes,
- fleur de sel.

4 personnes

40 min

Environ 2 h

Menu

Consommé de légumes au foie gras, crêtes et rognons de coq

•

Saumon poêlé aux céleris frits et au beurre de muscadet

•

Sablés saboliens

Vin conseillé : Sancerre blanc

1 Monder les crêtes de coq (de la même façon qu'une tomate). Les cuire dans une casserole avec 50 cl d'eau, 10 g de farine, 10 g de vinaigre, thym, laurier, sel pendant 1 h 30.

2 Rincer les rognons de coq puis les porter à ébullition dans une casserole remplie d'eau légèrement salée. Cuire 1 min puis rafraîchir. Retirer la peau et réserver.

3 Éplucher, couper en brunoise les légumes. Les cuire séparément à l'eau salée. Rafraîchir, égoutter et réserver.

4 Porter le fond blanc à ébullition. Plonger le foie gras. Le laisser cuire 15 à 20 min à petits bouillons.

5 Pendant ce temps, réchauffer le consommé, les crêtes, les rognons de coq ainsi que les légumes.

6 Dresser le consommé et la garniture dans une assiette creuse. Une fois cuit, découper le foie gras en tranches. Dresser sur assiette. Parsemer de fleur de sel et de fines herbes. Servir bien chaud.

Crème de céleri
à la râpée de truffe de Meuse

Ingrédients

- 800 g de céleri-rave,
- 300 g de pommes de terre,
- 50 cl de lait,
- 50 cl de crème,
- 50 cl d'eau, gros sel,
- 100 g de beurre,
- 20 cl de crème fouettée,
- 10 cl de jus de truffe (en épicerie fine),
- 1 belle truffe de Meuse.

4 personnes

1 Laver et éplucher les légumes. Les couper grossièrement puis les mettre en cuisson dans une casserole.
2 Mouiller avec le lait, la crème et l'eau. Saler.
3 Cuire environ 50 min à couvert.
4 Mettre dans le bol du mixeur la crème de céleri.
5 Ajouter le beurre, le jus de truffe et les 20 cl de crème légèrement fouettée.
6 Mixer le tout et rectifier l'assaisonnement.
7 Dresser la crème de céleri.
8 Disposer dessus la truffe coupée très finement en lamelles.

Menu

Crème de céleri à la râpée de truffe de Meuse
•
Fromage de tête de cochon
•
Œufs au chocolat

Vin conseillé :
Riesling

Crème de potiron
aux coques et noisettes

Ingrédients

- 1 kg de courge butternut de préférence,
- 1 kg de coques,
- 1 échalote,
- 5 cl de vin blanc,
- 50 cl de crème fleurette,
- 80 g de noisettes,
- pluches de persil,
- sel, poivre.

4 personnes

30 min

30 min

1 Laver et faire tremper les coques dans de l'eau froide salée.
2 Éplucher la courge, retirer les pépins et la couper en morceaux de 2 cm de côté environ.
3 Mettre la courge dans une casserole. Recouvrir d'eau et ajouter une pincée de sel. Cuire 30 min. Égoutter la courge dans une passoire fine.
4 Remettre dans une casserole avec la crème. Mixer et vérifier l'assaisonnement.
5 Relaver les coques. Les mettre dans une casserole avec l'échalote hachée et le vin. Mettre un couvercle et porter à ébullition. Retirer les coques dès qu'elles sont ouvertes.
6 Filtrer la cuisson pour obtenir un jus clair. Le réduire de moitié.
7 Décortiquer les coques puis les laver pour retirer la poche de sable.
8 Réchauffer les coques dans un jus de coques réduit.
9 Passer les noisettes au four à 150 °C pour les blondir.
10 Incorporer le jus de coques à la crème de potiron.
11 Servir en soupière. Parsemer dessus les coques et les noisettes ainsi que quelques pluches de persil.

Menu

Crème de potiron aux coques et noisettes
•
Magret à la royale
•
Œufs à la neige bergamote

Vin conseillé : Entre-deux-mers

Crème de potiron

servie avec une quenelle de crème fraîche

Ingrédients

- 1 kg de potiron,
- 150 g de beurre (50 + 100),
- 400 g de pommes de terre bintje,
- 200 g de blanc de poireau,
- 50 cl de lait,
- 1 l d'eau,
- gros sel,
- 40 cl de crème liquide,
- 10 cl de crème épaisse.

4 personnes

20 min — 50 min

1 Laver et éplucher les légumes.
2 Couper le potiron en gros morceaux ainsi que les pommes de terre.
3 Étuver avec 50 g de beurre le blanc de poireau émincé. Ajouter le potiron puis les pommes de terre et le sel.
4 Mouiller avec le lait puis l'eau, saler et cuire environ 50 min à couvert.
5 Verser dans le mixeur le potage avec la crème liquide et les 100 g de beurre restant. Mixer jusqu'à l'obtention d'une crème onctueuse. Rectifier l'assaisonnement.
6 Dresser le potage avec quelques quenelles de crème fraîche posées dessus.

Menu

Crème de potiron servie avec une quenelle de crème fraîche

•

Brochettes de filet mignon, feuilleté de moelle et gratin moelleux aux pommes

•

Granité au champagne

Vin conseillé :
Graves blanc

Potage aux feuilles de radis sauvage

Ingrédients

- 400 g de feuilles radis sauvage, équeutées et lavées (ou à défaut de radis cultivé),
- 40 g de beurre doux,
- 200 g de pommes de terre épluchées et émincées finement,
- 1 l de bouillon de volaille (ou à défaut 1 l d'eau avec 4 bouillons cubes),
- 100 g de crème épaisse,
- p. m. sel, poivre.

6 personnes

10 min

30 min

Menu

Potage aux feuilles de radis sauvage

●

Rôti de lotte au jus de veau jeunes oignons et lard paysan « Yolande et Yves »

●

Kugelhopf

Vin conseillé : Jurançon

1 Dans une cocotte, faire revenir durant 3 min les feuilles de radis et les pommes de terre dans le beurre moussant. Ajouter le bouillon de volaille. Laisser cuire jusqu'à la cuisson complète des pommes de terre. Mixer le tout. Ajouter la crème épaisse. Rectifier l'assaisonnement. Servir.

Soupe au lard et au chou

Ingrédients

- 600 g de lard demi-sel,
- 1 cœur de chou frisé,
- 4 carottes,
- 2 navets,
- 1 morceau de céleri rave,
- 4 petits oignons,
- 2 poireaux,
- poivre

4 personnes

La veille

1 Faire tremper le lard dans de l'eau fraîche en la changeant plusieurs fois pour enlever l'excès de sel.

Le jour même

1 Faire cuire le lard dans 2,5 l d'eau et laisser frémir 1 h à feu doux. Pendant ce temps, éplucher et laver les légumes. Couper le chou en quartiers et les autres légumes en julienne. Les ajouter au lard au bout de 1 h de cuisson et laisser frémir encore 50 min, remouiller éventuellement de 1 l d'eau.

2 Poser le lard sur un plat de service chaud. Verser la soupe dans une soupière et servir accompagné de croûtons.

Menu

Soupe au lard et au chou
•
Lapin Grand Mère aux fines herbes
•
Milhard aux cerises

Vin conseillé :
Coteaux de Tricastin

Soupe au lard et au fromage

Ingrédients

- 500 g d'oignons,
- 1,5 l d'eau,
- 100 g de beurre,
- 200 g de comté râpé,
- 200 g de lard fumé blanchi coupé en tranches,
- sel, poivre,
- 6 tranches de pain grillé.

6 personnes

Menu

Soupe au lard et au fromage

•

Noisettes d'agneau de pré-salé aux salicornes, émulsion d'ail doux « François P »

•

Clafoutis aux cerises

Vin conseillé :
Côtes du Jura blanc

1 Émincer les oignons, les faire suer dans une casserole avec le beurre jusqu'à bonne coloration.
2 Ajouter l'eau bouillante, le lard fumé. Cuire une bonne demi-heure.
3 Servir dans une soupière en intercalant le pain, le comté râpé et les tranches de lard puis verser le bouillon dessus.

Soupe de champignons noirs à l'orange

Ingrédients

- 400 g de trompettes-de-la-mort,
- 2 échalotes,
- 600 g de bouillon de volaille,
- 1 bouquet de persil plat ou frisé,
- 1 noix de beurre,
- sel, poivre,
- noix de muscade,
- 1 cuillère de crème fraîche.

Sorbet à l'orange :

- 6 oranges,
- 300 g d'eau,
- 100 g de sucre en poudre,
- 1 g de safran,
- poivre du moulin.

4 personnes

30 min

40 min

1 Cuire 30 à 40 min, dans le bouillon de volaille ensemble et à couvert, les trompettes-de-la-mort, les échalotes, le persil et le beurre.
2 Pendant ce temps, peler à vif les oranges (ôter la peau au couteau). Mixer avec l'eau chaude et le sucre. Poivrer un peu et tamiser. Ajouter ensuite le safran et turbiner en sorbetière.
3 Dès que les trompettes sont cuites, bien mixer la soupe et la passer si nécessaire. Incorporer la crème. Vérifier l'assaisonnement.
4 Au centre d'une assiette creuse, disposer une cuillère de sorbet orange. Verser la soupe et parsemer de gouttes de crème fondue avec le safran autour.

Menu

Soupe de champignons noirs à l'orange
•
Caille rôtie entière fricassée de champignons d'automne
•
Gaufres

Vin conseillé :
Minervois blanc

Soupe de chou « Quintal d'Auvergne »

Ingrédients

- 1 beau chou vert (type quintal d'Auvergne),
- 300 g d'oignons,
- 50 g de poitrine séchée,
- 100 g de saindoux,
- 2 l d'eau,
- 2 cubes de bouillon de volaille,
- 2 cuillères de crème épaisse.

6 personnes

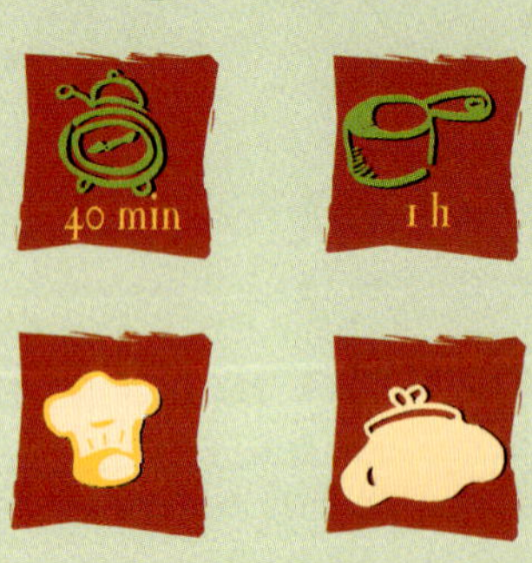

Menu

Soupe de chou « Quintal d'Auvergne »
•
Escalope de veau comtoise
•
Cassolette de fruits secs au marsannay rosé

Vin conseillé : Châteauneuf-du-Pape blanc

1 Éplucher les oignons et les hacher grossièrement.

2 Débiter la poitrine séchée en lardons.

3 Découper, effeuiller et écôter le chou. Le blanchir, en le trempant quelques minutes dans l'eau bouillante. Le refroidir à l'eau courante.

4 Dans un faitout à même de contenir 3 l de liquide, faire revenir dans le saindoux, sans les colorer, la poitrine et les oignons. Couper le chou en lamelles épaisses et le jeter dans le faitout. Remuer et laisser fondre à feu doux durant une dizaine de minutes. Mouiller de 2 l d'eau auxquels vous ajouterez deux cubes de bouillon de volaille (ou de 2 l de cuisson de potée, mais attention au sel !).

5 Laisser cuire à petit bouillon durant 1 h environ. Enrichir de deux bonnes cuillères de crème épaisse (et éventuellement de dés de petit salé).

6 Réchauffer la soupe. Rectifier l'assaisonnement. Faire éventuellement « chabrol » en versant un trait de vin rouge de pays dans la soupe.

Soupe de poisson

Ingrédients

- 250 g de lotte,
- 250 g de congre,
- 1 merlan ou 1 saint-pierre,
- 1 rouget grondin,
- 150 g de tomates (2 tomates),
- 1 oignon,
- 2 gousses d'ail,
- 40 g de beurre ou de margarine,
- 1 l d'eau,
- sel 1 cuillerée à café/l, poivre.

Bouquet garni :

- 1 branche de thym,
- 1 demi-feuille de laurier,
- persil,
- 1 clou de girofle,
- 1 pincée de safran,
- 1 branche de fenouil (facultatif).

4 personnes

20 min

à la cocotte ordinaire : 45 min ; à l'autocuiseur : 15 min

1 Laver et vider les poissons. Les couper en tronçons. Garder les têtes.

2 Hacher l'oignon et le faire revenir doucement dans la matière grasse. Ajouter les tomates en quartiers, l'ail pilé, les poissons en morceaux avec les têtes.

3 Laisser cuire à découvert 10 min, en écrasant le poisson avec une cuillère en bois.

4 Ajouter les aromates : bouquet garni, clou de girofle, fenouil, safran, sel. Verser l'eau. Couvrir et laisser bouillir : soit 45 min à la cocotte ordinaire, soit 15 min à l'autocuiseur, à partir de la rotation de la soupape.

5 Quand la soupe est cuite, la passer à la moulinette.

6 Servir avec des croûtons frottés à l'ail.

N.B. : Vous pouvez ajouter 40 g de vermicelle, soit 2 min avant la fin de la cuisson, pour l'autocuiseur, soit 7 min, avant la fin de la cuisson, pour la cocotte ordinaire.

Menu

Soupe de poisson
•
Poule au blanc
•
Tarte au chocolat

Vin conseillé :
Muscadet

Soupe de poissons de l'île d'Yeu

Ingrédients

- 2 kg de poissons variés,
- 1 kg de congre,
- 1 gros bouquet garni,
- 2 oignons,
- 1 gousse d'ail,
- 4 pommes de terre,
- 1 tomate,
- 1 verre de crème fraîche,
- girofle,
- cayenne,
- safran,
- poivre en grains,
- sel.

6 personnes

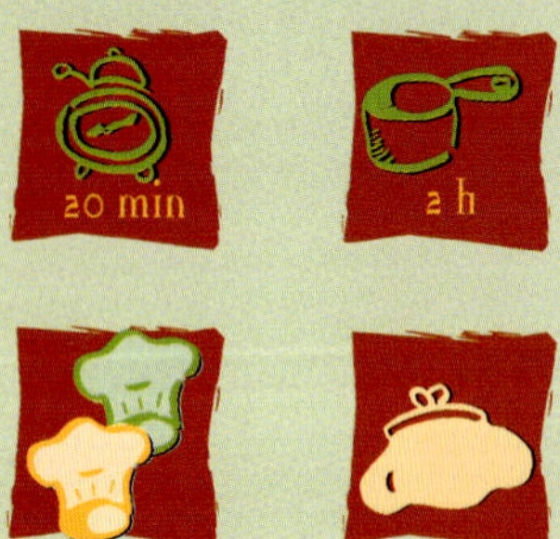

1 Choisir des poissons de petites tailles les plus variés possibles : prêtres, vieillottes, tacauds, petites dorades, petits lieus, turbotins, orphies... mais n'utiliser ni sardines ni maquereaux. Les vider mais ne pas les écailler.

2 Les mettre dans un faitout. Couvrir d'eau. Saler légèrement. Ajouter le congre, le bouquet garni, les oignons piqués d'un clou de girofle, l'ail, une vingtaine de grains de poivre. Faire bouillir, baisser le feu et maintenir la cuisson à feu moyen pendant 1 h 30.

3 Ajouter alors les pommes de terre épluchées, une grosse tomate bien mûre et une pincée de safran en filaments. Faire bouillir à nouveau à petit feu pendant 45 min.

4 Avec une écumoire, brasser le mélange et le passer au chinois en écrasant les poissons et les légumes, dans une soupière contenant la crème fraîche. Ajouter une demi-cuillerée à café de cayenne.

5 Servir, en même temps que la soupe, des tranches de pain rassis frites au beurre.

Cette soupe doit être relativement peu salée mais bien épicée.

Menu

Soupe de poissons de l'île d'Yeu

•

Filet mignon de porc au fenouil

•

Fricassée de poires au caramel de morille, glace au vermouth

Vin conseillé : Muscadet sur lie

Soupe glacée de melon,

sorbet au mac vin

Ingrédients

- 250 g de sucre,
- 30 cl d'eau,
- 20 cl de mac vin,
- 1 melon de 600 g,
- 1 branche de menthe.

4 personnes

30 min

10 min

1 Porter à ébullition l'eau et le sucre. Réserver le sirop au frais. Couper le melon en deux, retirer les pépins.

2 À l'aide d'une cuillère à pommes noisettes prélever douze boules de chair.

3 Mixer le restant de la chair avec 3 dl de sirop. Réserver au frais. Mélanger le restant du sirop avec le Mac vin et passer à la sorbetière. Dresser dans des assiettes creuses la soupe glacée et les boules de melon ainsi qu'une grosse boule de sorbet au Mac vin.

4 Déposer une feuille de menthe. Cette entrée est très agréable et fraîche.

Menu

Soupe glacée de melon, sorbet au mac vin

•

Kig-ha-farz gwiniz du

•

Crêpes de Tante Madeleine

Vin conseillé : Corbières blanc

Soupe savoyarde,
dite « soupe fourre-tout »

Ingrédients

- 2 l d'eau,
- 1 kg de toutes sortes de légumes (carottes, navets, chou, pommes de terre, poireaux, etc.),
- une dizaine de tranches de pain de campagne,
- 150 g d'emmental ou de beaufort,
- sel, poivre.

Ustensiles :
- 1 faitout,
- 1 soupière.

6 personnes

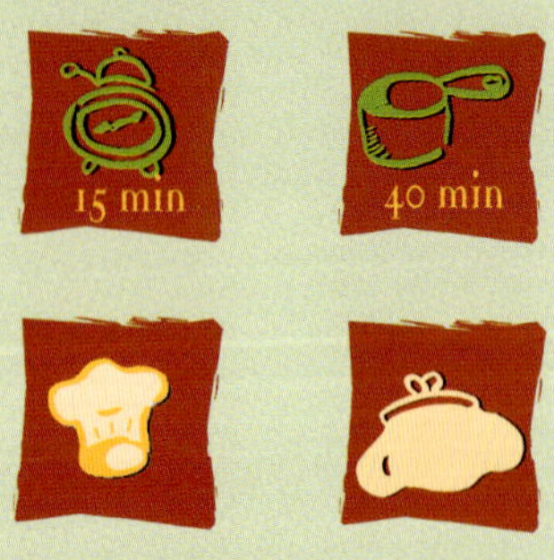

Menu

Soupe savoyarde, dite « soupe fourre-tout »

•

Saumon à l'unilatérale

•

Biscuit massepain roulé à la mousse de cassis

Vin conseillé :
Rully blanc

1 Éplucher les légumes, les laver, puis les couper en gros morceaux. Réserver les pommes de terre dans un peu d'eau pour qu'elles ne noircissent pas.
2 Mettre tous les légumes, mis à part les pommes de terre, dans un faitout en les couvrant de 2 l d'eau. Saler, poivrer et porter à ébullition. Faire cuire alors à feu doux.
3 Au bout de 25 min, rectifier l'assaisonnement et y incorporer les pommes de terre. Laisser cuire encore 15 min.
4 Servir dans des assiettes à soupe contenant une tranche de pain qui peut avoir été, préalablement, grillée.

Velouté de cèpes aux pommes caramélisées

Ingrédients

- 500 g de cèpes,
- 50 cl de fond blanc,
- 300 g de crème fleurette,
- sel, poivre,
- 2 pommes,
- 50 g de sucre,
- 5 cl d'huile d'olive,
- 1 gousse d'ail.

4 personnes

40 min

35 min

1 Nettoyer les cèpes : retirer la terre des pieds, les gratter légèrement, les passer sous l'eau rapidement si nécessaire.
2 Émincer en fines lamelles le plus joli. Réserver.
3 Émincer le reste des cèpes en lamelles de 5 mm. Les poêler à l'huile d'olive et les égoutter.
4 Dans une casserole, faire bouillir le fond blanc. Ajouter les cèpes. Saler légèrement. Ajouter la gousse fendue en deux et dégermée. Cuire 30 min à petits bouillons. Mixer pour obtenir un coulis bien lisse puis réserver au frais.
5 Monter le crème fleurette en chantilly bien ferme. Réserver au frais.
6 Éplucher et couper les pommes en petits dés de 5 mm de côté.
7 Faire chauffer une poêle avec le sucre. Quand il caramélise, y jeter les dés de pommes. Cuire 5 min en remuant. Réserver à température ambiante.
8 Mélanger le velouté de cèpes froid à la chantilly. Saler, poivrer à votre convenance.
9 Dresser le velouté en assiettes creuses ou dans des coupes en verre. Disposer les lamelles de cèpes crus puis parsemer avec les pommes caramélisées.

Menu

Velouté de cèpes aux pommes caramélisées
•
Côte et ris de veau aux pistaches et jus de betterave
•
Tarte aux pignons

Vin conseillé :
Blanc fumé de Pouilly

Feuilleté au butternut ou à la délicata

Ingrédients

- 750 g de pâte feuilletée,
- 6 échalotes hachées,
- gros sel, poivre,
- persil haché,
- cannelle,
- 1 œuf battu,
- 10 cl de crème liquide,
- 1 kg de courge.

6 personnes

20 min

1 h

Menu

Feuilleté au butternut ou à la délicata
•
Poule au pot de Sorges
•
Tourte aux prunes

Vin conseillé : Cheilly-lès-Maranges blanc

1 Éplucher la courge et la couper en dés. Mettre les morceaux dans une passoire et les saupoudrer de deux cuillères de gros sel. Laisser dégorger de 6 à 12 h.

2 Étaler environ 400 g de pâte dans une tourtière en laissant déborder de la pâte. Répartir dessus les dés de courge et les échalotes. Assaisonner avec poivre, cannelle et persil. Étaler le reste de pâte de façon à faire un couvercle et rabattez dessus la pâte du dessus. Percer deux petits trous qui permettront à la vapeur de s'échapper. Dorer à l'œuf.

3 Mettre à four chaud (th. 7) pendant 45 min à 1 h. Dès la sortie du four, découper un couvercle au milieu de la tourte et y verser la crème.

Déguster tiède.

Flamiche
(tarte aux poireaux)

Ingrédients

Pâte brisée :
- 300 g de farine,
- 150 g de beurre,
- sel, poivre,
- 1 petit verre d'eau,
- 1 jaune d'œuf pour la dorure.

Garniture :
- 1 kg de poireaux,
- 30 g de beurre,
- 1 œuf entier et 1 jaune,
- 20 cl de crème fraîche épaisse,
- sel, poivre.

6 à 8 personnes

1 Préparer la pâte brisée. Dans une terrine, mélanger la farine, le sel et le beurre ramolli. Pétrir rapidement du bout des doigts, incorporer peu à peu l'eau et travailler la pâte de façon à former une boule. Laisser reposer au moins 1 h.

2 Nettoyer les poireaux, les couper en rondelles (en gardant surtout le blanc), faire fondre le beurre dans une cocotte, ajouter les poireaux et laisser cuire doucement pendant au moins 40 min avec sel et poivre.

3 Battre les œufs avec la crème et incorporer ce mélange aux poireaux, hors du feu.

4 Diviser la pâte brisée en deux masses inégales (2/3, 1/3). Les abaisser au rouleau et garnir un moule à tourtière beurré avec la plus grande. Verser la garniture, recouvrir du second disque de pâte en pinçant les deux bords ensemble pour les souder. Tracer des croisillons sur le dessus avec la pointe d'un couteau. Faire une cheminée au milieu pour laisser échapper l'humidité.

5 Dorer la surface à l'œuf battu et mettre à cuire à four chaud (230°-th. 7/8) pendant 35 à 40 min.

Servir très chaud.

Menu

Flamiche (tarte aux poireaux)
•
Potée
•
Assiette de fraises en gelée de vin rouge

Vin conseillé : Pouilly Fuissé

Gougères

Ingrédients

Pour de petites gougères :
- 25 cl de lait,
- 100 g de beurre,
- 150 g de farine,
- 4 œufs entiers,
- 5 g de sel,
- 50 g de gruyère ou de comté.

Pour de grosses gougères :
- 25 cl de lait,
- 125 g de beurre,
- 250 g de farine,
- 5 œufs entiers,
- 5 g de sel,
- 150 g de gruyère ou de comté.

6 à 8 personnes

30 min

20 à 25 min

Menu

Les gougères
•
Tête de veau sauce verte
•
Coupe lorraine

Vin conseillé :
Marsannay blanc

1 Mettre dans une casserole le lait, le sel et le beurre. Porter à ébullition. Incorporer la farine et dessécher la pâte à feu doux pendant 4 ou 5 min jusqu'à ce qu'elle ne colle plus aux parois. Laisser refroidir puis incorporer les œufs un par un avec une spatule de bois. Couper le fromage en dés d'environ 3 x 3 mm et l'ajouter à la pâte. Remuer jusqu'à obtention d'une pâte bien homogène. Faire alors des boules de pâte à la cuillère et les placer sur une plaque allant au four que vous aurez préalablement beurrée. Dorer ces boules de pâte au jaune d'œuf. Cuire à 170° pendant 20 à 25 min.

Quiche lorraine

Ingrédients

- 250 g de pâte feuilletée,
- 3 œufs,
- 30 cl de crème,
- lardons,
- sel et poivre.

6 personnes

10 min
si la pâte est faite

20 min

Menu

1 Étaler la pâte feuilletée dans un moule à tarte, piquer le fond avec une fourchette.
2 Mettre les lardons puis la crème avec les œufs battus, le sel et le poivre.
3 Enfourner dans un four chaud 20 à 25 min.

Quiche lorraine
•
Tournedos de sandre farci à la mâche nantaise
•
Crème caramel de Guénola

Vin conseillé :
Pinot gris d'Alsace

Tarte à l'époisses

Ingrédients

Pour la pâte brisée :
- 250 g de farine,
- 125 g de beurre,
- 1 jaune d'œuf,
- 5 g de sel,
- 5 cl d'eau.

Pour la garniture :
- 1 époisses affiné de 250 g,
- 50 cl de crème épaisse,
- 3 œufs,
- 1 pomme,
- 100 g de jambon blanc,
- sel, poivre et muscade.

6 personnes

Menu

Tarte à l'époisses
•
Aiguillettes de canard sauce périgueux
•
Pêches et framboises rôties au beurre d'orange « Catherine et Jean-Paul »

Vin conseillé : Pouilly fumé

1 Commencer par faire la pâte. Pour cela, tamiser la farine et faire une fontaine. Y mettre le sel, le jaune d'œuf, le beurre en morceau et l'eau. Incorporer le tout à la farine. Éviter de travailler trop longtemps la pâte. La réserver au réfrigérateur.

2 Préparer la garniture. Dans une jatte, mélanger les œufs et la crème épaisse. Puis ajouter l'époisses, la pomme et le jambon blanc, tout ça préalablement coupés en petits morceaux. Saler, poivrer et ajouter un peu de muscade rapée (si vous le désirez, vous pouvez ajouter quelques lardons rissolés à cette préparation).

3 Abaisser et foncer la pâte dans un moule à tarte de 26 cm de diamètre. Verser la préparation à l'époisses. Mettre au four à 180° pendant 30 min. Servir chaud.

Tarte aux oignons

Ingrédients

Pâte brisée :
- 200 g de farine,
- 100 g de margarine ou de beurre,
- 30-40 cl d'eau (3/4 verre à moutarde).

Garniture :
- 30 cl de lait,
- 3 œufs,
- 500 g d'oignons,
- 50 g de margarine ou de beurre,
- sel, poivre.

Matériel :
- un moule à tarte de 25 cm de diamètre.

6 personnes

pâte brisée, 30 min ; garniture, 5 min ; repos : pâte brisée, 30 min à 1 h.

oignons, 15 min ; tarte garnie, 25 à 30 min, th. 7-8 ou 230-260

1 Faire la pâte brisée selon la recette de base et la laisser reposer.
2 Préparer la garniture : éplucher et émincer les oignons. Les faire revenir doucement avec la margarine. Laisser étuver (cuire avec un couvercle) avec 1 dl d'eau. Ils sont cuits lorsqu'ils sont devenus tendres (environ 1/4 h). Battre les œufs en omelette, y ajouter le lait, le sel, le poivre.
3 Étaler la pâte brisée ; en garnir un moule à tarte. Disposer dessus les oignons. Y verser le mélange œufs-lait.
4 Cuire à four chaud. La tarte est cuite lorsque la surface est prise et dorée.
Servir chaud.

Menu

Tarte aux oignons
•
Porc à la caroline
et cake au maïs
•
Fraises et menthe
marinées aux poivres
huile d'olive et balsamique

Vin conseillé :
Rosé de Provence

Tarte fine de saumon de fontaine

Ingrédients

- 100 g de pâte à tourte au saindoux,
- 4 saumons de fontaine marinés à chaud,
- 200 g d'oignons hachés fins,
- 50 g de champignons de Paris,
- 2 grosses tomates,
- 1 bulbe de fenouil,
- 1 courgette,
- 1 cuillerée à café de tomate concentrée,
- 10 cl de vin blanc,
- 1 trait d'huile blanche,
- 50 cl de vin blanc sec,
- 1 cube de bouillon de volaille,
- 50 g de coriandre écrasée et pliée dans un petit morceau de tissu.

6 tartes fines

45 min

20 min

Menu

Tarte fine de saumon de fontaine
•
Épaule d'agneau cuite à l'étouffée aux algues
•
Œufs à la neige de la croisette

Vin conseillé : Muscadet du château Thélant

1 Étaler le plus finement possible la pâte à tourte. Découper six disques de 10 cm de diamètre (boîte de conserve 4/4) et enfourner sur papier cuisson ou plaque beurrée à 180° (th. 6-7) jusqu'à légère coloration. Garder en attente.

2 Laver les champignons et les couper en petits dés. Prélever le vert des courgettes et le couper en petits dés. Éliminer les branches vertes du fenouil puis le couper également en dés. Oter enfin la peau des tomates et couper la chair en dés sans conserver la pulpe.

3 Faire revenir les oignons à l'huile blanche sans coloration. Ajouter le vin blanc et réduire à sec. Ajouter les tomates, le concentré, faire légèrement compoter. Adjoindre alors l'ensemble des cubes de légume, puis mouiller de 50 cl d'eau. Ajouter le cube de bouillon et la coriandre écrasée. Laisser cuire jusqu'à évaporation complète.

4 Débarrasser les légumes au frais. Lever les filets des saumons de fontaine et les couper en morceaux. Tapisser les disques de pâte cuite des petits légumes tomatés. Disposer dessus les morceaux de saumon et les arroser de leur huile de marinade.

Tartelettes de Saint-Jacques créançaises

Ingrédients

- 12 grosses noix de Saint-Jacques,
- 2 grosses carottes de Créances,
- 2 cuillères à soupe de crème double,
- 1 l de fumet de poisson,
- 1 cuillère de beurre fondu,
- 1 cuillère à café de caviar sevruga (facultatif),
- 4 feuilles de choux blanchies,
- 10 cl de vinaigrette,
- huile d'olive,
- vinaigre balsamique ou soja,
- 12 petits bouquets de mâche,
- peluches de cerfeuil pour la décoration,
- sel et poivre du moulin.

Matériel :

- 4 moules à tartelettes antiadhésifs de 8 cm de diamètre environ.

4 personnes

1 Après avoir bien rincé les Saint-Jacques, récupérer les noix sans le corail. Éplucher, laver les carottes. Les mettre à cuire dans une casserole avec le fumet de poisson, les garder croquantes, puis les égoutter. Faire blanchir les feuilles de choux dans le fumet encore bouillant, égoutter sur une grille ou un papier absorbant.

2 Escaloper les Saint-Jacques en trois lamelles. Émincer les carottes en rondelles. Mettre la crème à fondre dans une petite casserole, assaisonner et tenir au chaud. Beurrer les moules au pinceau et monter vos tartelettes en intercalant les lamelles de Saint-Jacques et rondelles de carottes. Remplir ainsi les quatre moules, puis couvrir le dessus avec une feuille de chou, découpée à la dimension du moule.

3 Passer au four chaud 180° pendant 5 min. Démouler dans des assiettes très chaudes, verser la crème fondue et parsemer de grains de caviar, déposer les bouquets de mâche, arroser de vinaigrette et disperser les peluches de cerfeuil.

Menu

Tartelettes de Saint-Jacques créançaises

•

Râble de lapin au pistou

•

Flan au cidre

Vin conseillé : Pouilly-Fuissé

Tourte aux champignons

Ingrédients

- 2 abaisses rondes de pâte feuilletée prédéroulée,
- 500 g de champignons (rosés des prés ou de couches),
- 1 gros oignon finement haché,
- 4 grosses cuillerées à soupe de crème fraîche (environ 250 g),
- 1 œuf entier et 2 jaunes,
- 1 tablette de bouillon de volaille,
- sel, poivre,
- beurre.

Pour dorer :

- 1 jaune d'œuf délayé d'une cuillerée à café de lait.

6 personnes

25 min + 1 h (repos)

40 min

Menu

Tourte aux champignons

•

Dos de cabillaud poché, petits légumes champignons et lardons de haddock rissolés

•

Pets-de-nonne aux fruits de secs et aux fleurs d'acacias

Vin conseillé : Saint-Péray blanc

1 Chauffer une noix (50 g) de beurre dans une sauteuse sur feu moyen et y faire fondre 2 à 3 min l'oignon haché. Ajouter les champignons émincés et les cuire 10 min en remuant fréquemment. Incorporer la crème fraîche, la tablette de bouillon émiettée, sel et poivre. Laisser mijoter encore 10 à 15 min. Retirer du feu.

2 Battre à la fourchette les œufs dans un bol. Les verser dans les champignons. Mélanger vivement. Laisser refroidir environ 1 h.

3 Préchauffer le four sur Th. 7 ou 210°.

4 Garnir un moule à tarte avec une abaisse de pâte. La recouvrir de champignons à la crème. Poser la seconde abaisse sur la table, la badigeonner au jaune d'œuf puis la découper en bandes de 1 cm de largeur. Les disposer en croisillons sur la tourte. Les faire adhérer sur les bords et dorer encore ceux-ci. Faire cuire 40 min dans le four.

4 Démouler sur un plat de service et servir chaud en entrée.

Tourte aux épinards

et coquilles Saint-Jacques

Ingrédients

- 500 g de noix de coquilles Saint-Jacques avec corail (fraîches ou surgelées),
- 1 oignon finement émincé,
- 250 g de purée d'épinards surgelée,
- 2 cuillerées à soupe d'oseille hachée,
- 2 cuillerées à soupe d'estragon haché,
- 3 cuillerées à soupe de cognac,
- 4 grosses cuillerées à soupe de crème fraîche épaisse,
- 2 jaunes d'œufs,
- 75 g de beurre,
- sel, poivre,
- 1 pâte à tarte feuilletée ou brisée

6 personnes

1 Faire fondre 25 g de beurre dans une casserole et y blondir l'oignon 5 min sur feu doux. Ajouter la purée d'épinards et l'oseille. Laisser fondre le tout, mélanger et incorporer deux cuillerées à soupe de crème fraîche. Saler, poivrer, laisser tiédir. Garnir un moule à tarte avec la pâte choisie. Recouvrir d'épinards. Parsemer quelques petits flocons de beurre, puis faire cuire 25 min dans le four préchauffé sur 7 à 8 ou 220°.

2 Pendant ce temps, escaloper les noix de Saint-Jacques en deux, laisser le corail entier. Chauffer 50 g de beurre dans une poêle, y saisir 2 min les Saint-Jacques en remuant sur feu vif. Saler, poivrer, arroser de cognac et flamber.

3 Les égoutter au-dessus d'un bol pour recueillir le jus.

4 Mélanger à ce jus : les jaunes d'œufs, l'estragon haché et deux grosses cuillerées à soupe de crème fraîche. Sortir la tourte du four. Étaler les Saint-Jacques sur les épinards et recouvrir avec le contenu du bol. Faire cuire encore 10 à 15 min.

5 Servir chaud, mais non brûlant, en entrée.

Menu

Tourte aux épinards et coquille Saint-Jacques

•

Côte de bœuf à la nantaise

•

Crème brûlée aux figues et pain d'épice

Vin conseillé : Chablis grand cru

plats

Anguilles sautées

Ingrédients

- 2 anguilles fraîches,
- 1 poignée de gros sel,
- 75 g de beurre,
- 3 cuillerées à soupe de farine,
- sel, poivre.

4 personnes

40 min + 30 min (macération)

10 à 15 min

Menu

Pâté de cochon en bocaux

•

Anguilles sautées

•

Riz au lait aux saveurs exotiques

Vin conseillé : Muscadet sur lie

1 Demander au poissonnier de préparer les anguilles, ou le faire soi-même : inciser la peau de l'anguille tout autour de la tête, juste en dessous des ouïes. Tenir la tête d'une main et de l'autre dépouiller l'anguille de sa peau en tirant sur celle-ci. Couper les nageoires, enlever les viscères et laver l'intérieur du ventre sous l'eau courante.

2 Couper le poisson en tronçons de 6 à 8 cm. Saupoudrer de gros sel et laisser macérer 30 min.

3 Puis rincer les tronçons d'anguille sous l'eau froide, les essuyer et les rouler dans la farine.

4 Chauffer la moitié du beurre dans une poêle sur feu vif, y faire revenir les anguilles rapidement de tous côtés.

5 Jeter le beurre cuit, réduire le feu, ajouter le reste de beurre, sel et poivre. Laisser cuire encore 10 min environ.

6 Servir avec une salade de pommes de terre tiède.

Brochet beurre blanc

Ingrédients

- 1 brochet de Loire de 1,5 kg environ,
- 2 échalotes,
- 10 cl de vinaigre de Muscadet ou 5 cl de vinaigre de vin blanc avec 5 cl de Muscadet,
- 200 g de beurre demi-sel,
- les éléments pour un court bouillon.

4 personnes

40 min

10 min par livre

1 Vider, gratter et laver le brochet, le faire pocher sans le faire bouillir 10 min par livre dans le court-bouillon (eau, sel, poivre, bouquet garni, et une cuillerée de vinaigre).
2 Hacher finement les échalotes, les mettre dans une casserole (pas en aluminium) avec le vinaigre et le vin, faire réduire jusqu'à sec, ajouter le beurre en petites parcelles et monter en tournant avec un fouet sur un feu très doux, éviter de faire bouillir, poivrer légèrement.
3 Déposer le poisson sur un plat recouvert d'une assiette, enlever délicatement la peau du dessus, garnir de persil en branches et servir le beurre blanc à part.

Menu

Terrine de lapin au serpolet et au chardonnay de Vuillafans
•
Brochet beurre blanc
•
Tarte au chocolat au poivre et coulis de groseille

Vin conseillé :
Un Pinot gris d'Alsace 2000

Carpe farcie à l'ancienne au Montbazillac

Ingrédients

- 1 carpe de 2 kg environ.

Eléments de la farce

- 300 g d'échine de porc,
- 100 g d'escalope de poulet,
- 100 g de foie gras,
- 1 tranche de pain rassis,
- 50 g d'échalotes,
- 1 œuf entier.

Garniture cuisson

- 50 cl de vin blanc sec,
- 1 verre d'eau,
- 50 g de carottes,
- 50 g d'oignons,
- 50 g de graisse.

Eléments de la sauce

- 50 cl de Montbazillac,
- 50 cl de fumet de poisson,
- 10 cl de crème épaisse,
- 20 g de beurre,
- sel, poivre.

8 personnes

1 h

40 min

1 Hacher l'échine de porc, l'escalope de poulet, le pain rassis et l'échalote, couper le foie gras en petits dés.

2 Mélanger les ingrédients et lier avec l'œuf entier.

3 Lever les deux filets et placer la farce à l'intérieur des deux filets. Plier le tout dans la barde, ensuite dans du papier d'aluminium et ficeler bien serré.

4 Mettre à cuire au four chaud avec 50 cl de vin blanc, allongé d'un demi-verre d'eau, d'une carotte et d'un oignon émincé.

5 Entourer la carpe de graisse fine, faire cuire 1 h environ, retourner une fois pendant la cuisson.

6 Pendant ce temps faire la sauce, réduire le fumet plus le Montbazillac, ajouter la crème épaisse, réduire et monter au beurre. Assaisonner avec le sel fin et le poivre blanc. La servir bien chaude le long de la carpe et mettre le reste de la sauce en saucière.

7 Cette carpe est servie avec des petits légumes vapeur.

Menu

Petits ramequins de foie de volaille aux poireaux

•

Carpe farcie à l'ancienne au Monbazillac

•

Figues fraîches au gratin

Vin conseillé :
Pouilly fumé

Féra au vin

Ingrédients

- 6 beaux filets de féra (ou 12 petits),
- 1 oignon,
- 2 carottes,
- 1 citron,
- 2 verres de vin blanc sec de Savoie,
- 2 cuillerées à soupe de crème fraîche,
- 20 g de beurre,
- sel et poivre.

Ustensiles :

- 1 plat allant au four,
- 1 chinois,
- 1 petite casserole,
- 1 plat de service.

6 personnes

1 Beurrer abondamment un plat allant au four.

2 Couper l'oignon et les carottes en rondelles très fines. Les disposer sur le fond du plat et poser dessus les filets de poisson. Saler, poivrer et arroser avec le jus d'un demi-citron et le vin blanc.
Mettre à four chaud (th. 7 - 210°).

3 Au bout de 10 min, retourner les filets et laisser se poursuivre leur cuisson encore 15 min.

4 Surveiller de temps à autre en arrosant le poisson avec le jus de cuisson.

5 Retirer le poisson du four et disposer les filets sur un plat de service que l'on réservera au chaud.

6 Filtrer le jus de cuisson à l'aide d'un chinois et le verser dans une petite casserole. Y incorporer la crème avant de le remettre à chauffer et de remuer le tout vivement. Arrêter la cuisson dès les premiers bouillonnements.
Verser cette sauce sur le poisson.

Menu

Terrine de foie gras au Sauternes
•
Féra au vin
•
Feuilleté de pommes caramélisées, sauce aux écorces de cannelle, sorbet pomme

Vin conseillé :
crépy, apremont, abymes, chignin perlant

Ingrédients

- 2 belles perches de 350 g,
- 5 cl d'huile blanche,
- 100 g de beurre,
- zestes de 1/2 orange et de 1 citron,
- sel et poivre du moulin.

Perche meunière aux zestes d'orange et citron

4 personnes

30 min

20 min

Menu

Potje-ulesch

•

Perche meunière aux zestes d'orange et citron

•

Flan au cidre

Vin conseillé : Sancerre blanc

1 Écailler, vider et laver les perches (demander au poissonnier de le faire).

2 Prélever les zestes d'une demi-orange et celle d'un citron jaune. Les hacher finement et les mettre dans une petite casserole, couverte d'eau froide. Amener à ébullition. Les égoutter et renouveler l'opération deux fois encore. Malaxer 100 g de beurre avec les zestes bouillis, sel et poivre du moulin. Réserver au frais dans une coupelle ou rouler la préparation en boudin dans un film alimentaire.

3 Assaisonner les perches sur toutes leurs faces ainsi qu'à l'intérieur et les fariner. Dans une poêle, une cocotte ou un plat en fonte, chauffer à feu vif l'huile blanche et la moitié du beurre parfumé qui ne doit pas brûler. Déposer les perches et maintenir durant 5 min une cuisson vive pour qu'elles n'attachent pas. Ralentir le feu et poursuivre sur cette même face encore 5 min. Retourner les perches et continuer l'opération à feu moyen une dizaine de minutes. Les poissons sont cuits lorsqu'à l'aide d'une pointe de couteau on peut décoller la chair sans difficulté près de l'arête dorsale. Ajouter le beurre restant et en arroser copieusement les perches. Présenter le plat sur table.

Tournedos de sandre farci

à la mâche nantaise

1 Tailler douze fines escalopes de sandre, puis avec le reste de filet, faire une mousse parfumée avec de la ciboulette, en mixant le reste de filet et un blanc d'œuf, ensuite ajouter délicatement le même volume de crème fraîche.
2 Faire étuver la mâche, ciseler et dessécher. Blanchir la carotte cannelée et les feuilles de poireau. Superposer escalopes, farce, mâche, deux fois, fermer le tournedos ainsi composé avec feuilles de poireau, décorer avec une carotte.
3 Braiser les tournedos (échalotes, Muscadet, fumet de poisson). Cuire au four, récupérer et filtrer le jus de cuisson.
4 Réduire, lier à la crème, monter au beurre, finition cerfeuil haché.

Ingrédients

- 800 g de filet de sandre, Muscadet,
- fumet de poisson,
- 250 g de mâche,
- 1 carotte,
- 1 poireau,
- 2 œufs,
- beurre,
- crème fraîche,
- cerfeuil,
- échalotes,
- ciboulette,
- assaisonnement.

4 personnes

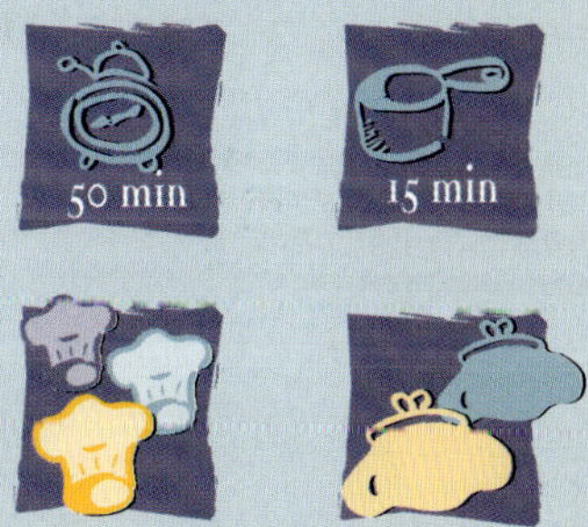

Menu

Foie gras en terrine à l'ancienne
•
Tournedos de sandre farci
à la mâche nantaise
•
Ambonnagéen
aux biscuits roses

Vin conseillé :
Muscadet Sèvre et Maine
sur lie 1990

Sandre en écailles de cèpes

Ingrédients

- 1 sandre d'environ 1,5 kg,
- 500 g de cèpes (de Bordeaux ou têtes-de-nègre),
- 1 cuillère à soupe d'échalotes hachées,
- 300 g de crème liquide,
- 1 cuillère à soupe de ciboulette hachée,
- 1/2 citron,
- sel et poivre du moulin.

5 personnes

25 min

15 à 18 min

Menu

Terrine d'aubergine et foie gras, langues d'agneau et jus de poivrons

•

Sandre en écailles de cèpes

•

Crème renversée

Vin conseillé : un Muscadet 1996 les Nouettes

1 Faire écailler et nettoyer le sandre par le poissonnier. Émincer finement 400 g de petits cèpes dans leur largeur. Poêler rapidement à l'huile pour les assouplir. Saler, égoutter, sécher. Déposer le poisson dans un plat huilé. Assaisonner. Enfourner à 200° (th. 7). Au bout de 12 à 15 min, le retirer. Une aiguille plantée dans la partie la plus charnue ressort chaude au contact de la lèvre.

2 Retirer la peau du dessus et la remplacer par des lamelles de cèpes en forme d'écaille.

3 Chauffer 3 min le poisson au four avant de la servir.

4 Accompagner de sauce réalisée avec les cèpes restants, détaillés en tout petits dés et revenus dans un peu d'huile avec l'échalote. Crémer et réduire ainsi jusqu'à ce que le liquide épaississe légèrement. Acidifier de quelques gouttes de jus de citron. Assaisonner et ajouter la ciboulette.

Papillotes de truite (ou de saumon) au chou et lard

Ingrédients

- 4 tranches de saumon ou 4 filets de truite de 120 g chacun sans arêtes ni peau,
- 120 g de lardons blanchis sautés et poêlés,
- 150 à 200 g de feuilles de chou blanchies et émincées,
- 1 œuf battu,
- sel et poivre,
- huile,
- beurre.

Pour le beurre blanc :

- 1 cuillère à soupe d'échalotes hachées,
- 10 cl de vin blanc sec,
- 10 cl de vinaigre de Xérès,
- 200 g de beurre très froid,
- piment de Cayenne, ciboulette,
- 1 cuillère à soupe de crème (facultatif).

4 personnes

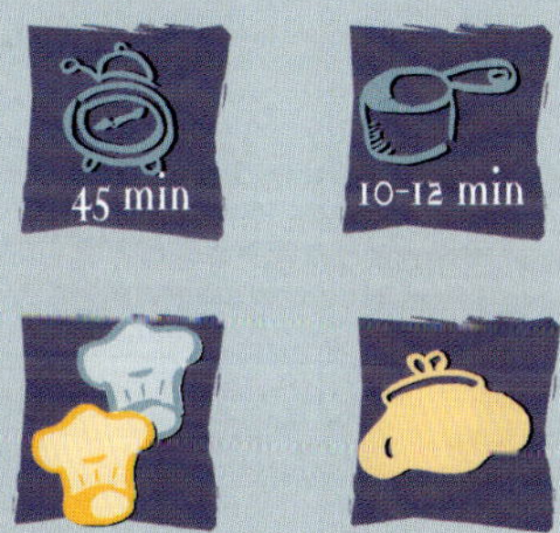

1 Passer au beurre les feuilles de chou émincées avec les lardons. Assaisonner les tranches de saumon (ou les filets de truite).
2 Préparer quatre ronds de papier sulfurisé de 30 cm de diamètre. Plier en deux pour former des chaussons.
3 Couvrir les « chaussons » de papier et répartir le chou et les lardons sur chaque demi-lune. Asseoir le poisson dessus. Dorer le pourtour à l'œuf battu puis rabattre le couvercle pour fermer la papillote. Replier les bords. Badigeonner le papier d'un peu d'huile et enfourner 10-12 min à 220° (th. 7-8).
4 Dresser sur assiette tel quel.
5 Pour le beurre blanc, réduire à sec l'échalote hachée avec le vin blanc et le vinaigre de Xérès. Ajoutez une cuillère à soupe de crème pour stabiliser la sauce. Mettre la casserole sur le feu puis incorporer le beurre froid en petits dés en fouettant sans arrêt. Saler. Relever d'une pointe de piment de Cayenne. Ajouter la ciboulette. Servir en saucière.

Menu

Poilettes fertoises
•
Papillotes de truite (ou de saumon) au chou et lard
•
Milhard aux cerises

Vin conseillé : Pouilly-sur-Loire

Truite aux deux fleurs : sel-thym

Ingrédients

- 6 truites de 250 à 300 g chacune,
- 150 g de gros sel de mer,
- 6 branches de thym,
- poivre moulu.

6 personnes

25 min

10-14 min

Menu

Daube de queue de bœuf à l'avallonnaise

•

Truite aux deux fleurs : sel-thym

•

Millassous

Vin conseillé :
Anjou Coteaux de la Loire

1 Mélanger le sel, le poivre et les feuilles de thym dans un plat.
2 Vider, rincer et sécher les poissons. Les rouler dans ce mélange.
3 Allumer le gril du four. Disposer les poissons sur la grille du four. Mettre sous cette grille un récipient (lèchefrite) qui recueillera le jus. Laisser griller de 5 à 7 min de chaque côté. La peau en devenant croustillante indique une bonne cuisson.
4 Présenter avec du citron.

Bar grillé au fenouil

Ingrédients

- 1 bar de 1,2 kg vidé mais non écaillé,
- 1 gros bulbe de fenouil,
- 4 cuillerées à soupe de Pernod ou Ricard,
- 4 grosses cuillerées à soupe de mayonnaise,
- 1 yaourt nature,
- 2 oignons nouveaux finement émincés,
- 1/2 citron pressé,
- sel, poivre.

6 personnes

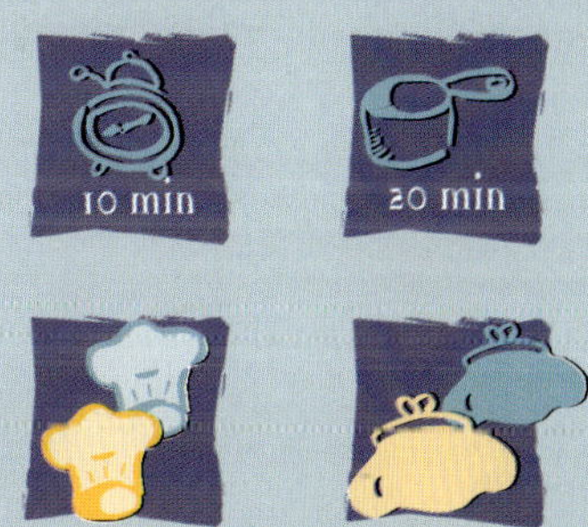

1 Préparer d'abord le fenouil : retirer la verdure du bout des feuilles et la réserver. Eplucher le bulbe puis le couper en lamelles dans une passoire. Le saupoudrer copieusement de sel. Laisser macérer 10 min avant de le rincer sous l'eau courante et l'égoutter.
2 Délayer dans un saladier la mayonnaise avec le jus de citron. Ajouter le yaourt, du poivre et les oignons. Y mélanger le fenouil.
3 Préparer le bar : couler 2 cuillerées de Pernod ou Ricard à l'intérieur et faire rouler le poisson pour bien répartir l'alcool. Saler, poivrer l'intérieur et fourrer de la verdure du fenouil. Poser le bar sur le gril. Faire griller 10 min de chaque côté.
4 Pour servir, retirer ensemble peau et écailles et lever les filets. Servir accompagné de la salade de fenouil et de riz.

Menu

Blanc-manger au gwell, soupe glacée aux abricots « Odile et Jean-Yves »

•

Bar grillé au fenouil

•

Gâteau de pommes et gandes sablées

Vin conseillé : Bourgogne aligoté

Barbue à la dieppoise

Ingrédients

- 1 barbue de 1 kg environ préparée par le poissonnier,
- 150 g de queues de crevettes décortiquées,
- 1 l de moules,
- 100 g de champignons de Paris,
- 150 g de crème fraîche,
- 100 g de beurre,
- 2 citrons,
- 30 cl de vin blanc sec,
- sel, poivre,
- fines herbes (persil, cerfeuil, ciboulette).

4 personnes

Menu

Assiette des 3 foies gras des Ducs de Lorraine

•

Barbue à la dieppoise

•

Fraises en gelée de vin rouge

Vin conseillé : Chablis 1er cru 1995 Vaillons

1 Ôter la peau noire de la barbue si le poissonnier ne l'a pas fait. Fendre le poisson sur le dos. Beurrer généreusement l'intérieur d'un plat à gratin. Le recouvrir de fines herbes fraîchement hachées. Saler et poivrer la barbue des deux côtés et la déposer dans le plat à gratin. Mouiller avec le vin blanc et parsemer de petites noisettes de beurre le poisson avant de l'enfourner à four chaud. Laisser cuire une vingtaine de minutes.

2 Pendant ce temps, gratter les moules et les laver à grande eau. Les jeter dans une grande casserole et les faire ouvrir à feu vif. Dès qu'elles s'entrouvrent, les retirer du feu et ôter les coquilles.

3 Nettoyer les champignons (les laver rapidement et couper leur partie sableuse). Les couper en lamelles.

4 Dans une casserole, faire fondre une grosse noix de beurre. Ajouter les champignons et arroser d'un jus de citron. Faire cuire à petit feu 10 min.

5 Lorsque le poisson est cuit, le réserver au chaud sur son plat de service. Filtrer l'eau de cuisson des champignons et la délayer avec la crème. Puis ajouter le jus du dernier citron.

6 Verser cette sauce dans le plat qui a servi à la cuisson du poisson et bien remuer. Goûter et rectifier l'assaisonnement si nécessaire. Ajouter les moules, les crevettes décortiquées et les champignons autour du poisson et le napper de cette magnifique sauce.

Dos de cabillaud poché, petits légumes,

champignons et lardons de haddock rissolés « Yvonne et Guy »

Ingrédients

- 1 kg de filet de cabillaud,
- 120 g de petits oignons,
- 210 g de beurre,
- 20 g de sucre,
- 150 g de champignons de Paris (bien serrés et très blancs),
- 1 citron,
- 300 g de filet de haddock,
- 10 cl de lait,
- sel et poivre.

Ingrédients pour 50 cl de fumet de poisson :

- arêtes,
- thym,
- laurier,
- 5 cl d'huile d'olive,
- 3 carottes,
- 2 gros oignons,
- 50 cl de vin blanc,
- 15 graines de poivre de Séchuan.

6 personnes

1 Tronçonner le cabillaud. Faire un fumet : faire suer les arêtes à l'huile d'olive, sans coloration. Ajouter les carottes, les oignons, le thym, le laurier et laisser suer de nouveau.

2 Ajouter le vin blanc et cuire 30 min avec quelques grains de poivre de Séchuan.

3 Pendant ce temps, éplucher les petits oignons, les mettre dans un peu d'eau avec du sel, le sucre, une grosse noix de beurre et cuire jusqu'à évaporation de l'eau. Cette opération forme un caramel. Ajouter les petits oignons en les enrobant dans cette sauce légèrement caramélisée.

4 Éplucher les petits champignons (couper les bouts terreux), les nettoyer dans une eau citronnée et les égoutter dans un linge propre.

5 Dans une casserole mettre les champignons avec de l'eau à hauteur, le jus de citron, le beurre, le sel et le poivre. Cuire à couvert pendant 5 min. Réserver.

6 Couper des bâtonnets réguliers de chair dans le filet de haddock. Les immerger dans un peu d'eau et de lait froid. Ne pas saler. Porter à ébullition. Égoutter. Réserver. Filtrer le fumet. Laisser refroidir.

7 Dans un plat, mettre les escalopes de cabillaud désarêtées. Recouvrir de fumet refroidi. Cuire au four 12 min. Réduire la cuisson sur feu vif. Écumer. Monter au beurre avec un fouet.

8 Napper les dos de cabillaud avec la sauce, disposer les lardons de haddock revenus au beurre, les champignons et petits oignons préalablement réchauffés.

Menu

Tarte aux oignons
•
Dos de cabillaud poché, petits légumes, champignons et lardons
•
Figues rôties – coulis de figues au vin rouge

Vin conseillé : un hautes-côtes-de-nuits blanc 1996, cave des Haut

Ingrédients

- 8 filets de dorade de 140 g,
- 200 g de coques,
- 200 g de moules,
- 200 g de bigorneaux,
- 200 g de bulots,
- 200 g de palourdes,
- 200 g d'amandes,
- 200 g d'échalotes,
- 50 cl de muscadet sur lie,
- 1 bouquet garni (laurier, thym, échalotes, persil, fenouil),
- 10 cl d'huile de noisette,
- 1 kg de pousses d'épinards,
- 1 pointe d'huile d'olive,
- sel de Guérande.

Dos de dorade rôti aux petits coquillages

et huile de noisette « Jean-Francois »

6 à 8 personnes

Menu

Flamiche « tarte aux poireaux »

•

Dos de dorade rôti aux petits coquillages et huile de noisette

•

Corniotte aux framboises flambées au marc de Bourgogne

Vin conseillé : un gaillac blanc 1994 quintessence-de-mauzar, Mich

1 Lever les filets de dorade, les badigeonner au pinceau avec de l'huile de noisette. Les disposer sur un plat préalablement huilé. Réserver au frais.
2 Cuire les moules, les amandes et les palourdes en marinière (échalotes, muscadet persil, poivre).
3 Cuire les bulots et les bigorneaux dans un court-bouillon avec une pointe d'huile d'olive.
4 Récupérer les jus de cuisson des coquillages cuits en marinière. Filtrer au travers d'un linge.
5 Laisser réduire. Monter les jus filtrés à l'huile de noisette à l'aide d'un mixer.
6 Cuire les dorades dans un four chaud entre 160 et 170 °C pendant 6 à 8 min.
7 Dresser la dorade sur un lit de jeunes pousses d'épinards fondues au beurre.
8 Réchauffer les coquillages décortiqués dans leur jus.
9 Poser joliment les coquillages sur la dorade.
Arroser du jus des coquillages émulsionné.

Dorade aux agrumes et au gros sel

Ingrédients

- 1 dorade rose (1,5 kg vidée),
- 3 kg de sel de mer,
- 1 orange,
- 1 citron,
- romarin,
- poivre.

4 personnes

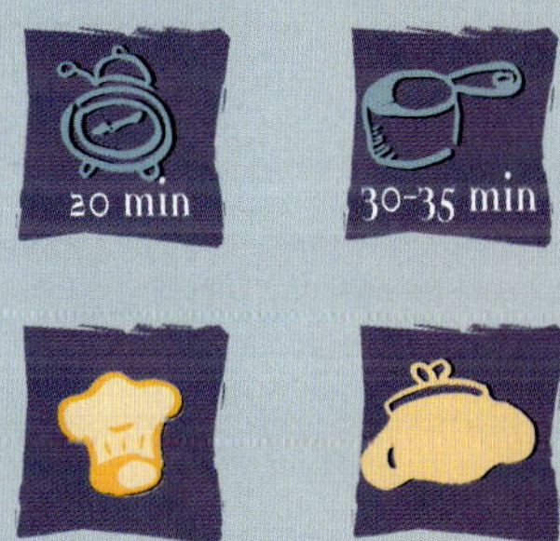

1 Préchauffer le four au maximum pendant 20 à 25 min.
2 Éplucher les agrumes à l'aide d'un économe.
3 Introduire le romarin, du poivre et quelques épluchures d'agrumes par les ouïes du poisson.
4 Garnir l'intérieur du récipient, cocotte, terrine, d'une feuille d'aluminium. Humidifier légèrement le sel avec un peu de jus d'orange et de citron. Disposer du sel au fond de la cocotte, puis des épluchures d'agrumes et y déposer le poisson. Répartir le reste des épluchures d'agrumes puis recouvrir le tout avec du gros sel.
5 Enfourner le plat sans le couvrir pour 30 à 35 min de cuisson. Dès que la cuisson est terminée, consommer de suite pour éviter que la croûte de sel n'adhère au poisson. Il sera utile de disposer d'un petit marteau pour rompre la gangue de sel.
6 On peut agrémenter ce poisson d'une sauce.
7 Enlever les pépins des agrumes, puis les passer au mixer. Les faire cuire quelques minutes avec 10 cl de xérès, 10 cl de vin blanc sec.
8 Ensuite ajouter 10 cl de crème UHT, du gingembre détaillé comme des allumettes et faire cuire quelques minutes. Si la sauce semble trop liquide, ajouter un peu de fécule de pomme de terre diluée dans de l'eau.

Menu

Velouté de cèpes aux pommes caramélisées

•

Dorade aux agrumes et au gros sel

•

Quatre quarts

Vin conseillé : Muscadet sur lie

Matelote de lieu

Ingrédients

- 800 g de filets de lieu coupé en 6 portions,
- 6 cuillerées à soupe de chapelure,
- 1 noix (40 g) de beurre demi-sel,
- 4 cuillerées à soupe d'eau-de-vie de cidre,
- sel, poivre,
- 6 tranches de pain de mie.

Pour la sauce

- 300 g de petits champignons,
- 1 citron,
- 2 verres (30 cl) de vin blanc,
- 1 tablette de bouillon de volaille,
- 3 gros oignons émincés,
- 2 blancs de poireaux émincés,
- 120 g de beurre demi-sel,
- 2 grosses cuillerées à soupe de farine,
- 1 petit bouquet garni (thym, laurier, persil),
- 200 g de crevettes décortiquées (surgelées),
- 2 jaunes d'œufs,
- 3 cuillerées à soupe de crème fraîche.

6 personnes

1 h

25 min

Menu

Bouriquette

•

Matelote de lieu

•

Tarte au chocolat et infusion café tabac

Vin conseillé : Muscadet

1 Passer les portions de poisson dans la chapelure, puis les faire légèrement dorer dans une poêle avec la moitié du beurre et de l'huile sur feu vif sans chercher à les cuire. Les ranger dans un plat à gratin et les arroser d'eau-de-vie-de-cidre. Saler, poivrer.

2 **Préparer la sauce :** faire cuire les champignons 10 min dans une grande casserole avec 30 cl d'eau (2 verres moyens), le vin blanc, le citron coupé en quatre, la tablette de bouillon, sel et poivre.

3 Égoutter les champignons en recueillant le bouillon.

4 Faire fondre une noisette (20 g) de beurre dans une casserole. Ajouter les oignons et les blancs de poireaux. Couvrir et laisser mijoter 20 min sur feu doux.

5 D'autre part, faire fondre 100 g de beurre dans une casserole et y cuire 2 min la farine en remuant. Mouiller avec le bouillon réservé, ajouter le bouquet garni et laisser cuire 20 min à découvert ; retirer le bouquet garni. Ajouter dans cette sauce : les champignons, les crevettes, le mélange oignons-poireaux. Goûter et rectifier l'assaisonnement, laisser mijoter encore 10 min.

6 Mélanger les jaunes d'œufs et la crème fraîche dans un bol, délayer d'un peu de sauce et incorporer cette liaison dans la sauce. En napper le poisson. Réchauffer 15 min dans le four préchauffé sur th. 5 ou 170°. Pour servir, entourer le plat de croûtons de pain de mie frits au beurre.

Rôti de lotte au jus de veau,

jeunes oignons et lard paysan « Yolande et Yves »

Ingrédients

- 2,8 kg de queue de lotte,
- 2 bottes d'oignons nouveaux,
- 1 gousse d'ail,
- 1/2 baguette de campagne,
- 8 tranches de lard fumé paysan,
- 2 cuillerées à soupe d'huile d'olive
- jus de veau,
- 1 kg de rouelle de veau,
- 150 g de carottes,
- 80 g d'oignons,
- 30 g d'échalotes,
- 1 clou de girofle,
- 20 cl de vin blanc,
- 2 gousses d'ail,
- 1 bouquet garni.

6 à 8 personnes

40 min

1 h 50

1 Désosser la lotte. Ôter la peau et bien la dénerver. Tailler des petits rôtis bien réguliers dans la chair et les rouler dans une tranche fine de lard fumé paysan. Réserver au frais.

2 Éplucher les petits oignons et l'ail.

3 Découper la baguette de campagne en fines tranches et les faire griller.

Pour le jus de veau

1 Colorer la rouelle de veau, avec les carottes, les oignons, les échalotes coupées grossièrement, le clou de girofle, l'ail en chemise, le vin blanc et le bouquet garni. Braiser la rouelle de veau au four pendant 1 h 45. La retirer. Faire réduire le jus à consistance sirupeuse. Passer au chinois.

2 Faire colorer les rôtis de lottes dans une poêle antiadhésive à l'huile d'olive avec les petits oignons frais et finir la cuisson au four à 180 °C pendant 6 min (tenir les chairs légèrement translucides).

3 Dresser la lotte sur une assiette creuse, accompagnée des oignons, des croûtons légèrement aillés. Napper du jus de veau réduit.

Menu

Pyramide de foie gras aux lentilles vertes et cailles des Vosges

•

Rôti de lotte au jus de veau, jeunes oignons et lard paysan

•

Renversé de pommes

Vin conseillé : un chardonnay blanc

Maquereaux au thym et au gros sel

Ingrédients

- 6 maquereaux,
- 1,2 kg de gros sel gris,
- 6 cuillerées à café de feuilles de thym,
- poivre du moulin.

6 personnes

30 min

10-12 min

Menu

Fromage de têtes de cochon
•
Maquereaux au thym et au gros sel
•
Galette charentaise

Vin conseillé : saumur Champigny

1 Vider, laver, sécher les poissons.
2 Mélanger le gros sel, le poivre moulu et les feuilles de thym.
3 Répartir ce mélange sur les poissons.
4 Les disposer sur une grille placée dans la lèchefrite sous le gril du four pour les griller 5 à 6 min de chaque côté, jusqu'à ce que la peau devienne croustillante.
5 Servir dans des assiettes chaudes avec un beurre fondu, noisette si on l'aime.
6 Joindre du citron ou mettre un peu de jus dans le beurre fondu (pas dans le beurre noisette).

Brandade de morue

Ingrédients

- 150 à 200 g de morue par personne,
- 8 cuillerées d'huile d'olive,
- 2 gousses d'ail,
- 15 cl de crème fraîche,
- quelques croûtons de pain.

1 personne

30 min (sans compter le temps de dessalement)

10 min

Attention : pour toutes les préparations à base de morue salée, bien opérer de la manière suivante ; placer la morue dans une passoire à pieds (par exemple le panier d'un autocuiseur) de manière qu'elle ne touche pas le fond du récipient : faire tremper dans de l'eau froide pendant 24 h en renouvelant l'eau trois ou quatre fois.

1 Pour faire pocher cette morue dessalée, la placer dans une casserole d'eau froide ; porter doucement à ébullition par légers frémissements ; ne pas faire bouillir (sinon la morue deviendra grise) ; le pochage doit durer 10 min environ ; écumer à plusieurs reprises. Émietter la morue.

2 Dans un plat large et à fond épais, faire chauffer 5 cuillerées d'huile d'olive ; lorsque celle-ci fume, ajouter la morue et 2 gousses d'ail écrasées en mélangeant bien avec une cuiller en bois pour obtenir une purée très fine, le tout sur feu très doux (ceci est très important).

3 Incorporer 1 ou 2 cuillerées à soupe d'huile si nécessaire ; ajouter, toujours en mélangeant 15 cl de crème fraîche. Poivrer et placer sur la brandade dans le plat de service quelques croûtons de pain qui ont été dorés à la poêle avec un peu d'huile.

Menu

Feuilleté de cailles Mr Delaunay

•

Brandade de morue

•

Corolle de Plougastel

Vin conseillé : Riesling

Ailerons de raie à l'orange

Ingrédients

- 2 beaux ailerons de raie épais (environ 1,3 kg),
- 2 oranges,
- 2 citrons,
- 3 grosses cuillerées à soupe de crème fraîche épaisse,
- 1/2 verre (10 cl) de vermouth (ou de porto blanc),
- 3 jaunes d'œufs,
- 100 g de beurre demi-sel en petits morceaux,
- 1 cuillerée à café de Maïzena,
- sel, poivre.

6 personnes

20 min

10 à 12 min

Menu

Foie gras de canard poêlé aux bleuets des Vosges

•

Ailerons de raie à l'orange

•

Couronne d'ananas aux fruits rouges, sabayon granité (Yvon)

Vin conseillé :
Entre-Deux-Mers
Haut-Benauge

1 Laver les ailerons de raie, les mettre dans une grande sauteuse (procéder en deux fois si nécessaire). Les recouvrir d'eau, ajouter le jus de 1 citron, 1 lamelle de zeste et 2 cuillerées à soupe de gros sel. Couvrir et faire venir à frémissements sur feu vif. Réduire immédiatement le feu à doux et laisser frémir à découvert 10 min ou jusqu'à ce que la chair du poisson se détache facilement de l'arête. Surveiller constamment car trop cuite, la raie devient grise, sèche et filandreuse.

2 L'égoutter, retirer la peau gélatineuse, prélever délicatement la chair et la transférer sur un plat. Peler une orange à vif, la tailler en demi-rondelles fines et en garnir le plat.

3 **Préparer la sauce :** presser le jus d'une orange et d'un citron dans une petite casserole à fond épais. Ajouter les jaunes d'œufs. Mélanger au petit fouet à sauce. Incorporer la crème fraîche, le vermouth et la Maïzena délayée d'une cuillerée à soupe d'eau. Saler, poivrer, porter sur feu très doux, tourner constamment jusqu'à consistance onctueuse, sans faire bouillir. Dès cette consistance obtenue, retirer du feu et ajouter immédiatement le beurre en fouettant bien le mélange. Napper le poisson de cette sauce et réchauffer 10 à 15 min dans le four doux (120°).
Accompagner de riz.

Rouget au coulis d'olives noires

Ingrédients

- 6 rougets de 200 à 300 g,
- 300 g d'olives noires,
- 25 cl de Noilly Prat,
- 25 cl de crème fraîche,
- 200 g de beurre,
- huile d'olive.

6 personnes

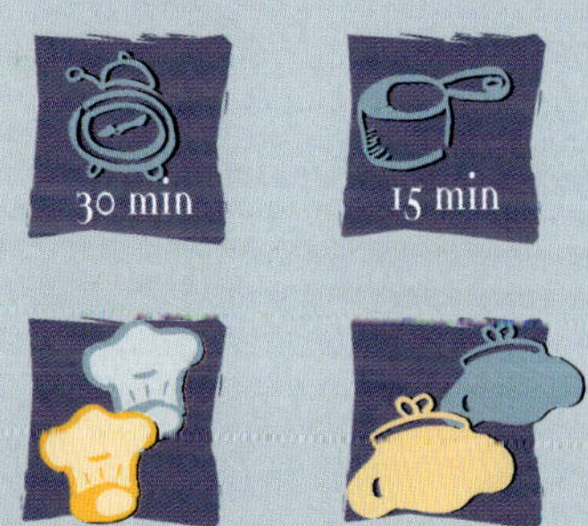

1 Désarêter les rougets.
2 Blanchir les olives et les cuire avec le Noilly et un peu de crème. Les mixer.
3 Passer au chinois et mettre au point avec le beurre.
4 Poêler les rougets vivement à l'huile d'olive.
La difficulté de cette recette est de faire de beaux filets de rougets. Si vous êtes entre amis et que vous êtes autorisés à manger avec les doigts, laissez les arêtes et régalez-vous.
5 Pour la sauce, il est conseillé de choisir des olives grecques plutôt que des olives de Nyons car elles sont moins grasses.
Je vous conseille avec ce plat un vin blanc du Luberon Château La Verrerie ou Val Joanis.

Menu

Croûtons « barbouillettes »
•
Rouget au coulis d'olives noires
•
Pain d'épice au miel

Vin conseillé :
vin blanc du Luberon
Château La Verrerie

Filets de saint-pierre aux cèpes

Ingrédients

- 4 beaux filets de saint-pierre (frais ou surgelés),
- 500 g de cèpes frais (ou autres champignons de forêt),
- 150 g de poitrine demi-sel taillée en petits lardons,
- 2 oignons,
- 1 gousse d'ail,
- 2 cuillerées à soupe de persil haché,
- 1/2 verre (10 cl) de vin blanc (muscadet ou gros-plant),
- 2 cuillerées à soupe de crème fraîche épaisse,
- 1 noix (50 g) de beurre demi-sel,
- 2 cuillerées à soupe d'huile d'olive,
- sel, poivre,
- farine.

4 personnes

30 min

15 min

1 Nettoyer les cèpes et les couper en lamelles.

2 Faire chauffer 1 cuillerée à soupe d'huile d'olive dans une poêle sur feu vif, y jeter les cèpes, les laisser suer 10 min sur feu moyen puis les égoutter.

3 Blanchir les lardons 1 min dans une petite casserole d'eau bouillante. Les égoutter.

4 Hacher oignons et ail.

5 Chauffer à nouveau 1 cuillerée à soupe d'huile d'olive dans la poêle et y dorer les lardons 5 min sur feu moyen. Ajouter le hachis d'oignons et d'ail et le persil. Remuer 3 min, ajouter les cèpes. Faire dorer le tout 15 min en remuant de temps en temps.

6 Ensuite mouiller avec le vin blanc, ajouter la crème fraîche, saler, poivrer et cuire encore 5 min. Retirer du feu et réserver.

7 Fariner légèrement les filets de saint-pierre. Chauffer le beurre dans une poêle sur feu vif et lorsqu'il est brûlant, y frire rapidement les filets 1 min de chaque côté. Les saler, les poivrer, puis les disposer dans un plat à four pouvant venir à table. Les entourer avec les cèpes et terminer leur cuisson 15 min dans le four préchauffé à 200° ou th. 6.

Accompagner de pâtes fraîches ou d'une purée.

Menu

Feuilleté d'asperges vertes aux cornes d'abondance

•

Filets de saint-pierre aux cèpes

•

Mélodie tomates fruits des bois

Vin conseillé : Chablis grand cru

Saumon poêlé aux céleris frits et au beurre de Muscadet

1 Lever le saumon en filet, et couper les filets en deux. Faire revenir les arêtes du poisson au beurre avec un oignon émincé, et une demi-carotte en rondelles et les champignons.
2 Quand la coloration est suffisante, ajouter l'ail haché, bien mélanger.
3 Rajouter le Muscadet et un verre d'eau, laisser cuire 30 min à feu doux après avoir légèrement assaisonné de sel et poivre ; passer le fumet au chinois, le faire réduire 30 min.
4 Garder au chaud. Eplucher le céleri, le laver et l'essuyer, le couper en julienne fine puis le plonger en petite quantité dans l'huile chaude jusqu'à ce qu'il soit légèrement coloré et croustillant puis le saler. Dans une poêle, mettre du beurre et quelques gouttes d'huile, faire chauffer jusqu'à ce que le beurre soit de couleur noisette et poser les filets côté peau sur le dessus, laisser colorer 2 min, les retourner, et après 2 min les mettre sur un plat.
5 Les passer au four 5 min pour finir de les cuire avant de les servir. Pendant ce temps, couper le beurre restant en petits morceaux et l'incorporer dans le fumet de poisson en remuant, vérifier l'assaisonnement.
6 Poser les filets sur une assiette ou un plat, partager en petits tas les céleris et ajouter le jus de poisson au fond de l'assiette, décorer avec une branche de cerfeuil.

Ingrédients

- 1 saumon de 1,2 à 1,5 kg,
- 1 oignon,
- 1/2 carotte,
- 1 gousse d'ail,
- 50 g de champignons de Paris,
- 25 cl de Muscadet,
- 150 g de beurre,
- 200 g de céleri rave
- et l'huile pour la friture,
- sel de Guérande et poivre.

4 personnes

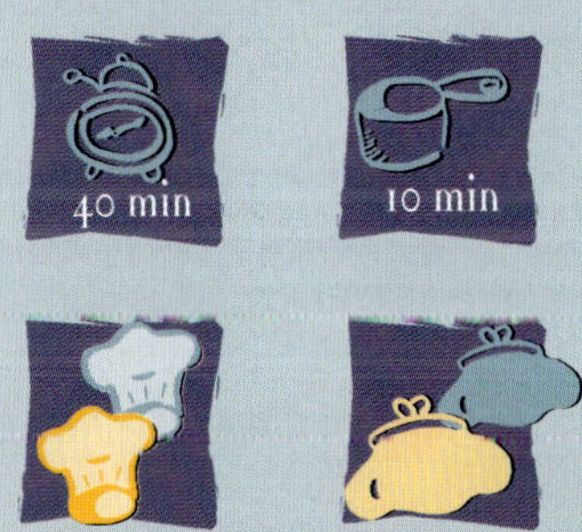

Menu

Œufs en meurette

•

Saumon poêlée aux céleris frits et au beurre de Muscadet

•

Sablés saboliens

Vin conseillé :
Muscadet Côtes de Grandlieu sur lie de 2 ans

Saumon à l'unilatérale

Ingrédients

- 800 g de filet de saumon épais coupé en quatre,
- sel fin de Guérande,
- poivre à steak.

Sauce crème-citron

- le jus de 1 citron,
- 20 cl de crème fraîche,
- 1 grosse noix (50 g) de beurre demi-sel.

4 personnes

30 min

12 min

Menu

Lapin du pays en compote aux carottes nouvelles et marc d'Auvergne

•

Saumon à l'unilatérale

•

Tarte aux pignons

Vin conseillé : un chardonnay de chez Paul Belliard

1 Saupoudrer une poêle antiadhésive de sel fin de Guérande et faire chauffer sur feu vif. Y déposer les morceaux de saumon, côté peau en dessous. Faire cuire 10 à 12 min selon l'épaisseur du filet, en réduisant le feu à moyen à mi-cuisson. La peau doit être grillée et la chair encore crue en surface. Saler alors légèrement le dessus, poivrer au poivre à steak, couvrir 5 secondes et servir.

2 Pendant ce temps, préparer la sauce : verser le jus de citron dans une poêle et le faire réduire presque totalement (une fine pellicule) sur feu vif. Ajouter la crème fraîche et l'amener à ébullition. Saler, poivrer, retirer du feu, ajouter le beurre en petits morceaux et faire tourner la poêle jusqu'à ce qu'il soit fondu dans la crème. Verser dans une saucière. Servir tiède en accompagnement du saumon.

3 Cette sauce peut se servir également avec toutes sortes de poissons pochés ou en papillotes.

Filets de soles à la mode des pommes

Ingrédients

- 4 beaux filets de soles,
- 7 pommes bien acides,
- 3 échalotes grises,
- 150 g de beurre,
- 25 cl de crème fraîche,
- 2 verres de cidre brut,
- 25 cl de fumet de poisson (tout préparé),
- sel, poivre.

4 personnes

1 Essuyer avec un linge mouillé d'eau salée les filets de poisson. Peler toutes les pommes. En garder quatre pour la garniture. Épépiner les autres et les couper en gros dés. Dans une casserole à fond épais, faire blondir un beau morceau de beurre. Ajouter les dés de pommes et arroser avec un verre de cidre. Après quelques minutes de cuisson à feu doux, réduire en purée. Hacher finement les échalotes.

2 Faire fondre un peu de beurre dans une grande poêle et y verser le hachis d'échalotes. Faire cuire doucement 2 min sans dorer.

3 Disposer, sur le lit d'échalotes cuites, les filets de poisson. Saler, poivrer. Mouiller avec le deuxième verre de cidre et le fumet de poisson. Couvrir et poursuivre la cuisson à feu doux pendant un petit quart d'heure.

4 Pendant ce temps, évider les autres pommes. Les couper en quatre.

5 Faire chauffer le reste du beurre dans un poêlon et faire dorer les quartiers de fruits en remuant délicatement. Dès qu'ils sont cuits, les réserver au chaud.

6 Porter à ébullition la purée pommes-cidre. Ajouter la crème. Bien mélanger. Puis faire cuire à petit feu sans cesser de tourner. Verser dans une saucière. Maintenir au chaud.

7 Faire chauffer le plat de service et dresser les filets de sole égouttés. Réduire le bouillon à feu vif et filtrer. Arroser les poissons de ce succulent jus de cuisson. Entourer des quartiers de pommes et servir aussitôt, la sauce à part. Pour accompagner ce plat, garder comme boisson le cidre fermier qui aura servi à sa confection.

Menu

Petit melon charentais

•

Filets de sole à la mode des pommes

•

Kuign-amann de fauch

Vin conseillé : Sancerre blanc Chateau de Chauvenay

Tournedos de thon clouté aux anchois

et bigorneaux à la moutarde violette « Brigitte »

Ingrédients

- 1,8 kg de thon rouge,
- 300 g de bigorneaux,
- 200 g d'échalotes,
- 16 anchois à l'huile,
- 10 cl d'huile d'olive,
- sel gris,
- poivre noir,
- 1 cuillerée à soupe de vinaigre d'alcool,
- 50 g de beurre, thym et laurier,
- 1/4 de verre de lie de vin,
- 4 cuillerées à soupe de moutarde violette,
- 1 pincée de sel de Guérande.

6 à 8 personnes

30 min + 1 h de marinade

20 min

1 Cuire pendant 20 min les bigorneaux dans de l'eau additionnée de sel gris, poivre noir, vinaigre d'alcool, d'une goutte d'huile d'olive, de thym et de laurier.

2 Tailler des ronds de chair à l'aide d'un cercle en inox dans les tranches de thon rouge (éviter les parties sanguinolentes). Piquer le thon avec les bigorneaux décortiqués et les anchois à l'huile.

3 Mariner pendant 1 h les tournedos de thon dans l'huile d'olive avec un émincé d'échalote, la fleur de thym et la feuille de laurier émiettée.

4 Égoutter grossièrement les tournedos de thon. Les saisir dans une poêle antiadhésive sèche en ajoutant l'émincé d'échalotes. Cuire 2 min d'un côté, les retourner puis les ôter du feu. Les couvrir d'un couvercle immédiatement pour finir la cuisson à l'étouffée (afin d'éviter qu'ils ne dessèchent).

5 Attendre 3 min. Récupérer le jus de cuisson. Le filtrer. Ajouter la lie de vin. Faire réduire.

6 Monter au beurre avec un fouet en ajoutant la moutarde violette hors du feu. Ne pas faire bouillir.

7 Dresser les tournedos de thon sur une assiette chaude. Napper de jus à la moutarde violette et ajouter une pointe de sel de Guérande.

Menu

Petits choux au comté

•

Tournedos de thon clouté aux anchois

•

Bricelets aux fraises de recologue fourrés de glace à la vanille

Vin conseillé :
Un sancerre blanc

Filets de turbot du nabab René Madec

Ingrédients

- 4 morceaux de filets de turbot de 150 g.

Sauce :
- 1/2 poivron rouge mondé,
- 100 g d'oignon,
- 20 g d'ail,
- 30 g de pâte de tamarin,
- 1/2 cuillerée à café de mélange d'épices pour tandoori (en épicerie spécialisée),
- 40 g d'huile d'olive,
- 800 g de lait de coco,
- 1 de citron vert,
- 80 g de beurre doux.

Achard :
- 200 g de poires,
- 120 g de mangue,
- 150 g d'ananas Victoria de l'océan Indien,
- 60 g de poivron rouge,
- 120 g de poivron vert,
- 10 g d'ail,
- 150 g de raisins de Corinthe,
- 60 g de pamplemousse,
- 1 cuillerée à soupe de curcuma en poudre,
- 10 g de vinaigre d'alcool,
- 20 g de sirop de canne à sucre,
- 15 g de rhum blanc,
- 1/2 citron,
- 20 g d'huile d'olive,
- p. m. sel, poivre.

Divers :
- 1 cuillerée à café de curry doux,
- p. m. beurre clarifié,
- 4 petites courgettes-fleurs,
- 40 g de chair de crabe.

4 personnes

Achard

1 Après les avoir épluchés, tailler en petits dés les poires, la mangue, l'ananas et mélanger avec le jus de citron pressé. Faire revenir 5 min dans l'huile d'olive les poivrons mondés taillés en petits dés ainsi que l'ail haché. Ajouter les dés de fruits, l'écorce de pamplemousse taillée en fine julienne (blanchie trois fois et rafraîchie), les raisins, le curcuma, le vinaigre, le sirop de canne, le rhum et laisser compoter pendant 15 min en remuant de temps en temps. Assaisonner.

Sauce

1 Tailler le poivron en petits dés. Hacher l'oignon et écraser l'ail. Faire revenir ces ingrédients à feu vif dans 20 g d'huile d'olive. Au bout de 2 min, ajouter la pâte de tamarin, le mélange d'épices tandoori. Faire revenir 2 min, ajouter le lait de coco et le jus de citron vert. Laisser cuire à feu doux 20 min. Passer au mixer.

2 Chinoiser et monter au beurre. Passer à nouveau au mixer et rectifiez l'assaisonnement. Réserver au chaud. Émulsionner avant l'emploi.

Cuisson

1 Saler et poivrer les morceaux de poisson. Les colorer dans une poêle antiadhésive avec un peu de beurre clarifié, finir la cuisson au four à 150 °C pendant 8 min environ. Pendant ce temps, réchauffer les achards de fruits et de légumes.

2 Courgettes farcies : blanchir à l'eau salée les courgettes. Les rafraîchir et les sécher. Garnir l'intérieur de la fleur de chair de crabe. Refermer et emballer dans du papier film. Finir la cuisson à la vapeur 4 min. Retirer le film, badigeonner d'un peu de beurre fondu, assaisonner. Tailler en éventail la tige de courgette.

Finitions

1 Dresser le poisson cuit sur assiette chaude, dresser autour un fin cordon d'achard et napper de sauce. Saupoudrer légèrement le poisson de curry doux. Dresser en haut de l'assiette une courgette farcie en éventail.

Menu

Foie gras chaud
aux pommes de terre

•

Filets de turbot du nabab

•

Pêches de vigne pochées
au nectar bourguignon

Vin conseillé :
un Hermitage blanc 1995
Domaine des Remizières

Vieille au four

Ingrédients

- 1 vieille de 1 kg écaillée et vidée, poitrine de lard demi-sel blanchie et taillée en tranches fines,
- 200 g d'oignon taillé en rondelles,
- 800 g de pommes de terre à chair ferme épluchées et taillées en rondelles pas trop fines,
- 40 g de graisse de canard,
- 100 g de vin blanc sec,
- 5 queues de persil,
- 2 feuilles de laurier,
- 1 brindille de thym émiettée,
- 20 g de cacahuètes grillées,
- p. m. sel,
- poivre,
- p. m. fleur de sel.

2 personnes

Menu

Grosses ravioles de morteau et foie gras de canard, filet d'huile de colza grillé

•

Vieille au four

•

Assiette de fraises en gelée de vin rouge

Vin conseillé : Châteauneuf-Du-Pape blanc 1998

1 Badigeonner un plat en terre cuite de graisse de canard. Disposer en couches alternées et assaisonnées de sel et de poivre le lard, les rondelles de pommes de terre, les rondelles d'oignon, le laurier, les queues de persil et le thym émietté. Arroser de vin blanc. Laisser cuire recouvert de papier cuisson dans un four préchauffé à 220 °C durant 40 min.

2 Assaisonner l'intérieur des vieilles de sel et de poivre. À la fin de la cuisson de la garniture, disposer dessus le poisson puis, dessus encore, de petites parcelles de graisse de canard.

3 Mettre à cuire au four 15 min. Au bout de ce temps, retourner le poisson et laisser cuire à nouveau 10 min en arrosant de jus de cuisson.

4 Pour servir, retirer la peau, levez les filets et, en servant, parsemer de cacahuètes grillées et hachées. Napper de jus de cuisson. Parsemer de fleur de sel.

Biftecks à la montaigu

Ingrédients

- 500 g de noix de bœuf,
- 3 œufs,
- 40 g de mie de pain,
- 6 cuillerées de lait,
- 1 oignon,
- 1 c. de semoule fine,
- 50 g de beurre,
- sel, poivre,
- muscade,
- 1/2 verre de vin blanc,
- persil haché.

4 personnes

1 Hacher la viande et la mettre dans une terrine.
2 Mettre la mie de pain et le lait dans un bol. Laisser reposer. Hacher finement l'oignon et le faire revenir, sans roussir, dans un petit peu de beurre.
3 Ecraser le pain, l'égoutter et le mettre dans la terrine, ainsi que l'oignon revenu. Saler, poivrer, ajouter un peu de muscade râpée. Mélanger le tout en incorporant les œufs l'un après l'autre.
4 Ajouter la semoule. Le mélange doit être assez consistant. Laisser reposer 1 h.
5 A l'aide de deux cuillères, former des biftecks de taille moyenne de 3 cm d'épaisseur.
6 Faire chauffer le beurre dans une poêle, y placer les biftecks, couvrir et faire cuire à feu modéré pendant 15 min.
Les retourner à mi-cuisson.
7 Placer les biftecks sur un plat chauffé. Verser le vin blanc dans la poêle, mélanger à l'aide d'une fourchette et verser la sauce obtenue sur les biftecks qui doivent être moelleux, mais dorés et légèrement croustillants.

Menu

Corolle de noix de Saint-Jacques et saumon mariné, mousse d'endives à l'anguille

•

Biftecks à la montaigu

•

Assiette de fraises en gelée de vin rouge

Vin conseillé :
Bordeaux Côtes de Castillon

Ingrédients

- 900 g de gîte, ou joue de bœuf, coupé en morceaux de 5 cm environ,
- 1 carotte,
- 1 oignon de 100 g,
- 2 gousses d'ail,
- 1 bouquet garni composé de : 1 brin de thym frais, 1 morceau de céleri branche, 1 petite feuille de laurier, 1 feuille de poireau et 3 tiges de persil plat,
- 1 cuillerée à soupe de persil plat,
- 120 g de beurre,
- 1 cuillerée à soupe d'huile d'arachide,
- 2 bouteilles de vin rouge de Bourgogne,
- 3 cuillerées à soupe de sang de porc,
- 1 cuillerée à café de moutarde,
- 1 cuillerée à café de Maïzena,
- 30 g de farine,
- 16 petits oignons grelots,
- 1 cuillerée à café de sucre semoule,
- 150 g de champignons de Paris boutons,
- 1 cuillerée à soupe de jus de citron,
- 125 g de poitrine salée débarrassée de sa couenne,
- poivre du moulin, sel.

4 personnes

Menu

Sardinade

•

Bœuf bourguignon

•

Mousse d'avalou aux croquants de pomme

Vin conseillé : Grand Echezeaux

Bœuf bourguignon

1 Peler et laver la carotte. Peler l'oignon et l'ail. Couper les gousses d'ail en deux et retirer le germe. Couper la carotte et l'oignon en rouelles. Passer sous l'eau claire les éléments du bouquet garni. Les nouer ensemble et réserver. Laver le persil plat et le hacher.

2 Dans une cocotte, faire fondre 50 g de beurre avec l'huile. Quand la matière grasse est bien chaude, mettre les morceaux de viande assaisonnés. Les faire dorer sur toutes les faces pendant 5 min.

3 Avec une écumoire, débarrasser la viande dans une assiette creuse et mettre dans la cocotte les rouelles de carotte et d'oignon. Les faire dorer pendant 5 min en remuant avec une spatule en bois, sans surtout les faire noircir.

4 Faire réduire le vin d'un tiers dans une casserole. Pendant ce temps, remettre les morceaux de viande avec les rouelles de carotte et d'oignon. Singer, c'est-à-dire saupoudrer la viande de 30 g de farine. Faire cuire à feu moyen pendant 3 min pour assurer une légère cuisson de la farine en remuant continuellement.

5 Verser le vin rouge réduit dans une cocotte, remuer avec la spatule pour bien l'incorporer. Mouiller avec un peu d'eau pour recouvrir les morceaux si nécessaire. Ajouter ensuite le bouquet garni et l'ail. Couvrir la viande. Laisser cuire doucement pendant 2 h environ.

6 Pendant ce temps, peler les oignons grelots et les préparer : prendre un plat à sauté doté d'un couvercle. Mettre les oignons, le sucre semoule et 50 g de beurre. Faire colorer sur feu doux, saler et poivrer. Recouvrir d'eau à hauteur et laisser cuire doucement pendant 20 min, jusqu'à évaporation. Égoutter et débarrasser les oignons grelots dans une autre cocotte ou dans une grande casserole.

7 Couper le pied terreux des champignons. Les laver, les éponger et les rouler dans le jus de citron sur une assiette. Réserver.

8 Détailler la poitrine salée en petits lardons. Mettre dans une petite casserole et recouvrir d'eau froide jusqu'à 1 cm au-dessus. Mettre sur le feu et, à la première ébullition, égoutter dans une passoire.

9 Mettre les lardons dans une poêle antiadhésive et faire colorer doucement sans dessécher. Les débarrasser avec une écumoire, sur les petits oignons, dans une cocotte.

10 Dans la graisse bien chaude de fonte des lardons, verser les champignons boutons. Faire sauter à feu vif. Assaisonner de sel et de poivre. Lorsqu'ils sont légèrement dorés et cuits, les égoutter à l'aide d'une écumoire et les mettre sur les lardons et les petits oignons dans la cocotte.

11 Lorsque les morceaux de viande sont cuits, les retirer à l'aide d'une petite écumoire et d'une fourchette. Les débarrasser des éventuels ingrédients de la garniture aromatique et les mettre dans la cocotte sur les oignons, champignons et lardons.

12 Dans un bol, préparer la liaison en mélangeant le sang, la moutarde et la Maïzena.

13 Dégraisser la sauce en surface. Porter à ébullition et finir la liaison en incorporant le mélange tout en fouettant. Cuire 5 min et écumer à nouveau. Rectifier l'assaisonnement qui doit être relevé en poivre. Le passer sur la viande et la garniture et laisser mijoter le tout 5 min à feu doux.

Bœuf mode à la normande

Ingrédients

- 1 kg de bœuf dans la macreuse,
- 1 pied de veau,
- 2 couennes de lard,
- 1 kg de carottes,
- 1 oignon piqué de clous de girofle,
- 1 gousse d'ail,
- 30 g de beurre,
- 50 cl de vin blanc sec,
- 1 bouquet garni (persil, thym, laurier),
- persil,
- sel, poivre.

4 personnes

25 min + 1 nuit de marinade

2 h

1 Faire une marinade avec le vin blanc, l'oignon, les carottes détaillées en rondelles, l'ail écrasé à la fourchette et le bouquet garni.
2 Ficeler la viande et la mettre à mariner toute une nuit. L'égoutter ensuite et faire fondre un beau morceau de beurre dans une cocotte en fonte. Mettre le bœuf à revenir de tous côtés. Il doit bien dorer.
3 Ôter les carottes de la marinade. Filtrer le jus et le verser sur la viande. Si la marinade est insuffisante, mouiller avec de l'eau. Le morceau de bœuf doit baigner entièrement dans ce bouillon.
4 Ajouter le pied de veau, les couennes de lard et les carottes. Saler et poivrer.
5 Couvrir et au premier bouillon, éteindre le feu et finir la cuisson à four moyen pendant deux petites heures.
6 Servir la pièce de bœuf entourée des carottes parsemées de persil finement haché.

Menu

Tarte fine de saumon de fontaine
•
Bœuf mode à la normande
•
Crème brûlée aux figues et au pain d'épices

Vin conseillé : un Côtes du Roussillon Rouge 1997

Brochettes de filets mignons,

feuilleté de moelle et gratin moelleux aux pommes de terre « Xavier »

Ingrédients

- 350 g de moelle de bœuf,
- 250 g de filets mignons de veau,
- 250 g de filet de bœuf,
- 250 g de filets mignons de porc,
- 250 g de filet d'agneau,
- 150 g de champignons de Paris,
- 12 tomates cerises,
- 100 g d'échalotes,
- 1,5 kg de pommes de terre,
- 200 g de pâte feuilletée,
- 100 g de graisse d'oie,
- 15 cl de porto,
- 50 cl de fond de veau,
- fleur de sel de Guérande,
- 40 cl de crème fleurette,
- 3 gousses d'ail,
- 100 g de mini-lardons,
- sel et poivre.

6 personnes

55 min

15 min

Menu

Galette de pommes de terre au lard et aux œufs de truite fumée

•

Brochettes de filets mignons, feuilleté de moelle et gratin moelleux

•

Cake aux grillotines de Fougerolles

Vin conseillé :
un Lalande de Pomerol 1996

1 Demander à son boucher de préparer la moelle de bœuf.
2 Tailler des cubes (2,5 cm de côté) dans les filets mignons de veau, bœuf, porc et agneau. Monter les brochettes en intercalant les différentes viandes et quelques petits champignons de Paris bien blancs.
3 Monder 8 tomates cerises. Réserver pour la décoration finale.
4 Détailler des ronds de 7 cm dans la pâte feuilletée. Les cuire 10 à 15 min dans un four à 210 °C. Réserver.
5 Cuire les brochettes assaisonnées de sel et de poivre à la graisse d'oie. Les tenir rosées.
6 Débarrasser sur un plat et embrocher les tomates cerise.
7 Dégraisser la poêle de cuisson. Faire suer pendant quelques secondes une échalote ciselée, ajouter le porto. Réduire. Mouiller avec 50 cl de fond de veau. Faire bouillir. Pocher la moelle coupée en rondelles dans cette sauce pendant 1 min.
8 Dresser les brochettes sur une assiette accompagnées de leur feuilleté garni de moelle et d'une pincée de fleur de sel de Guérande. Ajouter un cordon de sauce au porto.

Gratin moelleux de pommes de terre

1 Éplucher les pommes de terre, les couper en lamelles, ne pas les laver.
2 Beurrer un moule à gâteau. Saler, poivrer le fond.
3 Ranger les pommes de terre. Les faire chevaucher. Arroser cette première couche de crème fleurette, d'ail haché, de mini-lardons, sel et poivre et continuer ainsi de suite jusqu'au sommet du moule (6 à 7 cm de hauteur).
4 Cuire dans un four à 170 °C pendant 1 h environ, surveiller la cuisson à l'aide d'un couteau.
5 Tailler à l'emporte-pièce et dresser sur une assiette pour accompagner les brochettes.

Côte de bœuf à la nantaise

Ingrédients

- 1,2 kg environ de côte de bœuf,
- 100 g de petits oignons,
- 60 g de lard fumé,
- 150 g de champignons (cèpes, girolles, pleurotes ou champignons de Paris),
- 400 g de pommes de terre grenailles de Noirmoutier,
- 150 g de beurre,
- 5 cl d'huile d'arachide,
- sel de Guérande, poivre,
- 10 cl de Muscadet,
- 1/2 botte de cresson.

2 personnes

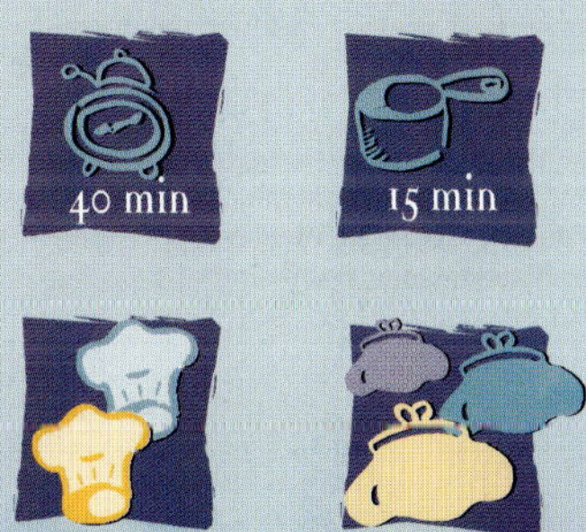

Garniture

1 Blanchir puis faire sauter les pommes de Noirmoutier au beurre avec une goutte d'huile et finir la cuisson au four après avoir assaisonné.

2 Éplucher les petits oignons et les cuire avec 20 g de beurre, une pincée de sucre, sel et un petit peu d'eau, jusqu'à évaporation de l'eau et laisser colorer légèrement.

3 Couper le lard en petits lardons, les blanchir, et les faire sauter dans un peu d'huile à la poêle, garder la cuisson pour faire cuire les champignons nettoyés et coupés en quartiers.

Côte de bœuf

1 Poser la côte de bœuf dans une sauteuse bien chaude avec un peu d'huile et de beurre, la cuire selon son goût, puis la retirer et la garder au chaud entre deux assiettes.

Sauce

1 Dégraisser la sauteuse, ajouter le Muscadet, flamber et laisser réduire aux trois quarts, ajouter le sang de la côte de bœuf et le beurre restant, coupé en petits morceaux, en chauffant légèrement et en mélangeant avec un fouet sans faire bouillir, ajouter les oignons, lardons et champignons, vérifier l'assaisonnement.

Présentation

1 Couper la côte de bœuf en tranches épaisses et la reconstituer sur un plat chaud, napper avec la sauce et garniture, ajouter les pommes de terre autour ainsi que le cresson en bouquet.

Menu

Patisson aux tomates cerises ou tomates poire jaune

•

Côte de bœuf à la nantaise

•

Feuilleté de pommes en chaud-froid

Vin conseillé : un Pessac Léognan 1997

Entrecôte au gros sel

Ingrédients

- entrecôtes,
- gros sel,
- poivre,
- huile

4 personnes

20 min

15 min

Menu

Soupe glacée de melon, sorbet au mac vin

•

Entrecôte au gros sel

•

Fraises et menthe marinées au poivre, huile d'olive et balsamique

Vin conseillé : Lalande de Pomerol

1 Recouvrir les deux côtés de l'entrecôte de 15 à 20 g de gros sel.
2 De suite les passer dans une poêle contenant très peu d'huile très chaude et faire la cuisson comme d'habitude.
3 Poivrer au dernier moment.
4 Elle ne sera pas trop salée, elle aura un goût très agréable.

Gras-double à la lyonnaise

Ingrédients

- 1 kg de gras-double dans le bonnet,
- 3 gros oignons,
- 1/2 verre d'huile,
- 25 cl de vin blanc sec,
- 1 verre de vinaigre,
- 1 cuillerée de moutarde forte,
- 2 grosses cuillerées de crème épaisse,
- persil haché,
- sel et poivre.

4 personnes

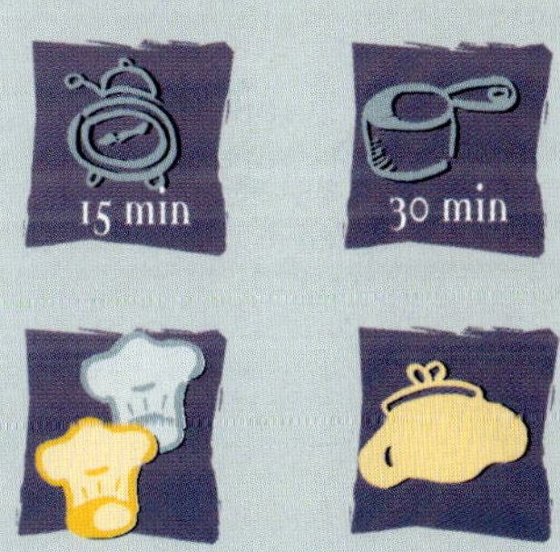

Menu

Salade de pétoncles

•

Gras-double à la lyonnaise

•

Poêlée de mûres sauvages, glace au lait réduit

Vin conseillé : Chambertin rouge

1 Découper le gras-double cuit, en fines lanières, le blanchir à l'eau vinaigrée, le rafraîchir et l'égoutter.

2 Éplucher et émincer finement les oignons.

3 Chauffer l'huile dans une poêle et faire sauter le gras-double jusqu'à ce qu'il soit légèrement doré. Ajouter les oignons émincés et les laisser fondre dans le gras-double. Saler et poivrer. Ajouter la moutarde, le vinaigre et le vin blanc. Mélanger et laisser cuire à feu doux pendant 30 min, en remuant à la spatule de temps en temps.

4 Au moment de servir, ajouter la crème fraîche, saupoudrer de persil et verser dans un plat en terre bien chaud.

Pot-au-feu des anciens

Ingrédients

- 500 g de gîte à la noix de bœuf ou de macreuse,
- 300 g de jarret de veau,
- 250 g de poitrine fumée,
- 1 queue de cochon,
- 800 g de plat-de-côtes,
- 1 ou plusieurs os à moelle,
- 4 poireaux épluchés, coupés en deux et ficelés,
- 6 carottes épluchées,
- 1 branche de céleri,
- 2 oignons piqués de 2 clous de girofle chacun,
- 4 gousses d'ail non épluchées,
- 1 branche de thym,
- 1 feuille de laurier,
- sel, poivre.

6 à 8 personnes

30 min

3 h

Menu

Pommes d'or au roquefort

•

Pot-au-feu des anciens

•

Les crêpes de Tante Madeleine

Vin conseillé : un Côtes-de-Castillon 1998

1 Mettre le gîte-noix et le plat-de-côtes dans une grande marmite. Couvrir largement d'eau froide, ajouter une bonne poignée de gros sel et laisser cuire 1 h à découvert sur feu moyen.

2 Ensuite ajouter le jarret de veau, la poitrine fumée et la queue de cochon. Laisser cuire à nouveau 1 h sur feu doux en écumant de temps en temps. Ajouter alors tous les légumes ainsi que thym et laurier. Poivrer.

3 Saupoudrer les os à moelle de sel fin pour éviter que la moelle ne s'en échappe durant la cuisson et les plonger dans la marmite. Faire cuire encore 45 min toujours sur feu doux.

4 Lorsque le pot-au-feu est cuit, disposer les légumes dans un légumier et les recouvrir de deux louches de bouillon.

5 Servir les viandes dans un plat creux, arrosées également d'une louche de bouillon.

6 On peut encore accompagner de pommes de terre vapeur.

Tournedos Rossini

Ingrédients

- 1 tournedos de 200 g environ,
- 1 tranche de foie gras de 30 g environ,
- 1 tranche de truffe,
- 10 cl de fond de sauce Périgueux,
- 20 cl de madère,
- 3 cl de jus de truffe,
- 1 tranche de pain de campagne grillé.

1 personne

1 Réduire le fond de sauce avec le madère et le jus de truffe.
2 Vérifier l'assaisonnement.
3 Griller le tournedos et le foie gras.
4 Dresser : mettre le toast, le tournedos, la tranche de foie gras et la truffe.
5 Napper de sauce.

Menu

Soupe au lard et au fromage
•
Tournedos Rossini
•
Pêches et framboises rôties au beurre d'orange « Catherine et Jean-Paul »

Vin conseillé :
Pessac-Léognan

Cul de lapin bardatte

Ingrédients

- 1 gros lapin d'environ 2 kg à 2,5 kg avec le foie et les rognons,
- 250 g de petits lardons demi-sel,
- 18 échalotes épluchées,
- 1 grosse gousse d'ail non épluchée,
- 1 noix (50 g) de beurre,
- 2 cuillerées à soupe d'huile,
- 2 cuillerées à soupe bombées de farine.

Pour la marinade :

- 1 bouteille de gamay ou de cabernet franc,
- 1 gousse d'ail écrasée,
- 1 oignon non épluché piqué de 2 clous de girofle,
- 1 bouquet garni (thym, laurier, céleri, carotte, persil),
- 1 pincée de noix de muscade râpée,
- 1 cuillerée à café de poivre en grains,
- 1 cuillerée à café de sel,
- 1 petit verre (5 cl) de cognac.

Pour la bardatte :

- 1 beau chou vert,
- 300 g de chair à saucisse,
- 1 bol de mie de pain émiettée,
- 1/2 verre de lait,
- 2 œufs,
- 1 oignon,
- 1 gousse d'ail et quelques brins de persil, le tout haché,
- 1 cuillerée à café de thym émietté,
- sel, poivre,
- beurre.

6 personnes

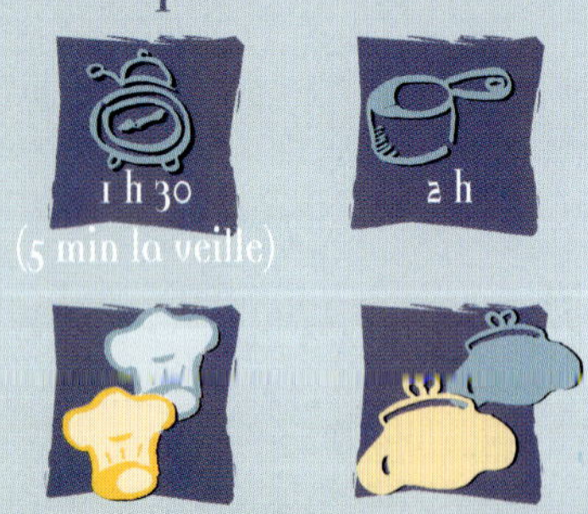

Menu

Les gougères
•
Cul de lapin bardatte
•
Caissette de mirabelles au coulis de myrtilles

Vin conseillé : Châteauneuf-du-Pape

1 Faire découper le râble et les cuisses du lapin en morceaux. Garder l'avant, le foie et les rognons entiers.

La veille

1 Mettre les morceaux à mariner, de préférence dans une boîte hermétique, avec tous les ingrédients de la marinade. Secouer la boîte de temps en temps.

Le lendemain

1 Retirer les morceaux de lapin, les essuyer avec du papier absorbant, les réserver.

2 Verser la marinade dans une casserole. Y ajouter un grand verre d'eau et y plonger l'avant du lapin. Faire cuire une bonne heure sur feu doux jusqu'à ce que la chair se détache facilement des os. Retirer alors l'avant du lapin, détacher la chair et la réserver pour la bardatte. Filtrer la marinade, il doit en rester environ trois bons verres.

Préparer la bardatte

1 Détacher les feuilles du chou et les blanchir 3 min dans une grande casserole d'eau bouillante salée. Les égoutter et les disposer deux par deux, c'est-à-dire une grande garnie d'une petite, sur le plan de travail.

2 Dans une jatte, mouiller la mie de pain avec le lait, ajouter les œufs, réduire en bouillie. Hacher le foie, les rognons et la chair de l'avant du lapin. Verser dans une jatte, ajouter la chair à saucisse, le hachis d'herbes, sel et poivre. Mélanger le tout.

3 Garnir les feuilles de chou d'un petit œuf de cette farce. Les rouler en forme de petits choux. Les ranger dans un plat à four largement beurré. Les arroser d'un verre de marinade. Saler, poivrer le dessus, parsemer de petits flocons de beurre et de thym émietté.

4 Faire cuire 1 h 15 dans le four préchauffé sur th. 5 ou 180°.

Préparer le cul de lapin :

1 Blanchir les lardons 2 min dans une casserole d'eau bouillante. Les égoutter.

2 Chauffer le beurre et l'huile dans une cocotte et, lorsque le mélange est bien chaud, y dorer les lardons et les échalotes 8 à 10 min en remuant sur feu moyen. Les retirer avec une écumoire. Les réserver.

3 Faire dorer les morceaux de lapin dans la graisse de la cocotte, de tous côtés. Puis les saupoudrer de farine, remuer encore un peu. Remettre les lardons et échalotes, remuer le tout en mouillant avec deux verres de marinade. Amener à ébullition sur feu vif en raclant les sucs du fond de la cocotte avec une cuillère de bois. Puis couvrir, réduire le feu à doux et laisser mijoter 1 h 30 à 2 h. Servir le cul de lapin dans un grand plat et l'entourer des petits choux bardatte. L'accompagner du même vin qui aura servi pour la marinade. Choisir un bon cru.

4 Vous pouvez réaliser ce plat en plusieurs étapes, par exemple : faire mariner l'avant-veille, préparer la bardatte la veille, et finir les cuissons le jour même.

Pendant longtemps, les bardattes ont constitué le régal des populations rurales de la Loire-Atlantique, notamment à l'époque des moissons. Les recettes sont multiples et varient d'une commune à l'autre.

La bardatte tire son nom de la grande barde de lard dont on avait coutume d'envelopper les choux lors de la cuisson.

Lapin au cidre

Ingrédients

- 1 lapin de 1,5 kg,
- 150 g de lard demi-sel,
- 75 cl de cidre brut,
- 5 échalotes,
- 40 g de beurre,
- 1 cuillerée à soupe de farine,
- 1 cuillerée à soupe d'huile,
- 1 bouquet garni (thym, laurier, céleri),
- 2 cuillerées à soupe de gelée de groseilles ou 10 cl de crème fraîche.

6 personnes

1 Découper le lapin en morceaux.
2 Détailler le lard en cubes. Faire fondre 40 g de beurre dans une cocotte avec l'huile. Y faire revenir les lardons, les retirer à l'écumoire après que leur graisse a bien fondu et remplacer par les échalotes et les morceaux de lapin. Quand ces derniers sont bien dorés, saupoudrer de farine, saler, poivrer. Bien mélanger, ajouter le bouquet garni et arroser de cidre. Laisser mijoter doucement pendant 1 h 30 environ.
3 Une demi-heure avant la fin de la cuisson, remettre les lardons dans la cocotte.
4 Lorsque le lapin est cuit, le réserver dans un plat de service chaud.
5 Lier la sauce avec la crème fraîche ou avec la gelée de groseilles.
6 Faire réduire quelques minutes et napper le lapin de cette sauce. Parsemer de persil haché et servir chaud.

Menu

Fleurs de courgettes farcies, aux miettes d'araignée de mer et morilles à la crème
•
Lapin au cidre
•
Œufs à la neige bergamote

Vin conseillé :
Touraine rouge 1996
Cuvée Privilège

Ingrédients

- 1 beau lapin,
- 1 oignon,
- 2 gousses d'ail,
- sel, poivre,
- thym,
- ciboulettes,
- 2 échalotes,
- 1 cuillerée à soupe de moutarde,
- 1 cuillerée à soupe de farine,
- 1 tasse de crème.

Lapin de grand-mère aux fines herbes

6 personnes

environ 30 min

1 h 30

Menu

Terrine de saumon aux petits pois
•
Lapin de grand mère aux fines herbes
•
Œufs à la neige de la croisette

Vin conseillé : Pomerol

1 Découper le lapin. Faire dorer les morceaux dans le graisse. Ajouter l'oignon, l'ail, le sel, le poivre et le thym. Mouiller avec un demi-verre d'eau. Cuire 1 h 30 à 2 h suivant la taille du lapin. Peu avant de servir, préparer la sauce.
2 Délayer dans un grand bol la moutarde, la farine, la crème. Couper très finement les échalotes et les mettre dans une soucoupe. Hacher les ciboulettes et les garder dans une autre soucoupe.
3 Au moment de servir, dresser les morceaux dans un plat creux. Délayer un peu de jus de cuisson avec la farine, la crème et la moutarde, faire épaissir un instant, verser les échalotes, les ciboulettes (en garder un peu pour mettre en décoration), verser la sauce parfumée sur le lapin et décorer avec le reste de ciboulette.
4 Ce plat nous était servi tous les ans lors des vendanges de notre vigne.

Râbles de lapin au pistou

Ingrédients

- 3 râbles de lapin désossés, salés, poivrés roulés dans leurs panoufs avec un brin de romarin,
- 1 oignon,
- 10 feuilles de basilic,
- 4 gousses d'ail,
- 25 cl de vin blanc,
- 2 grains de coriandre,
- 1 bouquet garni,
- sel, poivre,
- 30 à 50 g de beurre.

6 personnes

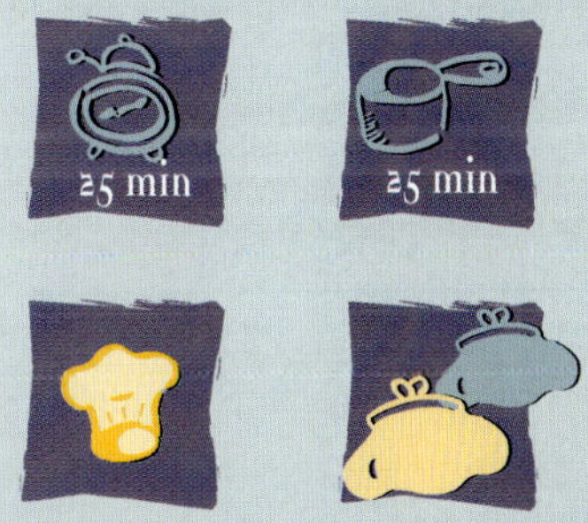

1 Faire rôtir les râbles dans un sautoir avec leur os et l'oignon.
2 Les cuire à four très chaud pendant 15 à 20 min.
3 Une fois cuits, retirer les râbles et laisser reposer.
4 Dégraisser votre sautoir, mouiller les os avec le vin blanc et autant d'eau.
5 Ajouter le bouquet garni, l'ail et la coriandre.
6 Laisser cuire doucement et réduire de moitié.
7 Passer cette sauce au chinois, ajouter le beurre tout doucement et le basilic au dernier moment.
8 Couper les râbles en deux.
9 On peut servir ce plat avec des cocos blancs ou des haricots verts.

Ce plat est très rafraîchissant et vite exécuté. Il est très haut en parfum. Un vin rouge des Côtes-du-Rhône, Coteau-des-Baux, Château Romanin l'accompagne très bien.

Menu

Potage aux feuilles de radis sauvages

•

Râbles de lapin au pistou

•

Terrine de fruits au Savignon de Saint-Bris et coulis de fruits rouges

Vin conseillé : Château Romanin

Sauté de lapin grand-mère

Ingrédients

- 1 lapin de garenne de 1 kg à 1,2 kg,
- 200 g de petits lardons demi-sel,
- 12 petites échalotes pelées,
- 500 g de petits champignons de forêt ou de Paris,
- 2 verres de vin blanc sec (gros plant),
- 1 verre à liqueur de calvados,
- 1 bouquet garni (thym, laurier, persil),
- 2 cuillerées à soupe de farine,
- 50 g de beurre,
- 1 cuillerée à soupe d'huile,
- sel, poivre.

4 personnes

25 min

1 h

1 Couper le lapin en quatre. Réserver le foie.
2 Chauffer le beurre dans une cocotte sur feu vif avec la cuillerée d'huile. Lorsque le mélange est brûlant, y dorer 5 min les lardons, puis ajouter les morceaux de lapin et dorer encore 5 à 6 min. Ajouter les échalotes, dorer le tout encore environ 10 min jusqu'à obtenir une couleur caramel. Saupoudrer de farine, remuer 1 ou 2 min. Mouiller avec le vin blanc et le calvados.
3 Bien racler le fond de la cocotte avec une spatule en bois pour détacher les sucs. Saler peu, bien poivrer.
4 Couvrir et faire cuire 10 min sur feu doux.
5 Ajouter alors les champignons nettoyés et coupés en morceaux, le bouquet garni, un demi-verre d'eau.
6 Couvrir à nouveau, faire cuire doucement encore 40 min environ.
7 Servir avec des pommes vapeur et une compote de pomme peu sucrée.

Menu

Crème de potiron aux coques et noisettes
•
Sauté de lapin grand-mère
•
Les sablés de Caen

Vin conseillé :
un Meursault 1996
Clos des Puchets

Daube à l'avignonnaise

Ingrédients

- 1 gigot,
- lardons,
- huile,
- carottes,
- oignons,
- ail,
- thym,
- laurier,
- persil,
- céleri,
- 250 g de lard de poitrine fumée,
- 250 g de couennes fraîches,
- sel épicé.

6 à 8 personnes

30 min

5 h + 2 h de marinade

1 Détailler un gigot désossé en morceaux carrés du poids moyen de 90 g l'un.
Traverser chaque morceau dans le sens du fil de la viande d'un lardon assaisonné de sel épicé.
2 Faire mariner les morceaux pendant 2 h avec : 10 cl d'huile par litre de vin, carottes et oignons émincés, 4 gousses d'ail, thym, laurier et queue de persil, 1 branche de céleri.
3 Préparer 3 oignons hachés mélangés à 2 gousses d'ail écrasées.
Faire blanchir 250 g de lard de poitrine coupé en dés fins.
Détailler en carrés de 2 cm de côté 250 g de couennes fraîches, faire blanchir.
4 Préparer un bouquet de persil enfermant une écorce d'orange séchée.
5 Garnir le fond et les parois d'une terrine avec de minces bardes de lard, ranger dedans les morceaux de gigot, en couches alternées avec oignons, lard et couennes et en saupoudrant chaque couche de viande de thym et de laurier en poudre.
6 Disposer le bouquet vers le milieu de la terrine en la garnissant, et assaisonner légèrement chaque couche.
7 Mouiller avec la marinade passée au chinois, fermer la terrine, maintenir le couvercle fermé hermétiquement avec une pâte faite avec de l'eau et de la farine « dit fixer au repaire » afin d'assurer la concentration de vapeur.
8 Faire partir sur le fourneau, cuire ensuite pendant 5 h dans un four de chaleur douce et rigoureusement égale pendant tout le cours de la cuisson.
9 Au moment de servir, découvrir la terrine, retirer les bardes, dégraisser et enlever le bouquet.

La daube se sert telle quelle, dans la terrine.
C'est une recette un peu longue que les anciens faisaient dans la cheminée, mais avec un peu de temps et beaucoup d'amour pour les plats en sauce, cette recette est un vrai plaisir.
Ce plat mérite un vin millésimé rouge des Côtes-du-Rhône. Vous pouvez boire le même vin que vous avez utilisé pour cuire le plat.

Menu

Soupe de chou « quintal d'Auvergne »
•
Daube à l'avignonnaise
•
Tarte aux pommes d'hier

Vin conseillé :
Coteaux de Tricastin

Épaule d'agneau cuite à l'étouffée aux algues

Ingrédients

- 1,5 kg d'épaule d'agneau,
- 150 g d'oignon émincé,
- 500 g de grosses pommes de terre à chair ferme,
- 45 g de saindoux.

Mélange d'algues séchées :

- laminaires,
- fucus et chondrus crispus,
- p. m. sel, poivre,
- 1 gousse d'ail,
- papier sulfurisé.

3 personnes

15 min

3 h 30

1 Dans une cocotte, faire fondre le saindoux et y faire revenir pendant 5 min l'émincé d'oignon et les grosses pommes de terre épluchées et taillées en morceaux, assaisonner.

2 Pendant ce temps, frotter avec la gousse d'ail l'épaule d'agneau, l'assaisonner. Dans une cocotte pouvant contenir l'épaule d'agneau, disposer 3 cm d'algues séchées et verser un fond d'eau, recouvrir d'une feuille de papier sulfurisé huilée et épousant bien les contours de la cocotte. Sur la feuille, disposer l'épaule ainsi que la garniture d'oignon et des morceaux de pommes de terre. Recouvrir à nouveau d'une feuille de papier sulfurisé huilée. Disposer dessus 3 cm d'algues séchées. Recouvrir d'un couvercle.

3 Enfourner à 150 °C pendant 3 h 30.

4 Servir en retirant les algues qui, en cette cuisson à l'étouffée, permettent d'aromatiser originalement cette viande des bords de mer.

Menu

Tourte aux épinards et coquilles Saint-Jacques

•

Épaule d'agneau cuite à l'étouffée aux algues

•

Croustillant glacé au pain d'épices de Mouthe

Vin conseillé :
Côtes de Castillon 1999
Château Moulin-de-Clotte

Filet d'agneau de pays en croûte légère, jus au thym

Ingrédients

- 3 filets d'agneau pris dans la selle de préférence,
- 250 g d'un excellent feuilletage au beurre,
- 1 carotte,
- 1 oignon,
- 1 échalote,
- thym,
- bouquet garni,
- 2 gousses d'ail,
- sel, poivre,
- 1 œuf battu (dorure).

6 personnes

50 min

20 min

1 Désosser les filets d'agneau. Les parer soigneusement.
2 Avec les os, la carotte, l'oignon, l'échalote et le bouquet garni, réaliser un jus que vous aromatiserez avec le thym.
3 Couper chaque filet en deux dans le sens de la longueur.
4 Les faire revenir dans une poêle, les saler, les poivrer et bien les égoutter sur un papier absorbant.
5 Abaisser la pâte feuilletée, envelopper chaque filet individuellement et dorer la pâte à l'aide d'un pinceau.
6 Cuire dans un four très chaud pendant 5 min.
7 Couper le filet en tranches régulières que vous disposerez en rosace dans chaque assiette. Servir avec le jus au thym.

Menu

Suprême de foies blonds au coulis d'écrevisses

•

Filet d'agneau de pays en croûte légère, jus au thym

•

Blanc-manger aux mûres et son coulis

Vin conseillé : un Chassagne-Montrachet 1996

Gigot à la brayaude

Ingrédients

- 1 gigot d'agneau de 1,5 kg à 1,8 kg,
- 1,5 kg de pommes de terre farineuses (bintje),
- 6 grosses gousses d'ail,
- 100 g de beurre,
- 1 l de lait entier et cru,
- sel, poivre,
- beurre.

6 à 8 personnes

35 min

45 min à 1 h

Menu

Terrine de saumon aux petits pois

•

Gigot à la brayaude

•

Crème renversée

Vin conseillé : un Saint-Estèphe 1995 Château Haut-Marbuset

1 Éplucher et laver les pommes de terre. Les tailler en tranches fines et, pour leur conserver tout leur moelleux, ne plus les laver.

2 Beurrer largement un grand plat en terre allant au four. Y ranger les pommes de terre. Saler, poivrer, arroser de lait, parsemer de flocons de beurre.

3 Couvrir d'aluminium ménager et glisser le plat en position basse dans le four préchauffé sur th. 8 ou 240°. Laisser cuire 25 min.

4 Pendant ce temps, préparer le gigot. Couper les gousses d'ail en deux ou trois et en clouter entièrement le gigot.

5 Manier une noix (40 g) de beurre mou avec sel et poivre, en enduire la viande.

6 Poser le gigot sur la grille du four. Retirer le papier d'aluminium qui recouvre les pommes de terre et glisser la grille garnie du gigot juste au dessus des pommes de terre. En cuisant, celui-ci pleurera dans le plat d'où « Brayaude ».

7 Faire cuire 45 min à 1 h selon que l'on aime plus ou moins saignant.

Gigot d'agneau en croûte de sel

1 Hacher et mélanger le tout. Enduire le gigot. Préchauffer le four th. 6-7 (200°).
2 Préparer la croûte avec 3 ou 4 kg de gros sel gris impératif (le sel blanc demandant une adjonction d'eau) et 3 blancs d'œufs. Mélanger.
3 Disposer sur le plat de cuisson une partie de cette pâte et recouvrir ensuite le gigot.
4 Dès que le four et chaud, enfourner pour 50 min de cuisson.
5 Si on dispose d'une sonde, à 45°, à cœur le gigot est saignant, poursuivre la cuisson si on le désire plus cuit.
6 Dès la cuisson terminée, retirer du four pendant 15 min avant de casser la croûte, d'éliminer le sel restant et enfin de servir.

P.S. : si on doit vérifier la cuisson à la sonde ou au thermomètre, introduire un morceau de bois de la taille de la sonde à travers la croûte de sel et le laisser pendant la cuisson, ce qui permet d'introduire la sonde en le retirant, le sel ne pouvant plus être traversé une fois la cuisson commencée.
Il est prudent de vaporiser un peu d'eau sur la croûte pendant la cuisson pour éviter que cette dernière ne se fende.

Ingrédients

- 1 gigot d'agneau de 1,2 à 1,3 kg pesé désossé et ficelé,
- thym,
- romarin,
- origan,
- 1 oignon moyen,
- 2 gousses d'ail,
- 1 bouquet de persil plat (le plus aromatique),
- 1 cuillère de moutarde,
- 3 cuillères d'huile,
- sel (peu),
- poivre.

6 personnes

Menu

Flan de moules de bouchot au concassé de tomates nantaises, coriandre et algues

•

Gigot d'agneau en croûte de sel

•

Œufs en chocolat

Vin conseillé : Meursault

Gigot de Belle-Île-en-Mer

Ingrédients

- 1 beau gigot de Belle-Île de 2,5 à 3 kg,
- 1/2 verre moyen (7,5 cl) d'eau-de-vie de cidre,
- 3 grosses gousses d'ail finement écrasées,
- 1 cuillerée à soupe de thym émietté,
- 70 g de beurre demi-sel mou,
- 4 cuillerées à soupe de chapelure,
- sel, poivre,
- curry.

Pour entourer le gigot :

- 3 grosses têtes d'ail, si possible frais, non épluchées et laissées entières.

Pour accompagner le gigot :

- 1,5 kg de haricots blancs (cocos bretons ou lingots de Paimpol) frais,
- 1 gros oignon grossièrement haché,
- 2 gousses d'ail non épluchées,
- 1 brin de thym,
- 1 feuille de laurier,
- 1 tablette de bouillon de bœuf,
- 1 noix (50 g) de beurre demi-sel,
- sel, poivre.

6 à 8 personnes

15 min

45 min

Menu

Chair de tourteaux émiettés aux poireaux et avocats, crème de carottes au curry

•

Gigot de Belle-Île-en-Mer

•

Coupe « douceur angevine »

Vin conseillé : Pauillac 1995 Château Tour Pilran

Cuisson des haricots

1 Dans une casserole à fond épais, faire fondre l'oignon avec le beurre sur feu doux. Ajouter les haricots et les recouvrir d'eau. Saler, poivrer, ajouter la tablette de bouillon, l'ail non épluchée, thym et laurier. Couvrir, amener à ébullition.

2 Puis réduire le feu et laisser mijoter 45 min en remuant de temps en temps et en rajoutant un peu d'eau si nécessaire.

Cuisson du gigot

1 Préchauffer le four sur maximum. Avec une pointe de couteau affûté, tracer sur la partie charnue du gigot une sorte de grille.

2 Ensuite le poser dans un grand plat à four en terre et l'arroser d'eau-de-vie de cidre. Laisser sécher 5 min.

3 Malaxer le beurre mou avec l'ail écrasé, le thym, une bonne pincée de curry, la chapelure, sel et poivre.

4 En enduire entièrement le gigot.

5 Envelopper chaque tête d'ail dans de l'aluminium ménager et les disposer dans le plat autour du gigot.

6 Enfourner, réduire la température à th. 6 ou 200° au bout de 10 min et cuire encore 35 min en arrosant de temps en temps.

Pour servir

1 Écraser les têtes d'ail au moulin à légumes ou à la fourchette.

2 Mélanger la purée d'ail ainsi obtenue à la sauce dégraissée, servir en saucière.

3 Accompagner le gigot de haricots et éventuellement d'une purée de pommes de terre.

L'agneau de pré-salé aux « monjhettes »

Ingrédients

- 1 gigot d'agneau d'environ 2,5 kg,
- 1 kg de monjhettes,
- 200 g de tranches de lard fumé,
- 2 ou 3 pommes de terre,
- 4 petits oignons,
- 1 bouquet garni,
- 1 tomate pelée,
- 1 cuillerée à soupe d'huile,
- sel, poivre.

6 personnes

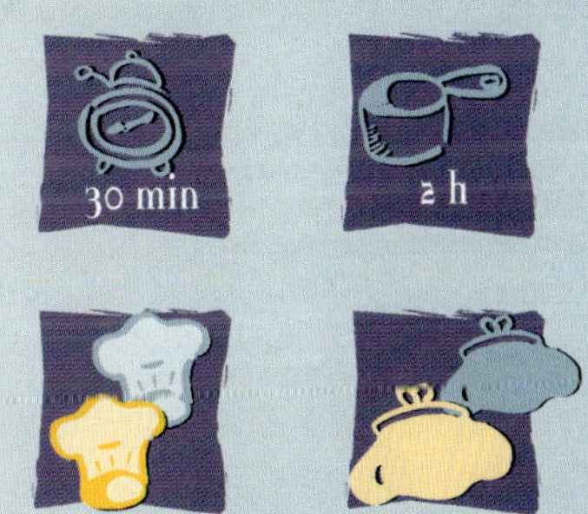

1 Piquer d'ail, plus ou moins selon votre goût, le gigot d'agneau. Tapisser le fond d'une cocotte avec les tranches de lard fumé.
2 Éplucher les pommes de terre et les couper en rondelles. Disposer les pommes de terre en damier sur le lard et poser le gigot dessus. Fermer la cocotte et laisser cuire 2 h à four moyen.

Les monjhettes
1 Faire revenir dans une autre cocotte, légèrement nappée d'huile, à feu doux, les monjhettes avec une gousse d'ail coupée au couteau, trois ou quatre petits oignons blancs et le bouquet garni.
2 Remuer le mélange toutes les 5 min environ et ce, pendant 30 min.
3 Ajouter ensuite une tomate pelée et coupée en deux et couvrir d'eau bouillante.
4 Laisser cuire les monjhettes pendant près de 1 h en veillant à maintenir le niveau de l'eau juste au-dessus de celles-ci pendant toute la cuisson.
5 En fin de cuisson, rajouter un gros morceau de beurre, le persil frais et saler. Servir autour du gigot tranché.

Menu

Pâté de lapin vendéen
•
L'agneau de pré-salé aux « monjhettes »
•
Tarte des demoiselles Tatin

Vin conseillé : Lussac Saint Émilion

Navarin d'agneau

Ingrédients

- 600 g de collier d'agneau,
- 600 g d'épaule d'agneau,
- 1 bouquet garni,
- 2 gousses d'ail,
- 500 g de tomates, du bouillon,
- 200 g de navets, autant de carottes et de pommes de terre,
- 300 g de petits pois écossés.

6 personnes

Un peu plus de 2 h

1 h

Menu

Tartare de grosse truite au brési

•

Navarin d'agneau

•

Les bourdelots « haut normands »

Vin conseillé : Corbières

1 Il existe deux versions de ce plat, selon l'accompagnement : printanier avec des légumes de saison, aux pommes avec pommes de terre seulement.

2 Disposer de 600 g de collier d'agneau (le véritable mot technique est en fait collet) et 600 g d'épaule, le tout coupé en morceaux de 80 g environ ; dégraisser le plus possible.

3 Faire dorer dans une cocotte la viande sous toutes ses faces ; préparer dans un récipient du bouillon avec bouquet garni, 2 gousses d'ail épluchées et 500 g de tomates en morceaux ; verser ceci sur la viande de manière qu'elle soit recouverte d'eau.

4 Laisser cuire pendant 1 h, couvert, en écumant la graisse qui peut venir à la surface.

5 Ajouter carottes (200 g), navets (200 g) et pommes de terre (même quantité), le tout coupé en morceaux ; faire cuire pendant 30 min. Les petits pois (frais) écossés sont cuits séparément dans de l'eau pendant 10 min et ajoutés au plat.

Noisettes d'agneau de pré-salé aux salicornes,

émulsion d'ail doux « Francois P. »

Ingrédients

- 2 petites selles (filets doubles) d'agneau,
- 600 g de salicornes,
- 5 gousses d'ail,
- 6 tranches de baguette de campagne,
- 2 tranches de lard fumé,
- 1 branche de sarriette,
- 150 g de beurre doux,
- 10 g de sel de Guérande

Pour le jus d'agneau :

- os et parures d'agneau,
- 100 g de carottes,
- 10 cl d'huile d'olive,
- 50 g d'échalotes,
- 1 gousse d'ail,
- 50 cl de bouillon de légumes.

8 personnes

1 Demander à votre boucher de désosser les selles (filet double) d'agneau. Conserver les os et parures pour faire un jus corsé. Dans un sautoir faire colorer, à l'huile d'olive, les os concassés avec les dés de carottes, d'oignons, d'échalotes et la gousse d'ail. Oter la graisse rendue au fond. Mouiller avec un bouillon de légumes. Cuire en laissant réduire pour obtenir 25 cl de jus. Passer à la passoire fine.
2 Cuire les salicornes à l'eau bouillante salée, les tenir croquantes. Les rafraîchir à l'eau glacée (pour fixer la couleur).
3 Couper des mini-lardons dans les tranches de lard fumé. Faire colorer légèrement au beurre doux avec de petits croûtons de pain taillés dans la baguette et une pincée de sarriette hachée. Ajouter à ce moment les salicornes avec une grosse noix de beurre.
4 Dans une poêle, colorer les filets d'agneau à l'huile d'olive accompagnés de 5 gousses d'ail en chemise. Cuire au four 8 à 10 min. Laisser reposer la viande 5 min.
5 Pendant ce temps récupérer l'ail confit dans la graisse. Le mixer. Incorporer au jus d'agneau.
6 Couper les filets d'agneau en noisettes et dresser sur une assiette avec les salicornes.
7 Arroser de jus réduit. Pour le goût et la présentation, ajouter une pointe de sel de Guérande sur la viande.

Menu

Tartelettes de Saint-Jacques créançaises
•
Noisettes d'agneau de pré-salé aux salicornes, émulsion d'ail doux « François P. »
•
Charlotte aux fruits rouges

Vin conseillé : un pauillac 1995, Château-tour-pilran

Noisettes d'agneau noir du Velay à l'ail de Billom

Ingrédients

- 1,2 kg de selle d'agneau (dite selle anglaise),
- 1 oignon,
- 1 carotte,
- 10 gousses d'ail,
- 10cl de côtes d'Auvergne blanc,
- 1 cube de bouillon de volaille,
- 10cl de crème fraîche,
- 4 tomates mûres,
- persil haché,
- huile,
- beurre,
- 1 bouquet garni.

4 personnes

35 min

1 h 50

1 Faire désosser la selle par son boucher, lui demander de fendre les os, dégraisser les panoufles et ficeler quatre petits rôtis individuels.

2 Réaliser un jus d'agneau en faisant dorer au four à 200°, os et panoufles.

3 Faire revenir carotte et oignon dans un peu de matière grasse, puis ajouter les os. Verser le vin blanc et le réduire aux trois quarts. Ajouter le cube de bouillon et 1 l d'eau. Dégraisser en cours de cuisson. Ajouter un bouquet garni et les tomates coupées en quartiers. Laisser frémir 1 h 30.

4 Passer le jus au chinois. Jeter les gousses dans une casserole d'eau froide et les faire bouillir. Recommencer l'opération, puis les mettre dans le jus et porter à ébullition 12 min. Crémer et mixer. Réduire la sauce jusqu'à obtenir environ 20 cl. Rectifier l'assaisonnement.

5 Faire poêler les petits rôtis d'agneau à l'huile et au beurre de chaque côté.

6 Assaisonner puis enfourner à 220° (th. 7°) pendant 8 min à 12 min suivant que vous souhaitez la viande rosée ou bien cuite.

7 Emballer l'agneau dès la sortie du four dans l'aluminium et laisser reposer une dizaine de minutes. Déglacer le plat de cuisson avec la sauce et servir en accompagnement de chaque portion d'agneau coupée en trois petites tranches ou noisettes.

Menu

Rillettes de homard breton, tartine grillée aux algues « papa et maman »

•

Noisettes d'agneau noir du Velay à l'ail de Billom

•

Biscuits des anisetiers de Honfleur

Vin conseillé : Côtes de Bourg rouge

Échine de porc aux abricots secs

et au miel de Cavaillon

Ingrédients

- 1,5 kg d'échine de porc dégraissée et coupée en gros cubes,
- 20 abricots secs,
- 100 g de raisins blonds,
- 3 cuillerées à soupe de vinaigre fin,
- 1 cuillerée à soupe de miel,
- 2 oignons émincés,
- 1 cuillerée à café de gingembre en poudre,
- 1/2 cuillerée de cannelle en poudre,
- 1/2 cuillerée de cumin,
- 3 cuillerées à soupe d'huile d'olive,
- sel, poivre

6 personnes

1 Mettre les abricots et les raisins dans une jatte et les arroser d'eau bouillante. Les laisser gonfler.

2 Dans une cocotte, faire suer les oignons dans un peu d'huile. Faire dorer les morceaux de porc dans une sauteuse. Les retirer au fur et à mesure et les mettre dans la cocotte avec les oignons. Jeter le gras de cuisson du porc, et déglacer les sucs avec le vinaigre. Verser sur le porc et les oignons. Ajouter le miel et les épices. Mouiller de 70 cl d'eau. Saler, poivrer.

3 Egoutter abricots et raisins secs. Les ajouter à la viande en cocotte. Couvrir et mettre à four doux th. 4-5 pendant au moins 3 h pour obtenir une compote onctueuse.

4 Suggestion : à servir avec des pâtes fraîches, du riz créole ou des pommes vapeur, et quelques feuilles de coriandre ou de menthe.

Menu

Crème de céleri à la râpée de truffe de Meuse

•

Échine de porc aux abricots secs et au miel de Cavaillon

•

Paimpolaise

Vin conseillé : Moulin-à-vent

Filet mignon de porc au fenouil

Ingrédients

- 600 g de filet mignon de porc,
- 3 cuillerées à soupe de graines de fenouil,
- 1 kg de pommes de terre,
- 300 g de piments doux,
- 1 branche de serpolet,
- huile d'olive,
- sel, poivre

4 personnes

20 min

4 min

Menu

Langue lucullus

•

Filet mignon de porc au fenouil

•

Clafoutis aux cerises

Vin conseillé : Madiran

1 Eplucher les pommes de terre, les laver et les couper en frites fines. Laver et épépiner les piments, les couper en lanières. Mettre à cuire en même temps les pommes de terre et les piments dans une grande quantité d'huile d'olive. Saler, poivrer. Parfumer au serpolet.

2 Couper les filets mignons en tranches, les aplatir en les battant avec une spatule. Dans une poêle, mettre un peu d'huile d'olive, les grains de fenouil, puis les filets à dorer 2 min de chaque côté. Saler, poivrer.

3 Servir aussitôt, au centre du mélange pommes de terre-piments doux.

Les piments doux étant assez difficiles à trouver, on peut les remplacer par des poivrons.

Fromage de tête de cochon

Ingrédients

- 1 tête de porc,
- 2 pieds de porc, couennes,
- 2 blancs de poireaux,
- 4 carottes,
- 2 oignons,
- bouquet garni,
- clous de girofle,
- poivre,
- genièvre,
- gros sel,
- 1 l de vin blanc sec.

6 personnes

120 min

180 min

1 Désosser complètement la tête de porc et la mettre dans une saumure pendant trois jours en la retournant de temps en temps.

2 La rincer à l'eau claire et la mettre dans un grand faitout avec les carottes coupées, les poireaux, les oignons piqués de clous de girofle, deux cuillerées de grains de poivre, deux cuillerées de baies de genièvre. Ajouter les pieds crus coupés en deux et quelques couennes. Verser le vin blanc et couvrir d'eau froide jusqu'à hauteur. Porter à ébullition et faire cuire pendant 3 h.

3 Retirer la tête, l'égoutter et la laisser tiédir. Égoutter les carottes. Passer le bouillon au chinois.

4 Couper toutes les viandes en petits morceaux, ainsi que la langue, émincer les carottes, mélanger, et placer le tout dans un saladier en tassant bien.

5 Verser le bouillon pour baigner l'ensemble. Charger le saladier avec une assiette portant un poids, pour bien tasser les viandes. Placer au réfrigérateur pendant 24 h. Servir en entrée avec une salade verte.

Menu

Petits pâtés de Pézenas

•

Fromage de tête de cochon

•

Fricassée de poires au caramel de morille – glace au vermouth

Vin conseillé : Buzet rouge

Jambon d'York « Route de l'Orient »

Ingrédients

- 4 morceaux de sucre,
- 2 cuillerées à soupe de bon vinaigre,
- 2 cuillerées à soupe de fond de veau déshydraté,
- 20 g de raisins de Corinthe,
- 1 cuillerée à soupe de miel,
- cannelle,
- cumin,
- coriandre,
- genièvre,
- poivre rose,
- cardamome,
- graines de moutarde,
- 4 tranches épaisses de jambon à l'os,
- 600 g d'épinards,
- sel, poivre noir

4 personnes

20 min

10 min

Menu

Soupe de champignons noirs à l'orange

•

Jambon d'York « route de l'Orient »

•

Feuilleté de pommes en chaud-froid

Vin conseillé : Corbières rouge

1 Délayer le fond de veau dans 20 cl d'eau. Mettre les raisins à gonfler dans un peu d'eau tiède.
2 Concasser grossièrement le sucre. Le mettre sur feu doux dans une casserole jusqu'à l'obtention d'un caramel blond. Ajouter le vinaigre. Laisser bouillir jusqu'à la limite de l'évaporation puis verser le fond de veau.
3 Ajouter ensuite les raisins et une cuillerée à café de chacune des épices. Réduire à feu doux de trois quarts.
4 Laver les épinards et les faire cuire rapidement à la vapeur. Ranger le jambon dans une sauteuse en le faisant chevaucher avec les épinards. Verser la sauce aux épices dessus. Poivrer. Laisser mijoter pendant 10 min.

Jambonneau au cidre

Ingrédients

- 4 jambonneaux de 700 g,
- 1 oignon,
- 1 carotte,
- 1 branche de céleri,
- 2 pommes reinette,
- 4 l de cidre brut fermier,
- 8 grains de poivre noir,
- 10 cl de vieux vinaigre de cidre,
- 150 g de beurre fermier,
- 1 morceau de sucre,
- sel et poivre du moulin.

4 personnes

1 Éplucher, laver les légumes, les mettre à cuire pendant 5 h à petit feu dans un grand faitout avec les jambonneaux et les autres ingrédients, sauf le vinaigre, le sel et le beurre.
2 La cuisson terminée, laisser refroidir, dégraisser et garder au froid pendant 4 jours, le temps nécessaire pour que les jambonneaux s'imprègnent de toutes les saveurs.
3 Le jour du repas, réchauffer et prélever 60 cl du jus de cuisson, réduire aux deux tiers et monter doucement au fouet avec le beurre en petits morceaux.
4 Assaisonner la sauce. Servir les jambonneaux dans des caquelons très chauds, nappés de sauce.

Menu

Bréjaude
•
Jambonneau au cidre
•
Croustillant glacé au pain d'épices de Mouthe, banane flambée

Vin conseillé : Touraine rouge

Jarret de porc à la bière

Ingrédients

- 1,2 kg de jarret,
- 2 os de veau concassés,
- 100 g de carottes,
- 2 oignons,
- 1 l de bière brune,
- 50 cl de fond de veau reconstitué,
- 1 gousse d'ail,
- 3 pommes fruits,
- 50 g de saindoux,
- 1 petit chou rouge,
- 150 g de lard maigre fumé,
- huile,
- vinaigre,
- sel, poivre,
- cumin,
- muscade

4 personnes

35 min

2 h

Menu

Bouillabaisse

•

Jarret de porc à la bière

•

Soupe de cerises et sorbet de ratafia

Vin conseillé : Saumur-Champigny

1 Entailler la chair du jarret en formant des losanges. Dans un bol, mettre 3 cuillerées à soupe d'huile, sel, poivre, une pincée de cumin, muscade et gousse d'ail écrasée. Mélanger et en frotter vigoureusement les jarrets.

2 Eplucher les carottes et un oignon, les tailler en quartiers. Faire fondre la moitié de la matière grasse dans une cocotte, ajouter les légumes, les os de veau concassés et la moitié de la bière. Laisser mijoter 15 min à feu doux, puis ajouter le jarret, le fond de veau et le reste de bière. Couvrir et mettre la cocotte au four préchauffé th. 6-7 pendant 2 h.

3 Nettoyer le chou, le couper en deux et enlever la partie centrale dure. Emincer le chou en fines lanières. Faire revenir ensemble le lard coupé en petits dés et l'oignon émincé.

4 Ajouter les pommes épluchées et coupées en gros dés, le chou, le vinaigre, l'eau, le sel, poivre. Cuire 20 min à feu doux.

Servir dans un grand plat le jarret et les légumes, réduire de moitié la cuisson du jarret. Servir en saucière.

Joues de porc au pain d'épice

et fenouil, jus au thé

Ingrédients

- 2 kg de joues de porc,
- 3 échalotes,
- 1 carotte,
- 1 oignon,
- 5 cl d'huile d'arachide,
- 150 g de beurre,
- 30 g de thé Earl Grey,
- 50 g de miel de châtaignier,
- 100 g de pain d'épice,
- 1 kg de fenouil,
- sel et poivre.

6 personnes

Laisser infuser 10 min

1 h 40

1 Sécher et réduire en poudre le pain d'épice.
2 Éplucher et tailler en mirepoix échalotes, carotte et oignon.
3 Colorer avec 50 g de beurre et l'huile les joues de porc.
4 Ajouter la garniture et la colorer également.
5 Mouiller à hauteur avec de l'eau. Cuire doucement pendant 1 h 30.
6 Éplucher et cuire le fenouil à l'eau salée. Rafraîchir et égoutter. Décanter les joues de porc. Passer et dégraisser le jus de cuisson. Réduire de moitié. Ajouter le thé. Laisser infuser 10 min, puis passer à nouveau. Rectifier l'assaisonnement.
7 Disposer les joues de porc dans un plat. Les badigeonner de miel et de poudre de pain d'épice. Enfourner pendant 10 min à 150 °C. Poêler le fenouil avec le beurre restant et assaisonner.
8 Disposer quelques fenouils dans le plat de joues de porc. Verser la sauce sans napper et servir.

Menu

Soupe savoyarde dite « Soupe fourre tout »

•

Joues de porc au pain d'épice et fenouil, jus de thé

•

Vacherin mirabelle

Vin conseillé : Gigondas

Ingrédients

- 500 g de lard demi-sel,
- 1 jarret de porc demi-sel,
- 1 kg de paleron de boeuf,
- 4 saucisses fumées,
- 4 poireaux liés en botte,
- 1 chou vert,
- 8 petites carottes épluchées,
- 4 navets épluchés,
- 1 oignon piqué de 2 clous de girofle,
- 3 gousses d'ail non épluchées,
- 1 bouquet garni (thym, laurier, persil, céleri),
- gros sel, poivre.

Pour le farz gwiniz du :

- 500 g de farine de blé noir,
- 4 œufs,
- 1/2 cuillerée à soupe de gros sel,
- 20 cl de crème fraîche,
- 1 l de lait,
- 100 g de beurre fondu,
- 1 poignée de raisins secs,
- 1 sac de toile ou un torchon cousu, de la ficelle de boucherie.

8 personnes

60 min

150 min

Menu

Duo de langoustines et artichauts, vinaigrette au jus de truffe « Chantal de Glam »

•

Kig ha farz gwiniz du

•

Far aux pruneaux

Vin conseillé : Chinon rouge

Kig ha farz gwiniz du

Préparer la potée :

1 Faire dessaler les viandes demi-sel, pendant 3 h, dans une grande bassine d'eau froide.

2 Mettre le paleron, l'oignon, l'ail et le bouquet garni dans une grande marmite d'eau froide (4 l). Porter à ébullition sur feu vif. Puis écumer et réduire le feu. Ajouter quelques bonnes pincées de poivre et une cuillerée à soupe de gros sel.

3 Laisser cuire 30 min. Ajouter les viandes demi-sel et les légumes. Amener de nouveau à ébullition sur feu vif. Réduire le feu à doux et laisser frémir 30 min. Ajouter les saucisses fumées.

Pendant ce temps, préparer le farz :

1 Battre légèrement les œufs dans un bol avec la crème fraîche et le gros sel.

2 Placer la farine de blé noir dans une grande jatte, creuser un puits au centre et y verser le contenu du bol. Puis, tout en tournant avec une cuillère de bois, ajouter lentement le lait, le beurre fondu et les raisins secs. Laisser reposer de 30 min à 1 h.

3 Ensuite introduire cette pâte dans le sac (attention, il ne doit pas être plein, car la pâte va gonfler à la cuisson).

4 Fermer l'ouverture du sac par une ficelle.

5 Poser une grande cuillère de bois (ou un bâton) en travers de la marmite et y attacher le sac de farz de manière à ce qu'il plonge dans le bouillon (ajouter un peu d'eau si nécessaire).

Laisser cuire 1 h 30.

Pour servir :

1 Chauffer les écuelles à soupe.

2 Retirer le farz de son sac et le couper en grosses tranches sur un plat.

3 Couper les viandes et saucisses sur un autre plat et les arroser d'une louche de bouillon. Présenter les légumes dans un plat creux.

4 Verser du bouillon dans une petite soupière.

5 Chacun se servira des viandes, de légumes, d'une tranche de farz et arrosera le tout d'une petite louche de bouillon.

Il est conseillé de mouiller le sac de toile avant d'y introduire la pâte, ce qui rendra le démoulage du farz plus facile.

Mijotée de porc « Vallée d'Isère »

Ingrédients

- 600 g d'échine de porc désossée,
- 75 cl de vin blanc sec : mondeuse,
- 1 bouquet garni,
- 1 oignon,
- 6 gousses d'ail,
- sel,
- 1 dizaine de grains de poivre,
- 2 carottes,
- 2 poireaux,
- 1 tasse de sang de porc,
- huile,
- sel, poivre

Pour le beurre manié :

- 20 g de beurre en pommade,
- 20 g de farine pour le beurre manié

Pour l'accompagnement :

- 1 chou rouge ou blanc,
- 50 g de beurre

Pour la polenta :

- 1 l de lait,
- 1/3 de litre d'eau,
- 1 kg de semoule de maïs,
- 150 g de parmesan râpé,
- sel, poivre

4 personnes

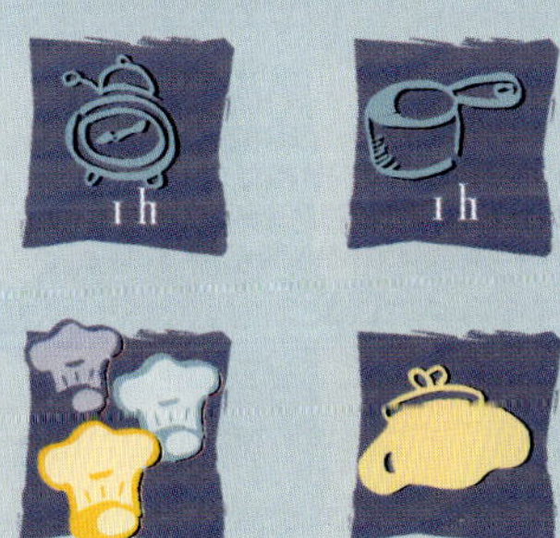

La veille

1 Détailler le porc en gros dés. Les mettre à mariner 24 h avec le vin blanc, le bouquet garni, l'oignon émincé, les gousses d'ail non épluchées écrasées, le sel, les grains de poivre concassés, les carottes et les poireaux coupés en petits dés.

Le jour même

1 Egoutter les morceaux de porc. Les saler et les poivrer. Les faire revenir de tous les côtés dans un peu d'huile, puis faire de même avec les légumes de la marinade. Dégraisser. Mettre ces morceaux de porc dans une cocotte, et verser la marinade dessus. Laisser mijoter 1 h et terminer hors du feu avec un beurre manié.

2 Emincer finement le chou. Le fondre au beurre dans une cocotte, saler, ajouter deux tasses d'eau et faire cuire à l'étouffée durant 30 min. Réserver au chaud

3 Mettre le lait et l'eau à bouillir et y verser la semoule de maïs en pluie dans une casserole à fond épais. Saler et poivrer. Laisser cuire 1 h à feu doux. Dix minutes avant la fin de la cuisson, ajouter le parmesan. Etaler sur un marbre, couper en quartiers, réserver. Retirer les morceaux de porc de la sauce et lier la sauce au sang. Ne pas faire bouillir. Remettre le porc dans la sauce et servir accompagné de la fondue de chou et de la polenta poêlée.

Menu

Moules à la crème

•

Mijotée de porc
« Vallée d'Isère »

•

Savarin de pommes
et poires caramélisées.
Beurre de poire « Angèle »

Vin conseillé :
Haut-Médoc

Petit salé aux lentilles

Ingrédients

- 750 g de travers de poitrine de porc demi-sel dit « petit salé »,
- 300 g de lentilles vertes,
- 2 carottes,
- 1 oignon,
- 2 gousses d'ail,
- persil,
- 2 cuillerées à soupe d'huile,
- 1 noix de beurre.

4 personnes

20 min — 1 h 30

Menu

Assiette « Galipette »
•
Petit salé aux lentilles
•
Pêches de vigne pochées au nectar bourguignon

Vin conseillé : Côtes-du-Rhône

1 Faire tremper la viande à l'eau froide une nuit ou simplement 2 h selon son degré de salaison (s'en informer auprès du charcutier).
2 Mettre le petit salé dans un faitout. Le recouvrir d'eau froide. Amener doucement à ébullition. Écumer. Cuire lentement pendant 1 h 30.
3 Au bout de ce temps, mettre les lentilles dans une casserole, les couvrir d'eau froide. Amener à ébullition. Aux premiers bouillons, vider le contenu de la casserole dans une passoire.
4 Dans une cocotte, faire chauffer le beurre et l'huile, y faire sauter l'oignon et les carottes coupés en menus morceaux. Ajouter les lentilles, l'ail écrasé et le petit salé retiré aux trois quarts cuit du faitout. Poivrer. Couvrir le tout d'eau froide. Amener à ébullition et faire cuire à feu doux environ 45 min. Avant la fin de la cuisson, vérifier l'assaisonnement et saler si c'est nécessaire.
5 Mettre les lentilles entourées des morceaux de petit salé dans un plat creux. Parsemer de persil haché. Servir chaud.

Porc à la caroline et cake au maïs

Ingrédients

- 1 épaule de porc avec l'os,
- 4 gousses d'ail,
- 25 cl de vinaigre de cidre,
- 3 feuilles de laurier,
- poivre noir en grains

Pour la sauce :

- 50 cl de vinaigre de cidre,
- 1 cuillerée à café de poivre de Cayenne

Pour le cake

- 1 boîte de 250 g de maïs en grains,
- 3 œufs,
- 200 g de beurre ramolli + 1 noix,
- 220 g de farine,
- 1/2 sachet de levure,
- sel, poivre

6 personnes

1 Mettre l'épaule dans un grand faitout, la recouvrir d'eau et la porter à ébullition. Ajouter l'ail épluché, le vinaigre, le laurier et le poivre en grains. Laisser frémir 1 h à couvert.

Pendant ce temps, préparer le cake.

1 Préchauffer le four th. 6 (180°). Beurrer un moule à cake, casser les œufs dans un cul-de-poule, ajouter le beurre ramolli, le sel, le poivre et mixer jusqu'à l'obtention d'une pâte lisse.

2 Ajouter la farine et la levure, mélanger.

3 Egoutter le maïs, l'incorporer à la préparation, et verser le tout dans le moule.

4 Faire cuire environ 45 min.

5 Ensuite, égoutter la viande, la disposer dans un plat et l'arroser avec les 50 cl de vinaigre et le poivre de Cayenne.

6 Cuire au four durant 1 h en l'arrosant régulièrement du jus de cuisson.

Présentation

Servir la viande accompagnée du cake découpé en tranches.

Menu

Grosses ravioles de morteau et foie gras de canard, filet d'huile de colza grill

•

Porc à la caroline et cake de maïs

•

Tarte au chocolat

Vin conseillé : Châtillon-en-Diois

Pot-au-feu de cochon

Ingrédients

- 2 palettes fraîches de cochon,
- 1 jambonneau,
- 10 pommes de terre charlotte,
- 1 oignon piqué d'un clou de girofle,
- 1 bouquet garni,
- 2 choux verts,
- gros sel,
- poivre,
- persil plat.

8 personnes

30 min

environ 1 h 45

Menu

Consommé de légumes au foie gras, crêtes et rognons de coq

•

Pot-au-feu de cochon

•

Salade de fruits à la normande

Vin conseillé : Lussac Saint Émilion

1 Dans un grand faitout mettre les viandes, recouvrir d'eau froide. Ajouter l'oignon, le bouquet garni. Porter à ébullition en écumant régulièrement.

2 Assaisonner de gros sel et cuire environ 1 h 30. Éplucher les pommes de terre. Préparer les choux en retirant les grosses côtes. Dans une casserole d'eau froide, démarrer la cuisson du chou ; à ébullition, ajouter les pommes de terre, saler et cuire 15 min.

3 Découper la viande, dresser dans un plat creux les légumes et dessus le pot-au-feu. Parsemer de persil plat ciselé et d'un peu de gros sel. Servir accompagné de moutarde et de cornichons.

Potée

Ingrédients

- 1 kg d'échine de porc,
- 1 jarret de porc,
- saucisses fumées,
- 1 chou,
- carottes,
- navets,
- poireaux,
- pommes de terre.

6 personnes

1 h + 2 h pour dessaler

2 h

1 Disposer de 1 kg d'échine de porc demi-sel ; faire dessaler pendant quelques heures à l'eau froide en changeant au moins deux fois l'eau.

2 Placer l'échine et un jarret de porc frais dans une grande marmite avec beaucoup d'eau froide. Porter doucement à ébullition en écumant toutes les impuretés venant en surface. Stopper l'ébullition en versant un peu d'eau froide. Écumer à nouveau (cette fois, l'écume sera blanche et non pas sombre comme auparavant) et laisser cuire à petits bouillonnements pendant au moins 1 h. Ajouter alors des saucisses fumées ou non selon son goût (attention : pas de saucisse de Strasbourg ou de Francfort dont la consistance n'est pas faite pour une longue cuisson).

3 Pendant ce temps, préparer les légumes : carottes, navets, poireaux et un chou (à blanchir). Placer tous ces légumes restés entiers dans le récipient de cuisson et faire repartir la cuisson à petits frémissements pendant plus de 2 h. Ajouter alors des pommes de terre d'une qualité qui « tienne » pour 30 min de cuisson. Dans certains cas, on ajoute en même temps que les pommes de terre des poires ou des pommes.

Menu

Incontournable pâté lorrain

•

Potée

•

Gâteau au sucre

Vin conseillé :
Saint-Nicolas-de-Bourgueil

Tête de porc farcie au boudin noir

Ingrédients

- 1 tête de porc fendue,
- 5 œufs,
- 5 jaunes,
- 250 g de chapelure,
- 300 g de boudin noir,
- 600 g de pommes de terre Charlotte,
- 100 g d'oignons compotés,
- 80 g de beurre

6 personnes

1 h

2 h 30 + 20 min

Menu

Crème de potiron servie avec une quenelle de crème fraîche

●

Tête de porc farcie au boudin noir

●

Poires au vin « Belle Angevine »

Vin conseillé : Côtes de Blaye

1 Cuire la tête de porc dans un bouillon parfumé d'ail, d'un clou de girofle, d'oignons, thym, laurier, pendant 2 h 30. Au terme de la cuisson, égoutter, laisser tiédir et désosser. Conserver au tiède sous aluminium.

2 Préparer une purée bien sèche, l'enrichir avec le beurre et les oignons compotés.

3 Etaler à plat la tête de porc remise à température. Tapisser de purée. Placer le boudin au centre, piquer à l'aiguille et former deux bûches. Ficeler sans trop serrer. Mettre au réfrigérateur 2 à 3 h.

4 Casser les œufs dans un plat et rajouter les jaunes, saler. Rouler les « boudins » de tête dans les œufs puis dans la chapelure. Mettre au réfrigérateur 1 h ou plus avant de les faire cuire. Les faire dorer doucement en cocotte, puis les enfourner 20 min th. 4 (150°). A la sortie du four, trancher et servir avec une sauce ravigote.

Blanquette de veau

Ingrédients

- 1,5 kg d'épaule de veau,
- 2 oignons,
- ail,
- bouquet garni,
- 200 g de champignons blancs,
- 200 g de petits oignons,
- 50 g de crème fraîche,
- 4 œufs,
- muscade.

4 personnes

1 Bien choisir le morceau de veau qui sera utilisé. Pour 4 personnes, prévoir environ 1,5 kg de viande dans l'épaule (certains prévoient un mélange d'épaule, de flanchet et de hauts de côte, mais la préférence va à l'épaule). Couper en morceaux de 60 à 70 g ; placer dans une casserole avec de l'eau légèrement salée. Porter à ébullition et laisser bouillir quelques minutes, écumer, rafraîchir avec de l'eau froide et égoutter.
2 Remettre la viande dans une casserole la contenant juste ; couvrir de bouillon blanc avec bouquet garni, 2 oignons, 1 gousse d'ail « en chemise » (c'est-à-dire non épluchée). Bien couvrir ; porter à ébullition et laisser cuire avec frémissements pendant 40 min.
3 Faire étuver 200 g de champignons blancs entiers ; garder le jus de cette cuisson. Faire blanchir 200 g de petits oignons (« grelots ») ; prendre dans la casserole ayant servi à la cuisson de la viande 2 louches du jus passé au chinois ; mélanger au jus de cuisson des champignons et à 50 g de crème fraîche ; faire réduire et ajouter 3 ou 4 louches du jus de la viande également passé au chinois.
4 Battre 4 jaunes d'œufs avec 4 cuillerées à soupe de crème ; ajouter un peu de muscade ; verser le tout cuillerée par cuillerée dans la sauce ; y ajouter les champignons, les oignons, le jus d'un citron. Chauffer en évitant toute ébullition ; y placer les morceaux de viande. Verser le tout dans le plat de service et saupoudrer de persil haché.

Menu

Bullinada du Barcarès
(soupe de poissons)
•
Blanquette de veau
•
Quatre quarts de Caroline

Vin conseillé :
Sancerre rouge

Côtelettes de veau au cognac

Ingrédients

- 6 côtelettes,
- 50 g de beurre,
- 100 g de champignons,
- 1 gousse d'ail,
- persil,
- sel, poivre.

6 personnes

25 min

10 min

Menu

Friture de lançons

•

Côtelettes de veau au cognac

•

Rigodon aux cerises

Vin conseillé :
Listrac-Médoc

1 Trancher avec un couteau bien aiguisé la noix de chaque côtelette en deux horizontalement, jusqu'à l'os, en veillant à ne pas séparer les tranches du manche.
2 Dans une grande poêle, faire saisir à feu vif les côtelettes 30 s environ de chaque côté, pour qu'elles prennent une petite couleur.
3 Retirer du feu les côtelettes et déglacer la poêle avec un verre de cognac.
4 Porter à ébullition et flamber. Réserver le jus et les côtes de veau de côté.
5 Laver, égoutter et couper en morceaux les cèpes.
6 Pétrir dans le beurre ramolli les champignons en morceaux, le persil et l'ail haché, assaisonner de sel et poivre.
7 Garnir l'intérieur de chaque côtelette de cette farce et les entourer de filets à cuisson.
8 Mettre à four moyen pendant 30 min.
9 Arroser de la marinade de cognac 10 min avant la fin de la cuisson.
Accompagner d'une salade de pissenlits.

Côtes de veau de lait, échalotes

et ail confits « mon pépé »

Ingrédients

- 6 côtes de veau,
- 80 g de couenne de porc,
- 1,5 l de lait entier,
- 200 g d'échalotes,
- 1 tête d'ail,
- 10 cl de porto,
- 50 cl de fond de veau,
- 80 g de beurre,
- 10 cl d'huile d'olive,
- 18 laitues,
- 2 oignons,
- 6 carottes,
- 2 Kub de fond.

6 personnes

6 h (marinade)

30 min (cuisson des laitues)

1 Faire préparer des côtes de veau de lait par votre boucher.
2 Éplucher les échalotes. Conserver l'ail en chemise.
3 Faire mariner pendant 6 h les côtes de veau dans du lait entier. Éponger sur du papier absorbant. Faire colorer à l'huile d'olive dans un sautoir les côtes de veau sur les deux faces avec l'ail et l'échalote. Couvrir 4 min et cuire à l'étouffée. Déglacer avec le porto. Réduire. Mouiller au fond de veau.
4 Faire bouillir avec une noix de beurre.

Laitues braisées
1 Couper en dés les oignons et les carottes. Les suer au beurre, ainsi que les laitues (préalablement blanchies à l'eau chaude) avec les couennes de porc et du beurre. Mouiller à hauteur avec un fond de poule. Laisser cuire 30 min. Farcir les feuilles de laitues avec les dés d'oignons et les carottes.
2 Dresser sur une assiette la côte de veau. Accompagner de sa laitue braisée.

Menu

Terrine de canard au foie gras

•

Côtes de veau de lait, échalotes et ail confits « mon pépé »

•

Blanc-manger aux mûres et son coulis

Vin conseillé : un gigondas 1994

Ingrédients

- 4 côtes de veau épaisses,
- 2 jaunes d'œufs,
- 1 cuillerée à soupe de vinaigre de vin,
- sel, poivre,
- beurre.

Côtes de veau du gars Paul

4 personnes

35 min

15 min

Menu

Petites langoustines au velouté de cèpes et à l'accroche-faux-pourpier

•

Côtes de veau du gars Paul

•

Clafoutis aux fruits frais

Vin conseillé : un Saint-Julien 1997

1 Chauffer une noix de beurre dans une grande poêle. Y dorer les côtes de veau sur les deux faces, puis les cuire doucement 10 à 15 min. Les saler, poivrer. Les retirer sur un plat.

2 Mélanger les jaunes d'œufs, une cuillerée à café d'eau et le vinaigre dans une tasse. Verser dans la poêle en remuant vivement sur feu doux. Sitôt que cette sauce est liée mais sans bouillir, la verser sur les côtes de veau et servir.

Côtes et ris de veau

aux pistaches et jus de betterave

Ingrédients

- 4 côtes de veau de 100 g,
- 300 g de ris de veau,
- 2 échalotes,
- 50 g de champignons de Paris,
- 50 g de dés de jambon,
- 30 g de beurre noisette,
- 60 g de crème liquide,
- 40 g de pistache,
- 2 cl d'huile,
- 300 g de betterave crue,
- 2 brins de persil,
- 1/2 citron,
- 50 g de beurre,
- sel, poivre.

4 personnes

1 Dégorger les ris de veau : les tremper dans de l'eau fraîche 12 à 24 h pour éliminer les traces de sang.
2 Blanchir les ris de veau : dans une grande casserole d'eau froide légèrement salée, porter à ébullition les ris de veau puis les refroidir sous l'eau.
3 Dénerver les ris de veau : retirer les peaux fines ainsi que les grosses veines.
Couper les ris de veau en petits dés de 3 mm de côté.
4 Éplucher et ciseler les échalotes.
5 Éplucher, laver et couper les champignons en petits dés de 3 mm de côté.
6 Hacher finement les pistaches.
7 Équeuter, laver, essorer puis hacher le persil.
8 Éplucher puis centrifuger la betterave pour récupérer le jus.
9 Dans une casserole, réduire la crème de moitié.
Rissoler les ris de veau dans une poêle avec le beurre noisette. Une fois colorés, les éponger puis les ajouter à la crème réduite. Faire de même avec les champignons et les échalotes.
10 Ajouter, sans les poêler, les dés de jambon puis les pistaches. Bien mélanger l'appareil puis vérifier l'assaisonnement.
11 Dans une poêle, colorer à l'huile et au beurre les côtes de veau assaisonnées. Les débarrasser sur un plat allant au four. Répartir la farce sur les côtes de veau. Terminer la cuisson au four à 180 °C pendant 6 min.
12 Dans une casserole, réduire de moitié le jus de betterave puis monter au beurre. Ajouter le persil haché, le jus de citron, le sel et le poivre.
13 Napper le fond de l'assiette avec le jus de betterave puis disposer une côte de veau.

Menu

Bisque d'étrilles
•
Côtes et ris de veau aux pistaches et jus de betterave
•
Granité au champagne

Vin conseillé :
Pauillac

Ingrédients

- 1,2 kg de quasi - cul de veau ou de noix pâtissière -,
- 600 g de morilles (ou de cèpes),
- 1 tranche épaisse (150 g) de jambon de Parme coupée en dés,
- 200 g de petits lardons demi-sel,
- 500 g d'échalotes pelées,
- 100 g de carottes râpées (ou de purée de carottes surgelée),
- 1 tablette de bouillon de bœuf,
- 500 g de tout petits champignons de Paris frais ou surgelés,
- 150 g de beurre,
- 250 g de crème fraîche épaisse,
- 25 cl (1 grand verre) de vin blanc d'Anjou (coteaux de la Loire),
- 1 cuillerée à soupe de feuilles d'estragon ciselées,
- 3 jaunes d'œufs,
- sel,
- poivre,
- curry,
- farine.

6 à 8 personnes

Menu

Tarte au bleu de Gex
et aux poires

•

Cul de veau du vieux
presbytère

•

Biscuit de massepain
roulé à la mousse de cassis

Vin conseillé :
un Pessac Léognan 1999

Cul de veau

du vieux presbytère

1 Mélanger une demi-cuillerée à café de curry, une demi-cuillerée à café de sel et une demi-cuillerée à café de poivre. En frotter la pièce de viande. Laisser reposer.

2 Faire chauffer la moitié du beurre (75 g) dans une grande cocotte sur feu doux. Y dorer doucement les lardons et le jambon de Parme 6 à 8 min en remuant. Puis les retirer avec une écumoire et les réserver.

3 Dans la graisse de la cocotte, dorer la viande de la même manière : doucement sur toutes ses faces.

4 Saupoudrer d'une cuillerée à soupe de farine, dorer encore 1 min.

5 Ajouter les échalotes, les champignons de Paris, lardons et jambon, morilles ou cèpes, une demi-cuillerée à café de curry, sel et poivre.

6 Faire revenir le tout encore 5 à 6 min pour bien mélanger les parfums.

7 Ajouter les carottes. Mouiller avec le vin et un grand verre d'eau. Émietter la tablette de bouillon de bœuf, ajouter l'estragon et le reste de beurre frais. Racler le fond de la cocotte avec une spatule pour décoller les sucs de viande. Couvrir et faire mijoter 1 h 30 sur feu doux en remuant et en retournant de temps en temps la viande. Ensuite préchauffer le four sur th. 4 ou 160°. Sortir la viande de la cocotte et la découper. Disposer les tranches dans un plat à four.

8 Faire réduire le jus de cuisson sur feu vif. Délayer les jaunes d'œufs avec la crème fraîche. Y incorporer une petite louche du jus de cuisson réduit, verser dans la cocotte et remuer vivement pour épaissir.

9 Retirer du feu dès la consistance nappante et onctueuse obtenue, et verser sur les tranches de viande. Couvrir le plat d'aluminium ménager, le glisser dans le four. L'y laisser 20 min pour qu'il trouve tout son moelleux.

Servir accompagné d'une petite purée de pommes de terre.

Ce plat peut très bien se préparer à l'avance et se réchauffer au four. Le mettre alors à four froid, allumer le four comme il est dit précédemment et le laisser 30 à 35 min.

Escalopes de veau comtoises

1 Saler et poivrer les escalopes, les faire dorer dans l'huile dans une grande poêle, 10 min de chaque côté.
2 Les recouvrir de jambon cru et du gruyère râpé.
3 Les mettre sur un plat allant au four.
4 Dans la poêle ajouter les champignons émincés puis la crème fraîche.
5 Laisser cuire 4 à 5 min.
6 Assaisonner et napper les escalopes.

Ingrédients

- 6 belles escalopes de veau,
- 3 cuillerées d'huile,
- 100 g de champignons de Paris cuits,
- 6 tranches de jambon cru fumé,
- 100 g de gruyère râpé,
- 10 cl de crème fraîche,
- sel, poivre.

6 personnes

Menu

Rémoulade de céleri, radis noirs et Saint-Jacques au beurre de poivron

•

Escalopes de veau comtoises

•

Les pets-de-nonne aux fruits secs et aux fleurs d'acacia

Vin conseillé : Côtes du Jura

Noix de ris de veau aux morilles

Ingrédients

- 1,2 kg de ris de veau blanchis,
- 100 g de jambon cru (de pays ou de Parme) coupé en languettes,
- 100 g de petits lardons demi-sel,
- 500 g de morilles nettoyées et lavées,
- 2 échalotes finement hachées,
- 1 verre (20 cl) de madère,
- 3 cuillerées à soupe de farine,
- sel, poivre,
- beurre,
- huile.

6 personnes

30 min
35 min

Menu

Tarte à l'époisses
•
Noix de ris de veau aux morilles
•
Œuf à la neige à l'ancienne

Vin conseillé : un Gigondas domaine-des-Tourelles

1 Verser un fond (deux cuillerées à soupe) d'huile dans une sauteuse et y faire suer les morilles sur feu vif. Puis réduire le feu à moyen et laisser évaporer totalement leur eau.

2 D'autre part, chauffer une noix (50 g) de beurre dans une cocotte. Fariner légèrement les ris de veau et les faire dorer dans le beurre très chaud, presque noisette. Ajouter les échalotes, les lardons et le jambon cru. Dorer le tout 5 à 10 min, saler, poivrer, mouiller avec le madère. Remuer, ajouter les morilles.

3 Couvrir et laisser mijoter encore 20 min.

4 Servir avec une purée d'épinards et oseille.

Noix de veau au livarot

Ingrédients

- 4 pavés de noix de veau de 180 g,
- 4 tranches de poitrine de porc fumée,
- 1/2 livarot,
- 100 g de beurre,
- 30 cl de crème double,
- 10 cl de vermouth,
- 5 cl d'huile d'arachide,
- 1 kg de feuilles d'épinards bien lavées,
- 1 carotte,
- 1/2 oignon,
- quelques brins de sarriette pour la décoration,
- sel et poivre du moulin.

4 personnes

20 min

15 min

1 Piquer les pavés de veau de part en part avec des morceaux de livarot (comme pour piquer un rôti à l'ail), les entourer avec les tranches de poitrine fumée et ficeler façon tournedos.

2 Éplucher la carotte et l'oignon, couper en gros dés et faire revenir au beurre, puis déglacer au vermouth.

3 Laisser réduire et ajouter la crème, réduire à nouveau, passer au chinois et garder au chaud.

4 Dans une casserole, mettre les feuilles d'épinards à cuire quelques minutes avec un peu de beurre, assaisonner.

5 Faire chauffer de l'huile dans une poêle épaisse et faire cuire les pavés 5 min de chaque côté.

6 Fouetter doucement la sauce en incorporant le reste du beurre, assaisonner. Égoutter les épinards, les disposer au centre des assiettes chaudes, poser les pavés de veau dessus, avec un cordon de sauce autour. Parsemer de sarriette pour la décoration.

Menu

Fromage persillé de cochon au gris de Toul

•

Noix de veau au livarot

•

Caillebotte

Vin conseillé :
Médoc Château Barreyre

Osso-buco

Ingrédients

- 1 tranche de jarret de veau par personne,
- 3 cuillerées à soupe d'huile d'olive,
- 4 ou 5 navets,
- 5 ou 6 carottes,
- la moitié d'un céleri-rave,
- 3 ou 4 gros oignons,
- 2 gousses d'ail,
- 50 g de beurre,
- 10 cl de vin blanc sec,
- 1 petite boîte de concentré de tomates,
- 1 bouquet garni,
- 1 orange,
- 1 citron.

4 personnes

1 h 15

1 h

1 Bien sûr, ce plat n'est pas français d'origine et il a gardé son nom italien. Mais cet « os vide » (traduction littérale) est si intégré à la cuisine française qu'il ne peut pas ne pas être cité ici. La recette est assez longue à préparer.

2 Choisir une sauteuse assez large pour contenir à plat les tranches de jarret. Prendre une tranche de jarret de veau par personne, assez épaisse. Attention : bien vérifier que l'os n'est pas vide, la moelle qu'il doit contenir contribue au succès du plat. Les faire revenir dans de l'huile très chaude jusqu'à ce qu'elles soient dorées des deux côtés ; les enlever et les réserver.

3 Couper en julienne 4 ou 5 navets, 5 ou 6 carottes, 1/2 céleri rave, 3 ou 4 gros oignons, 2 gousses d'ail. Ajouter 40 à 50 g de beurre. Faire revenir à feu assez vif en remuant le tout avec une cuiller en bois pour que rien n'attache. Verser 20 cl de vin blanc sec, une petite boîte de concentré de tomates, 3 ou 4 cuillerées à soupe de fond de veau, un bouquet garni. Porter à ébullition en remuant bien. Replacer les tranches de jarret et laisser cuire à feu doux, couvert, pendant 1 h au moins.

4 Couper en julienne quelques zestes d'orange et de citron ; faire blanchir jusqu'à ce qu'ils s'amollissent ; égoutter et ajouter en fin de cuisson dans la sauteuse.

Menu

Terrine de sole ou de limande
•
Osso-buco
•
Galette de vexin

Vin conseillé : Bourgogne Passe-Tout-Grain

Tête de veau sauce gribiche

1 Rincer quelques minutes la tête de veau à l'eau claire.
2 Préparer une marmite avec les carottes, l'oignon, la tête d'ail coupée en deux, le poireau coupé, le bouquet garni, le vin blanc, la queue (ou le pied) de veau et quelques grains de poivre et de genièvre. Recouvrir le tout avec de l'eau (en faisant bien attention de mettre 10g de gros sel par litre d'eau). Il faut que la tête de veau soit totalement immergée le temps de la cuisson. Pour la maintenir sous l'eau, utiliser un couvercle plus petit que celui de la marmite.
3 Mettre à cuire à couvert 3 à 4 h à feu doux.
4 Pour confectionner la gribiche, monter la moutarde, le sel, le poivre, les jaunes d'œufs et l'huile en mayonnaise.
5 Puis ajouter le vinaigre, les œufs durs écrasés, les cornichons, les câpres, le persil, le cerfeuil, l'estragon, le tout haché. Réserver au frais.
6 Il est possible de préparer la tête de veau en plat principal. Dans ce cas, mettre du chou, des carottes, des navets et des pommes de terre à cuire à l'eau salée. En fin de cuisson, rajouter cette garniture de légumes dans le bouillon de tête de veau (préalablement filtré et débarrassé de sa garniture aromatique).

Ingrédients

- 1 tête de veau,
- 2 carottes,
- 1 oignon piqué de clous de girofle,
- 1 tête d'ail,
- 1 poireau,
- 1 bouquet garni,
- 20 cl de vin blanc,
- 1 queue de veau ou 1 pied de veau,
- quelques grains de poivre noir et de genièvre,
- 10 g de gros sel par litre de mouillement.

Pour la sauce gribiche :

- 1 grosse cuillerée de moutarde,
- 2 jaunes d'œufs,
- 40 cl d'huile,
- 2 cl de vinaigre de vin,
- 2 œufs durs,
- 40 g de cornichons,
- 20 g de câpres,
- 20 g de persil haché,
- cerfeuil et estragon hachés,
- sel et poivre.

6 à 8 personnes

45 min

3-4 h

Menu

Feuilleté au Butternut ou à la délicata

•

Tête de veau sauce gribiche

•

Oreillettes

Vin conseillé : Anjou Gamay

Tête de veau sauce verte

Ingrédients

- 2,5 kg de tête de veau crue, préparée,
- 1/2 langue de veau,
- 2 cervelles,
- 10 pommes de terre,
- 2 oignons,
- 2 carottes,
- bouquet garni,
- gros sel,
- clous de girofle,
- poivre en grains.

6 personnes

2 h

2 h

Menu

Jambon persillé
•
Tête de veau sauce verte
•
Mousse au chocolat

Vin conseillé :

1 Couper la tête de veau en larges morceaux.
2 Dans un faitout, mettre les oignons épluchés, coupés et piqués de deux clous de girofle, les carottes coupées, le bouquet garni, du gros sel et du poivre en grain. Verser 3 l d'eau. Porter à ébullition. Mettre dans le court-bouillon la tête de veau et la langue. Laisser cuire à frémissement pendant 2 h. Cuire les pommes de terre à l'eau ou à la vapeur.
3 Laver les cervelles bien nettoyées et les pocher à l'eau salée vinaigrée.
4 Préparer le service en retirant du bouillon les morceaux de tête de veau. Les placer sur un plat creux chauffé. Ajouter les cervelles égouttées et coupées en quatre. Retirer la peau de la langue de veau et la couper en six morceaux.
5 Disposer les pommes de terre tout autour.

Préparer la sauce : hacher finement un gros bouquet de persil et de fines herbes et mettre ces herbes dans une saucière. Faire chauffer le vinaigre, le verser dans la saucière. Ajouter deux verres du bouillon de cuisson de la tête de veau, mélanger et servir.

Caille rôtie entière,

fricassée de champignons d'automne

Ingrédients

- 6 cailles des Vosges aux filets généreux,
- beurre en motte,
- 3 échalotes,
- ail,
- persil,
- thym
- laurier ciselé,
- selon cueillette : girolles, cèpes, pieds-de-mouton...

6 personnes

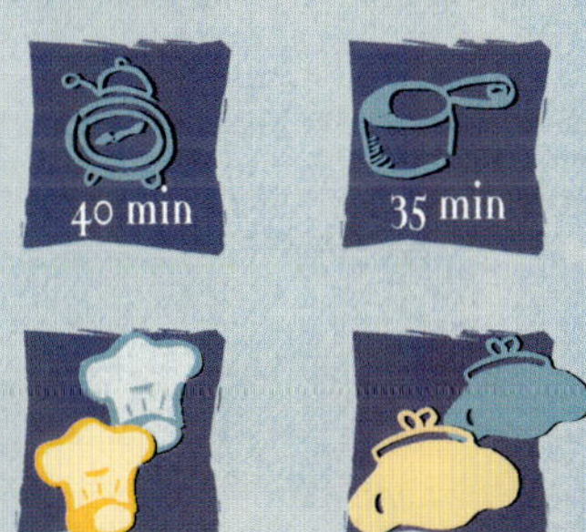

1 Nettoyer les champignons et les laver rapidement. Les jeter dans une poêle pour faire évaporer leur eau, ajouter une noix d'un bon beurre frais puis laisser en attente.

2 Dans une autre casserole, mettre une noix de beurre, les échalotes épluchées entières, une gousse d'ail, du thym et du laurier : disposer les cailles bien rangées, les saler et les poivrer. Les faire rôtir tout doucement en les retournant souvent... hum, que ça sent bon !

3 Terminer la fricassée de champignons en y ajoutant un peu d'ail haché et du persil frais finement ciselé.

4 Pour servir, disposer les cailles sur les champignons avec le jus aux échalotes.

Le marché du chef : la caille des chaumes, élevage de gibier à Bertrimoutier.

Menu

Soupe de poissons

•

Caille rôtie entière, fricassée de champignons d'automne

•

Crème caramel de Guénola

Vin conseillé :
un Château-l'Évangile
Grand Cru Pomerol

Aiguillettes de canard
sauce Périgueux

Ingrédients

- 10 cl de sauce Périgueux,
- 200 g d'aiguillettes de canard.

2 personnes

15 min

10 min

1 Enlever le nerf de chaque aiguillette.
2 Au dernier moment, griller les aiguillettes aller/retour. Assaisonner.
3 Dresser et napper de sauce.

Menu

Soupe de poissons de l'île d'Yeu
•
Aiguillettes de canard, sauce Périgueux
•
Tarte aux myrtilles

Vin conseillé : Côtes de Castillon

Canard des vergers

Ingrédients

- 1 gros canard de 3,5 kg,
- 500 g de pommes (golden),
- 300 g de pruneaux dénoyautés,
- 2 bouteilles de cidre brut,
- 2 verres de calvados,
- sel, poivre,
- 20 cl de crème.

8 personnes

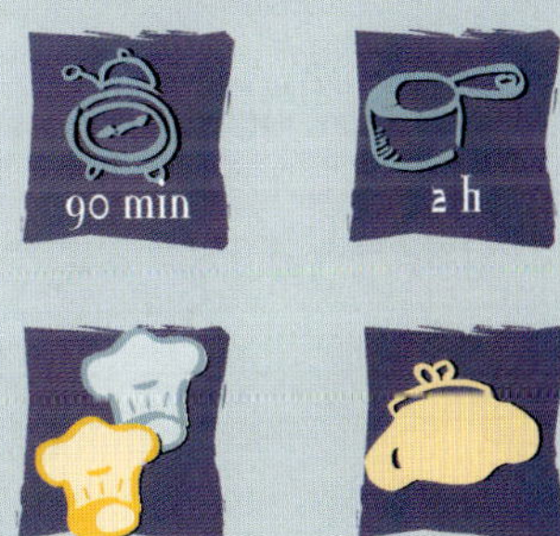

1 Couper les pommes épluchées en petits quartiers et les faire mariner avec les pruneaux et un verre de calvados pendant 2 h.

2 Prendre le canard, le désosser entièrement (cuisses et ailes) et garnir l'intérieur avec les fruits. Ne pas oublier le sel et le poivre. Ficeler comme pour obtenir un rôti roulé. Dorer cette grosse ballottine sur toutes les faces. Quand c'est doré à point, flamber au calva. Laisser cuire 1 h 30 à 2 h en ajoutant 1,5 l de la bouteille de cidre.

3 Lorsque le canard est cuit, faire votre sauce : prélever un peu de jus de cuisson, le faire recuire avec le cidre, faire épaissir avec un peu de farine, ajouter la crème et un peu de calva. Goûter pour assaisonner à votre goût.

4 Au moment de servir votre canard, enlever la ficelle, couper en tranches de 2 cm et napper avec un peu de sauce. Servir le reste dans une saucière. Vous pouvez accompagner de haricots verts et d'une purée de céleri.

Menu

Soupe au lard et au chou

•

Canard des vergers

•

Charlotte aux fruits rouges

Vin conseillé :
Mercurey rouge

Ingrédients

- 1 canard de 2,5 kg environ,
- 1/2 bouteille de Muscadet,
- 1 oignon,
- 1 carotte,
- 1 gousse d'ail,
- 200 g de beurre,
- 5 cl d'huile.

4 personnes

25 min

30 min

Canard rôti dans son jus au Muscadet

1 Nettoyer, flamber, vider et brider le canard, assaisonner, sel de Guérande, poivre intérieur et extérieur.

2 Faire chauffer la plaque à rôtir sur le feu, mettre les ailerons et le cou coupés en petits morceaux.

3 Poser le canard avec un peu d'huile et de beurre sur une cuisse, laisser quelques minutes puis le retourner sur l'autre cuisse et mettre au four chaud 15 min. sur chaque cuisse puis le mettre sur le dos et l'arroser souvent, finir de cuire 15 min.

4 Sortir le canard du four et le garder au chaud.

5 Jeter presque toute la graisse de la plaque, ajouter les légumes coupés en petits morceaux et laisser colorer, mouiller avec le Muscadet et un verre d'eau et réduire aux trois quarts, vérifier l'assaisonnement.

6 Faire dans une poêle un beurre noisette et l'incorporer dans le jus.

7 Présenter le canard entier, puis le découper, le disposer sur un plat ou sur assiettes.

8 Servir avec des pommes fruits en quartiers sautées au beurre et des raisins ou des légumes de saison.

Menu

Gâteau d'herbes à l'ancienne

•

Canard rôti dans son jus au Muscadet

•

Coupe lorraine

Vin conseillé :
Muscadet Sèvre et Maine sur lie 1990

Magret à la royale

Ingrédients

- 1 kg de magret,
- 80 g de foie gras,
- 20 g de truffes,
- 10 cl de jus de truffe,
- 50 cl de glace de viande.

6 personnes

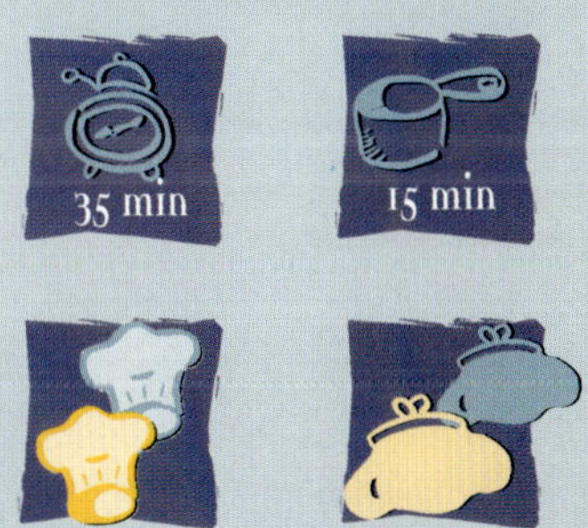

1 Faire griller le magret (côté peau en premier).
2 Faire sauter légèrement le foie gras coupé en bâtonnets ainsi que la truffe.
3 Faire réduire la glace de viande avec le jus de truffe.
4 Dresser le magret en rosace, ajouter le foie gras et la truffe puis napper le tout avec la sauce. Servir très chaud.

Menu

Mousseline de brochet à la crème d'estragon

•

Magret à la royale

•

Tarte aux pralines

Vin conseillé :
Montagne Saint-Émilion

Pintade rôtie

Ingrédients

- 1 pintade de 1 kg,
- une barde de lard,
- huile ou margarine.

4 personnes

15 min

au four : 20 min par 500 g,
à la broche : 30 min par 500 g.

Menu

Quiche lorraine
•
Pintade rôtie
•
Savoie

Vin conseillé :
Côtes de Brouilly rouge

1 La pintade rôtie se fait cuire comme le poulet rôti. Sa chair étant plus sèche a besoin d'être bardée de lard ou de tranches de poitrine fumée. Elle s'accommode de toutes les variantes du poulet rôti.

Coq au vin

Ingrédients

- 1 coq de 2 kg,
- 200 g de petits oignons,
- 200 g de petits lardons,
- 200 g de champignons de Paris,
- 5 cl d'huile,
- 50 g de beurre,
- 30 g de farine,
- 5 cl de marc de Bourgogne,
- 1 bouteille de vin rouge (Bourgogne),
- 1 oignon,
- 1 carotte,
- 3 gousses d'ail,
- 1 bouquet garni (persil, thym, laurier),
- sel, poivre,
- 10 cl de sang de volaille (facultatif).

8 personnes

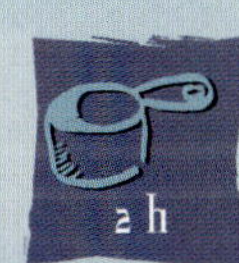

1 Couper le coq en morceaux en s'assurant de garder le foie pour la sauce.
2 Dans une marmite, faire revenir au beurre et à l'huile les petits oignons, les lardons et les champignons émincés. Une fois revenus, les retirer et les réserver.
3 Dans la même marmite, faire revenir les morceaux de coq, saler, poivrer et les saupoudrer de farine.
4 Flamber au marc de Bourgogne, ajouter la bouteille de vin rouge, l'oignon et la carotte coupés en gros morceaux, les gousses d'ail écrasées et le bouquet garni.
5 Faire mijoter à couvert pendant 2 h à feu très doux.
6 En fin de cuisson, retirer la garniture aromatique et ajouter les petits oignons, les lardons et les champignons.
S'il est possible de se procurer du sang chez son charcutier, écraser le foie du coq avec le sang et mettre le mélange dans la sauce. Servir. Il est possible d'accompagner ce plat de petits croûtons frits.

Menu

Flan de Saint-Jacques et de poireaux à la truffe
•
Coq au vin
•
Cassolette de fruits secs au Marsannay rosé

Vin conseillé : un Barsac 2000 Château Suau

Cuisses de poulet au gros sel

Ingrédients

- 1 cuisse de poulet par personne.

Pour la farce :

- 400 g de chair à saucisse,
- 100 g de champignons frais hachés et sautés au beurre,
- 20 g de champignons secs hachés très fin,
- 50 g de chapelure,
- 2 œufs,
- poivre,
- pas de sel, la chair étant déjà salée, mais souvent, pas assez poivrée.

8 à 10 personnes

50 min

7-8 min

Menu

Bouquet du Croisic à la fleur de sel et laitue de mer

•

Cuisses de poulet au gros sel

•

Tourte aux prunes

Vin conseillé :
Côtes du Roussillon Villages de la Tour de France

1 Désosser ou faire désosser en laissant le bout d'os du pilon.
2 Après avoir poivré, introduire la farce (60 à 80 g) en ayant soin de bien remplir le fond.
3 Fermer la gigolette en ramenant le plus de peau possible afin de bien recouvrir la farce.
4 Mélanger le tout soigneusement.
5 Pour la cuisson, disposer les gigolettes sur une feuille d'aluminium et les recouvrir de gros sel. La cuisson s'effectue à four chaud th. 7-8 pendant 15 min.

Poule au blanc

Ingrédients

- 1 belle poule pas trop grasse de 2 kg environ,
- 1 citron,
- 3 carottes coupées en quatre,
- 3 navets coupés en quatre,
- 250 g de petits oignons ou d'échalotes pelés,
- 250 g de petits champignons de Paris,
- 1 pincée de noix de muscade râpée,
- 1 gousse d'ail,
- 1 bouquet garni,
- 2 grosses branches d'estragon,
- sel, poivre,
- 300 g de riz rond.

Pour la sauce :

- 1 grosse noix (60 g) de beurre,
- 60 g de farine (3 cuillerées à soupe),
- 6 cuillerées à soupe (200 g) de crème fraîche,
- 2 jaunes d'œufs,
- 2 cuillerées à soupe d'estragon ciselé.

6 personnes

30 min

1 h 30

1 Frotter la peau de la poule avec le citron coupé en deux. Saler, poivrer l'intérieur et introduire deux branches d'estragon frais. Mettre la poule dans une grande marmite avec les carottes, navets, oignons, champignons. Ajouter la gousse d'ail, le bouquet garni, sel, poivre et noix de muscade. Presser le citron dont on a frotté la volaille et en arroser le tout. Couvrir d'eau, porter à ébullition, écumer. Réduire le feu à doux, couvrir et laisser cuire doucement 1 h 30.

2 D'autre part, faire cuire le riz 10 min à l'eau bouillante salée, l'égoutter, le rincer sous l'eau courante. Le verser dans une casserole et le recouvrir de bouillon de poule. Laisser finir de cuire et entièrement absorber le liquide, encore environ 20 min à feu très doux.

Préparer la sauce

1 Faire fondre le beurre dans une casserole sur feu doux et y cuire la farine 3 à 4 min en remuant sans la roussir.

2 Ajouter petit à petit du bouillon de poule jusqu'à obtenir une sauce fluide (environ 70 cl). Laisser cuire 10 min.

3 Au moment de servir lier la sauce avec les jaunes mélangés à la crème fraîche sans faire bouillir. Ajouter l'estragon ciselé et rectifier l'assaisonnement. Découper la poule sur un plat, l'entourer des légumes et la napper de sauce. Présenter le riz à part et le reste de sauce en saucière.

Menu

Assiette de jeunes légumes « Martine »

•

Poule au blanc

•

Tarte de semoule au cassis et coulis de sureau

Vin conseillé :
Saint-Joseph rouge 1997

Poule au pot de Sorgues

Ingrédients

- 1 poule grasse de 2 ou 3 kg,
- 8 carottes,
- 8 navets,
- 1 chou blanc,
- 4 poireaux,
- 8 pommes de terre.

Eléments de la farce

- mie de pain,
- sang,
- ail haché,
- persil haché,
- dés de lard salé (50 g),
- 1 à 2 œufs (afin de lier la farce).

Eléments de la sauce

- 6 jaunes d'œufs,
- 2 cuillerées à soupe de vinaigre rouge,
- 50 cl d'huile,
- sel, poivre,
- fines herbes
- 2 œufs durs hachés.

8 personnes

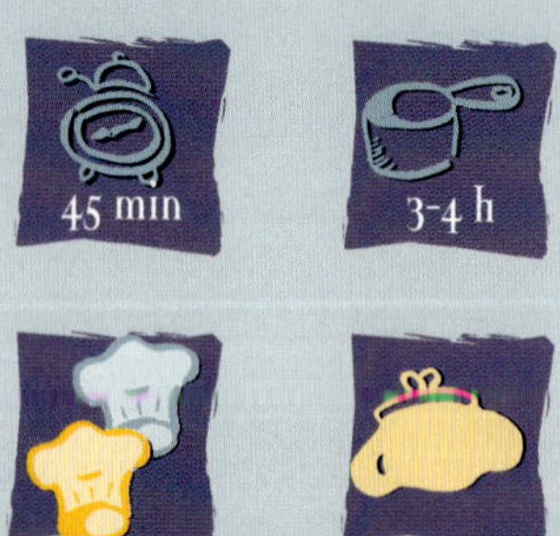

Menu

Poêlée de Saint-Jacques en nage de muscadet

•

Poule au pot de Sorgues

•

Tourte aux mirabelles

Vin conseillé : Fitou

Préparation de la farce

1 Mélanger tous les éléments et farcir la poule

Préparation de la sauce

1 Fouetter les jaunes avec le vinaigre au bain-marie jusqu'à obtention d'une émulsion.
2 Ajouter l'huile en fouettant énergiquement et mettre les fines herbes, les œufs durs hachés.
3 Vérifier l'assaisonnement.

Cuisson de la poule

1 La cuire dans un bouillon pendant 3 ou 4 h, mettre les légumes à mi-cuisson (sauf les pommes de terre) que l'on ajoutera 15 min avant la fin.
2 Servir avec la sauce tiède.

Poulet
« Monsieur Beaucaire »

1 Préparer d'abord la farce. Faire revenir rapidement les foies de volailles au beurre et lorsqu'ils sont légèrement cuits, les hacher grossièrement.
2 Hacher les échalotes, les oignons, les champignons et faire revenir l'ensemble avec une cuillerée d'huile d'olive, sans colorer. Dans une jatte, mélanger les foies, le hachis, la panure blanche, les jaunes d'œufs, sel et poivre. Mêler bien l'ensemble.
3 Le poulet étant vidé et bien préparé, le farcir avec le hachis, le brider et le barder.
4 Dans une cocotte, verser un demi-verre d'huile d'olive. Enduire le poulet d'huile et le placer dans la cocotte. Mettre les gousses d'ail épluchées autour du poulet. Enfourner la cocotte couverte à four chaud (th. 8, 240°) préchauffé, pendant 40 min. Faire griller à feu vif les poivrons qui vont servir pour la garniture. Lorsqu'ils seront bien noirs et cloqués, retirer la fine peau noircie, les couper en quatre, retirer les pépins. Les faire frire rapidement à l'huile. Préparer la sauce. Hacher très finement les deux échalotes et le petit oignon. Mettre ce hachis dans une casserole avec 50 g de beurre. Faire cuire doucement sans roussir. Hors du feu, ajouter la farine, mélanger et mouiller avec le bouillon chaud. Saler et poivrer. Remettre sur le feu et tourner à la spatule pour obtenir une bouillie lisse. Ajouter peu à peu la crème et chauffer très doucement en continuant de remuer.
5 Dès que le poulet est à ce point de cuisson incomplète, le faire égoutter et le mettre dans un plat ovale à rôtir. Mettre de côté les gousses d'ail qui feront partie de la garniture. Ajouter le jus de cuisson à la sauce, bien mélanger.
6 Arroser le poulet avec la moitié de la sauce et le mettre au four pendant 20 min, d'abord sur le ventre, ensuite sur le dos.
7 Dans une casserole, faire chauffer le bouillon et la carthagène. Ajouter les olives noires dénoyautées, donner un bouillon et égoutter.
8 Pour servir, sur un plat long chauffé, disposer le poulet découpé et la farce au centre. Placer tout autour la garniture faite des gousses d'ail, des poivrons frits coupés en lanières et des olives noires chaudes.
9 Verser le reste de la sauce dans une saucière chauffée et servir aussitôt.

Ingrédients

- 1 beau poulet,
- 1 barde fine,
- 25 gousses d'ail,
- 1/2 verre d'huile d'olive.

Pour la farce :

- 1 échalote,
- 1 petit oignon,
- 200 g de champignons de couche,
- 3 foies de volailles,
- 3 cuillerées à soupe de panure blanche,
- 2 jaunes d'œufs,
- sel et poivre.

Pour la sauce :

- 50 g de beurre,
- 2 échalotes,
- 1 petit oignon,
- 1 cuillerée de farine,
- 2 verres de bouillon,
- 200 g de crème,
- sel et poivre.

Pour la garniture :

- 3 poivrons rouges,
- 200 g d'olives noires,
- 1 verre de bouillon,
- 3 cuillerées d'huile d'olive,
- 1 verre de carthagène.

(La carthagène est un ratafia qui peut être remplacé par un pineau des Charentes.)

4 à 5 personnes

Menu

Vol-au-vent d'Amboise
•
Poulet « Monsieur Beaucaire »
•
Œufs en chocolat

Vin conseillé :
un Nuit Saint Georges 1996

Poulet de la ferme au cidre

Ingrédients

- 1 poulet fermier de 1,8 kg environ,
- 3 gros oignons,
- 3 gousses d'ail,
- 250 g de lard fumé,
- 250 g de champignons de Paris,
- 1 bouteille de cidre très sec,
- 100 g de beurre,
- farine,
- vinaigre de cidre,
- sel et poivre.

4 personnes

30 min

1 h

1 Découper le poulet en huit morceaux. Saler et poivrer. Les recouvrir de 50 cl de cidre. Ajouter une larme de vinaigre de cidre. Mélanger et laisser macérer 1 h dans un endroit frais.
2 Peler et émincer les oignons.
3 Couper le lard en dés. Faire fondre un beau morceau de beurre dans un sautoir. Quand il est bien chaud, y faire rissoler les oignons émincés et les lardons. Bien remuer.
4 Égoutter les morceaux de poulet. Jeter le jus de la marinade.
5 Réserver lardons et oignons.
6 Dans le beurre de cuisson, faire dorer les morceaux de poulet sur toutes les faces. Saler puis poivrer.
7 Couper la partie sableuse du pied des champignons. Les laver rapidement à l'eau citronnée et les couper en lamelles régulières. Faire revenir les champignons dans le sautoir et remettre oignons et lardons réservés. Mouiller avec le reste du cidre.
8 Peler l'ail et l'écraser à la fourchette. Mélanger cette purée au cidre. Couvrir et laisser la cuisson s'achever à petit feu.
Quand le poulet est cuit, dresser ses morceaux dans le plat de service et maintenir au chaud.
9 Dans un bol, travailler à la spatule en bois une petite cuillerée de farine et une petite cuillerée de beurre. Ajouter ce beurre manié à la sauce au cidre et mélanger 1 à 2 min à feu doux.
10 Napper le poulet de cette remarquable sauce et servir aussitôt avec un plat de pommes rissolées et de haricots verts cuits « al dente ».

Menu

Tourte aux champignons
•
Poulet de la ferme au cidre
•
Méli-mélo de fruits rouges au muscadet

Vin conseillé : Gigoudas

Poulet Gaston-Gérard

Ingrédients

- 1,8 kg de poulet fermier,
- 5 cl d'huile,
- 100 g de beurre,
- 2 oignons,
- 1 échalote,
- 30 cl de vin blanc sec (Aligoté),
- 50 cl de crème fraîche,
- 100 g de gruyère râpé,
- 80 g de moutarde de Dijon,
- sel et poivre.

6 personnes

25 min

35 min

1 Couper le poulet en morceaux. Dans un sautoir, mettre l'huile et 50 g de beurre et faire rissoler le poulet pendant 15 min. Retirer les morceaux et dégraisser.

2 Ensuite, dans le sautoir, faire revenir l'échalote et les oignons finement ciselés avec 50 g de beurre. Ajouter le vin et remettre les morceaux de poulet à cuire.

3 Faire mijoter quelques minutes puis ajouter la crème. Saler, poivrer et faire cuire à feu doux pendant 20 min.

4 Retirer les morceaux de poulet du sautoir et lier la sauce à la moutarde.

5 Dans le fond d'un plat à gratin, mettre la moitié du gruyère râpé puis les morceaux de poulet et la sauce. Recouvrir du gruyère râpé restant et gratiner le tout au four. Servir.

Menu

Poêlon du Metsi de chez Sancey

•

Poulet Gaston-Gérard

•

Gâteau aux pommes

Vin conseillé : un Bordeaux Côtes-de-Francs 1996

Desserts

Clafoutis aux cerises

Ingrédients

- 500 g de cerises,
- 3 œufs,
- 100 g de sucre,
- 100 g de beurre,
- 50 g de farine, autant de fécule,
- 25 cl de lait,
- 1 verre de kirsch.

6 personnes

15 min

30 min

Menu

Mousseline de brochet à la crème d'estragon

•

Joues de porc au pain d'épice et fenouil, jus au thé

•

Clafoutis aux cerises

Vin conseillé :
Crémant d'Alsace

1 Laver et équeuter 500 g de cerises : dans un moule à clafoutis beurré, ranger les cerises les unes contre les autres.

2 Par ailleurs, mélanger 2 jaunes d'œufs, ajouter 100 g de sucre, mélanger longuement, ajouter 1 œuf entier, mélanger. Ajouter 100 g de beurre en pommade, 50 g de farine, 50 g de fécule. Mélanger à nouveau le tout longuement.

3 Ajouter enfin 25 cl de lait et un verre de kirsch.

4 Cet ensemble doit être une pâte très liquide ; la verser sur les cerises dans le moule. Faire cuire environ 30 min à four chaud (180°).

Clafoutis aux fruits frais

Ingrédients

- 4 œufs,
- 150 g de farine,
- 150 g de sucre,
- fruits frais,
- 75 cl de lait,
- alcool (eau-de-vie).

8 personnes

1 Mélanger la farine, les œufs, le sucre puis rajouter le lait froid et l'alcool.

2 Verser la pâte sur les fruits dans un moule beurré et fariné.

3 Cuisson à four chaud 200° pendant 30 min.

Menu

Terrine de sole ou de limande

•

Tête de veau sauce verte

•

Clafoutis aux fruits frais

Vin conseillé : Faugères rosé

Far aux pruneaux

Ingrédients

- 2 bonnes poignées de pruneaux dénoyautés.

Pour la pâte :

- 125 g de farine,
- 125 g de sucre,
- 2 sachets de sucre vanillé,
- 4 œufs,
- 2 cuillerées à soupe de rhum,
- 1/2 sachet de levure chimique,
- 75 cl de lait entier,
- 1 pincée de sel.

6 personnes

10 min

35 min

Menu

Bouillabaisse

•

Noisettes d'agneau de pré-salé aux salicornes, émulsion d'ail doux « François P. »

•

Far aux pruneaux

Vin conseillé :
Saumur rouge

Préparer la pâte :

1 Préchauffer le four sur th. 8 ou 240 °C.

2 Mélanger dans une jatte la farine, la levure chimique, le sucre, le sucre vanillé et la pincée de sel.

3 Creuser un puits, y casser les œufs. Tourner en mélangeant avec une cuillère en bois en commençant par le centre et en élargissant les cercles pour incorporer petit à petit la farine.

4 Ensuite, faire chauffer le lait avec le rhum et le verser lentement sur la pâte en tournant vivement le mélange.

5 Faire chauffer les pruneaux avec le lait.

6 Verser doucement le lait dans la pâte, les pruneaux restant au fond de la casserole arriveront en dernier.

7 Faire cuire 35 min.

Flan au cidre

Ingrédients

- 100 g de farine tamisée,
- 100 g de sucre semoule,
- 3 pommes acides,
- 3 œufs,
- 1 verre de lait,
- 1 verre de cidre doux,
- beurre,
- sucre glace,
- sel.

6 personnes

Menu

Balinada du Bacarès
(soupe de poissons)
•
Côtes de veau du gars Paul
•
Flan au cidre

Vin conseillé :
Cidre doux

1 Beurrer généreusement un moule à manqué.
2 Éplucher les pommes. Ôter le cœur et râper la chair avec une râpe à fromage.
3 Casser et battre les œufs. Ajouter le sucre et la pincée de sel et fouetter l'ensemble jusqu'à obtenir un mélange bien mousseux. Incorporer délicatement la farine et travailler à la cuiller en bois pour que la pâte soit bien lisse.
4 Ajouter progressivement le lait puis le cidre. La quantité de liquide à verser dépendra de la qualité de la farine. La pâte doit être fluide mais surtout pas trop liquide.
5 Incorporer la purée de pomme et verser la préparation dans le moule. Enfourner la préparation pour une cuisson de 40 min à four moyen.
6 Servir ce dessert tiède, saupoudré de sucre glace.

Milla

Ingrédients

- 50 cl de lait,
- 250 g de farine de maïs,
- 6 cuillerées à soupe de sucre,
- 3 œufs,
- 75 g de beurre fondu,
- 1 pincée de sel,
- 1/2 verre de cognac.

6 personnes

30 min | 30 min

Menu

Petits choux au comté

•

Filets de sole à la mode des pommes

•

Milla

Vin conseillé :
Coteaux du Layon

1 Délayer les jaunes d'œufs avec le sucre.
2 Ajouter en pluie la farine, une pincée de sel, le beurre fondu et le cognac. Bien mélanger.
3 Verser sur la préparation le lait tiède et en dernier les blancs battus en neige, en mélangeant délicatement l'ensemble pour obtenir une bouillie homogène sans trop écraser les blancs.
4 Beurrer un plat profond allant au four. Y verser la préparation et faire cuire à feu vif, environ 30 min.
5 Le milla est cuit lorsqu'il se présente avec la base devenue consistante et le dessus comme un flan. Il se déguste chaud.

Riz au lait aux saveurs exotiques

Ingrédients

Riz au lait :
- 60 cl de lait,
- 40 g de citronnelle,
- 4 brins de coriandre fraîche,
- 2 g de galanga,
- 80 g de riz rond,
- 1 zeste d'orange,
- 1 zeste de citron,
- 1 feuille de gélatine,
- 1 pincée de cannelle,
- 130 g de crème liquide.

Glace au riz :
- 50 cl de lait,
- 40 g de riz basmati,
- 15 g de noix de coco râpée,
- 10 g de gingembre,
- 1/2 zeste de citron,
- 115 g de sucre,
- 1 boîte de lait de coco.

8 personnes

30 min

20 min

Riz au lait

1 Dans une casserole, porter à ébullition le lait et infuser avec la citronnelle coupée en rondelles, les brins de coriandre et le galanga.
2 Laisser refroidir puis passer.
3 Blanchir le riz (couvert d'eau froide puis porté à ébullition).
4 L'égoutter.
5 Cuire le riz dans le lait infusé.
6 Ajouter les zestes et la cannelle. En fin de cuisson, ajouter la feuille de gélatine préalablement trempée à l'eau froide puis essorée. Débarrasser dans un saladier.
7 Une fois refroidi, ajouter la crème fouettée puis laisser prendre au réfrigérateur.

Glace au riz

1 Dans une casserole, cuire en purée le riz avec le lait, la noix de coco, le gingembre et le zeste de citron.
2 Une fois cuit, ajouter le sucre, le lait de coco.
3 Mixer et turbiner.
4 Dresser dans une assiette, 1 cuillerée de riz au lait et 1 cuillerée de glace au riz.

Menu

Chair de tourteaux émiettés aux poireaux et avocats, crème de carotte au curry

•

Canard rôti dans son jus au muscadet

•

Riz au lait aux saveurs exotiques

Vin conseillé : rosé de Loire

Les crêpes de Tante Madeleine

Ingrédients

- 250 g de farine de froment,
- 4 œufs,
- 175 g de sucre,
- 3 sachets de sucre vanillé,
- 75 cl de lait frais entier,
- 250 g environ de beurre demi-sel pour la cuisson,
- 1 pincée de sel,
- huile.

pour 24 crêpes

15 min

40 min

Repos de la pâte : 1 h minimum voire 1 nuit

1 Préparer la pâte. Verser la farine dans une grande jatte, creuser un puits au centre et y casser un œuf. Tourner dans le puits avec une cuillère de bois en incorporant peu à peu la farine.
2 Ajouter les 3 autres œufs un à un, de la même manière, afin d'amalgamer petit à petit toute la farine.
3 Ajouter alors le sucre, le sucre vanillé, le sel et délayer petit à petit avec le lait en le versant lentement toujours au centre de la pâte.
4 Couvrir la jatte d'un linge et laisser reposer la pâte au minimum 1 h (une nuit, c'est mieux).
5 La battre 5 min avec un fouet juste avant de l'employer, en y incorporant une bonne tombée d'huile (2 cuillerées à soupe).
6 Cuire les crêpes. Travailler avec deux poêles à crêpes antiadhésives (ce qui raccourcira de beaucoup le temps de cuisson et les crêpes seront meilleures). Dans la première poêle : mettre une noix de beurre à chauffer sur feu vif. Lorsqu'il commence à fumer, retirer la poêle du feu et y verser une petite louchée de pâte. Incliner la poêle dans tous les sens pour que la pâte en recouvre bien le fond. Puis rejeter l'excédent dans la jatte. On a ainsi une crêpe extrêmement fine, sinon ajouter un peu de lait dans la pâte.
7 Faire cuire la crêpe 1 min, jusqu'à ce que les bords commencent à se colorer. Saisir alors un bord de la crêpe entre le pouce et l'index de la main gauche et la ramener sur une tournette (ou spatule). Puis d'un mouvement rapide, la soulever et la retourner dans la seconde poêle que l'on aura mise à chauffer sur feu doux avec une noisette de beurre. La laisser terminer sa cuisson le temps de garnir à nouveau la première poêle, puis la retirer sur un plat et la beurrer d'une noisette de beurre.
8 Continuer ainsi jusqu'à épuisement de la pâte. Elles seront meilleures dégustées au fur et à mesure de leur fabrication, mais on peut les garder au chaud à four doux et ouvert.

Menu

Incontournable pâté lorrain
•
Anguilles sautées
•
Les crêpes de Tante Madeleine

Vin conseillé :
Cidre doux de chez Gérard

Ambonnagéen aux biscuits roses

Ingrédients

- 4 jaunes d'œufs durs,
- 150 g de sucre,
- 250 g de beurre,
- 2 cl de marc de champagne,
- 2 feuilles de gélatine,
- 5 cl de lait,
- 1 bonne cuillerée de jus de betterave maison ou 1 demi-cuillerée à café de colorant carmin,
- 15 biscuits roses de Reims.

Sirop :

- 1 cuillerée de sucre et 10 cl d'eau,
- 2 cl de marc de champagne.

Crème anglaise :

- 75 cl de lait,
- 4 jaunes d'œufs,
- 50 g de sucre,
- 1 gousse de vanille.

6 personnes

45 min

15 min

1 Préparer le sirop de sucre aromatisé au marc de champagne. Tremper rapidement les biscuits roses dans le sirop et tapisser avec ces biscuits les bords et le fond d'un moule à charlotte.

2 Récupérer le jaune des œufs durs et l'écraser à la fourchette. Ajouter le sucre et le marc de champagne en mélangeant bien. Blanchir le mélange au fouet électrique jusqu'à obtenir une pâte bien lisse. Ajouter le beurre en pommade et continuer à battre au fouet.

3 Chauffer le lait et y faire fondre les feuilles de gélatine. Ajouter le colorant, bien mélanger et incorporer petit à petit le liquide à la crème au beurre sans cesser de remuer.

4 Verser cette crème dans le moule garni de biscuits, faire prendre au frais pendant 3 à 4 h.

5 Préparer une crème anglaise classique et la mettre au frais.

6 Démouler le gâteau sur un plat et servir avec la crème anglaise.

Menu

Soupe au lard et au chou

•

Râble de lapin au pistou

•

Ambonnagéen aux biscuits roses

Vin conseillé : Mâcon rosé

Blanc-manger aux mûres et son coulis

Ingrédients

Pour le blanc-manger :

- 250 g de fromage blanc à 40 % mg,
- 50 g de sucre glace,
- 1 gousse de vanille,
- 3 feuilles de gélatine,
- 25 cl de crème fouettée.

Pour le coulis :

- 200 g de mûres,
- 60 g de sucre semoule,
- 15 cl de crème de mûre.

6 personnes

20 min

Menu

Quiche lorraine
•
Poulet Mr. Beaucaire
•
Blanc-manger aux mûres et son coulis

Vin conseillé : Monbazillac

Préparation du blanc-manger

1 Mélanger le fromage blanc avec le sucre glace.
2 Fendre en deux la gousse de vanille.
3 Récupérer l'intérieur de la gousse de vanille et l'incorporer à l'appareil à blanc-manger.
4 Mettre les feuilles de gélatine à tremper dans un peu d'eau froide pour qu'elles ramollissent.
5 Chauffer deux cuillères à soupe d'eau, incorporer la gélatine.
6 La laisser dissoudre.
7 Mélanger avec l'appareil à blanc-manger.
8 Ajouter la crème fouettée.
9 Mouler dans de petits ramequins individuels et laisser prendre au froid.

Pour le coulis de mûres

1 Mixer les mûres avec le sucre.
2 Ajouter la crème de mûre.
3 Passer au chinois fin.

Caillebottes

Ingrédients

- 1 l de lait cru entier (ni traité ni écrémé),
- 10 morceaux de sucre,
- 2 cuillerées à café de fleur d'oranger liquide ou 2 cuillerées à café d'essence de noyau (amande amère),
- 1 cuillerée à soupe de présure (vendue en pharmacie)

6 personnes

20 min

15 min

1 Verser dans un plat allant au feu le lait dans lequel vous aurez préalablement mélangé le concentré de fleur d'oranger ou d'essence de noyau.
2 Faire tiédir le lait, très légèrement, sans le faire bouillir, en faisant fondre dix morceaux de sucre, mélangés avec une fourchette.
3 Pour s'assurer de ne pas faire trop chauffer le lait, y plonger un doigt et retirer du feu lorsque le lait devient trop chaud.
4 Hors du feu, couper en damier formant des parts individuelles sans enlever du plat.
5 Remettre sur feu doux jusqu'à ce que se produise une petite ébullition afin que le petit lait sorte à l'intérieur des fissures.
6 Enlever aussitôt du feu et faire refroidir au réfrigérateur.
7 Servir par parts individuelles, égoutté du petit lait.

Menu

Terrine de lapin au serpolet et au chardonnay de Vuillafans

•

L'agneau de pré-salé aux « monjhettes »

•

Caillebottes

Vin conseillé :
Muscat de Frontignan

Ingrédients

- 40 cl de crème liquide,
- 5 cl de lait entier,
- 5 jaunes d'œufs,
- 1 œuf,
- 100 g de sucre,
- 100 g de figues sèches,
- 50 g de pain d'épice,
- 50 g de sucre cassonade.

Crème brûlée aux figues et au pain d'épice

4 personnes

Menu

Tarte fine de saumon de fontaine
•
Fromage de tête de cochon
•
Crème brûlée aux figues et au pain d'épice

Vin conseillé : Bourgogne Clairet rosé

1 Dans une casserole, porter le lait et la crème à ébullition.
2 Battre les jaunes d'œufs, l'œuf entier et le sucre jusqu'à blanchiment de la préparation. Y ajouter le mélange de lait et de crème et le pain d'épices émietté.
3 Couper les figues en petits morceaux. Disposer les morceaux de figues au fond de petits ramequins (3 cm de haut).
4 Verser dessus la préparation puis mettre à cuire au four à 100° (th. 3/4) au bain-marie pendant 1 h. Quand elles sont cuites, mettre les crèmes au réfrigérateur.
5 Quand elles sont bien froides, les saupoudrer de sucre cassonade et les mettre quelques minutes dans un four à 250° sur position « gril » (ou « voûte »).

Crème caramel de Guenola

Ingrédients

Pour le caramel

- 14 morceaux (80 g) de sucre,
- 2 cuillerées à soupe d'eau,
- 1/2 cuillerée à café de vinaigre.

Pour la crème

- 75 cl de lait frais entier,
- 4 cuillerées à soupe de sucre,
- 1 cuillerée à café d'extrait de vanille,
- 4 œufs + 5 jaunes d'œufs,
- 1 moule à charlotte en Tefal.

6 à 8 personnes

1 Préparer un caramel roux clair avec les ingrédients donnés ci-dessus (ou acheter un caramel tout prêt) et en chemiser le moule.
2 Préparer la crème. Faire chauffer le lait avec le sucre et la vanille. Fouetter les œufs et les jaunes dans une jatte et y verser petit à petit le lait bouillant.
3 Filtrer la crème à travers un tamis fin au-dessus du moule.
4 Poser celui-ci dans un bain-marie chaud (jusqu'aux trois quarts du moule) et faire cuire 70 min à four préchauffé sur th. 4-5 ou 160°. Laisser refroidir 3 h avant de démouler.

Menu

Potje-vlesch
•
Dorade aux agrumes et au gros sel
•
Crème caramel de Guenola

Vin conseillé :
Côte de Bergerac moelleux

Crème renversée

Ingrédients

- 50 cl de lait,
- 100 g de sucre,
- 3 ou 4 œufs.

Parfums :

- 1 gousse de vanille ou un sachet de sucre vanillé.

Caramel :

- 50 g de sucre,
- 3 cuillerées à soupe d'eau,
- 2 gouttes de vinaigre ou jus de citron.

Matériel :

- 1 verre mesureur,
- 1 terrine,
- 1 cuillère de bois,
- 2 casseroles,
- 1 moule à soufflé ou à charlotte.

5 ou 6 personnes

15 min

à l'autocuiseur, 8 à 10 min ; au four, 30 à 40 min. Th 5-6 ou 200-250°.

Menu

Moules à la crème
•
Biftecks à la montaigu
•
Crème renversée

Vin conseillé :
Saint-Peray mousseux

1 Faire le caramel. Faire fondre dans une casserole le sucre avec l'eau et le vinaigre qui évite la cristallisation. Porter ensuite à feu vif sans tourner. Quand le caramel est blond, le verser dans un moule à soufflé ou à charlotte pour le caraméliser. Napper le fond et les côtés en faisant tourner le moule sur lui-même.

2 Faire bouillir le lait avec le sucre et la gousse de vanille.

3 Battre les œufs en omelette. Ajouter le lait bouillant petit à petit en fouettant sans arrêt.

4 Verser la crème dans le moule caramélisé.

5 Vous pouvez la faire cuire soit à four moyen au bain-marie (c'est-à-dire en mettant de l'eau chaude dans la lèchefrite du four), soit à l'autocuiseur en y mettant 2 cm d'eau. Il faut alors couvrir le moule d'une assiette et le déposer le moule dans le panier souple. Fermer ensuite l'autocuiseur et laisser cuire 8 min à partir du chuchotement de la soupape et à feu très doux. La crème ne doit pas bouillir sinon elle se décompose.

6 Laisser refroidir la crème avant de la démouler sur un plat creux.

7 La crème est cuite quand la pointe d'un couteau en ressort lisse.

Mousse au chocolat

Ingrédients

- 2 œufs,
- 100 g de chocolat,
- 20 g de beurre (facultatif),
- 20 à 40 g de sucre.

Parfums :

- 1 cuillerée à soupe de rhum,
- de cognac,
- de kirsch
- ou de liqueur d'orange.

3 ou 4 personnes

15 min.
Réfrigérateur : 2 à 3 h.

10 min

1 Faire fondre le chocolat et le beurre (facultatif) au bain-marie (c'est-à-dire en interposant entre la source de chaleur une casserole d'eau chaude) ou sur un diffuseur. Incorporer les jaunes puis le sucre et l'alcool de son choix.

2 Battre les blancs en neige ferme avec une pincée de sel. Les incorporer délicatement avec la spatule en caoutchouc en soulevant la préparation.

3 Mettre la mousse à prendre 2-3 h au réfrigérateur.

N.B. : Vous pouvez faire la mousse au chocolat en n'utilisant que les blancs d'œufs.

Menu

Assiette « galipette »
•
Vieille au four
•
Mousse au chocolat

Vin conseillé :
Rosé de Provence

Ingrédients

- 3 pommes pas très mûres et acidulées,
- 1 citron,
- 300 g de sucre,
- 3 cuillerées à soupe d'eau-de-vie de cidre ou calvados,
- 20 cl de crème fraîche liquide (non allégée) et bien froide.

Pour les croquants de pomme

- 1 sachet (50 g) de chips de pomme (crousti pomme),
- 150 g de sucre.

6 personnes

40 min. Refroidissement de la compote : au minimum 2 h.

20 min

Mousse d'avalou aux croquants de pomme

1 Laver les pommes, les couper, avec peau et pépins, en morceaux dans une casserole.

2 Ajouter le sucre, l'eau-de-vie de cidre, le zeste (en fines lamelles), le jus du citron et un tiers de verre d'eau. Couvrir et laisser cuire en compote sur feu doux (15 à 20 min). Puis passer cette compote au moulin à légumes, jeter peaux et pépins, laisser refroidir la compote et la réfrigérer 2 h au minimum, voire une nuit.

3 Fouetter la crème fraîche en chantilly ferme. L'amalgamer à la compote froide. Remplir 6 coupes à glace de cette mousse d'avalou et la réserver dans le réfrigérateur jusqu'au moment de servir.

4 Préparer les croquants de pomme. Huiler légèrement (avec un tampon de papier absorbant imbibé d'huile) une feuille de papier sulfurisé et la poser sur le plan de travail.

5 **Faire un caramel doré :** verser le sucre dans une petite casserole avec 3 cuillerées à soupe d'eau. Amener à ébullition sur feu moyen en remuant avec une cuillère de bois jusqu'à dissolution du sucre. Retirer la cuillère, saisir la casserole par le manche et la faire tourner sur le feu pour chauffer uniformément le caramel. Dès que celui-ci prend une jolie teinte dorée, retirer du feu et plonger la casserole dans un bain-marie bouillant. Porter l'ensemble sur le plan de travail.

6 Rapidement, à l'aide d'une pince à épiler, tremper les chips de pomme un par un dans le caramel et les étaler sur la feuille de papier sulfurisé.

7 Les laisser sécher et durcir, puis les ranger dans une boîte en plastique jusqu'au moment de servir.

8 Pour servir. Piquer 5 à 6 croquants de pomme dans chaque coupe de mousse d'avalou et servir de suite.

9 Je vous conseille pour obtenir une crème chantilly ferme : d'abord d'employer une crème fraîche très froide ; de la fouetter avec un batteur à blanc d'œufs, dans un récipient adapté à la quantité de crème, c'est-à-dire, pour 20 cl de crème, un bol haut et étroit, afin que les fouets du batteur y plongent.

Menu

Feuilleté d'asperges vertes aux cornes d'abondance
•
Papillotes de truite (ou de saumon) au chou et lard
•
Mousse d'avalou aux croquants de pomme

Vin conseillé :
Crémant de Loire rosé

Œufs à la neige à l'ancienne

Ingrédients

- 1 l de lait entier (de préférence cru),
- 1 gousse de vanille,
- 8 jaunes d'œufs,
- 150 g de sucre.

Pour les boules de neige :

- 6 blancs d'œufs,
- 1/2 cuillerée à café de jus de citron,
- 1 bonne pincée de sel,
- 300 g de sucre,
- 1 sachet de sucre vanillé.

Pour le caramel :

- 150 g de sucre,
- 1 cuillerée à café de jus de citron.

6 personnes

30 min — 15 min

Préparer la crème anglaise :
Ouvrir la gousse de vanille en deux et la plonger dans le lait. Faire chauffer doucement sur feu doux.

Préparer les boules de neige
Battre les blancs d'œufs en neige fermes (5 min) avec le jus de citron et le sel. Y incorporer progressivement les 2 sucres en continuant de fouetter. Réserver au froid.

Finir la crème
1 Gratter la gousse de vanille pour parfumer le lait au maximum puis la jeter. Tourner les jaunes d'œufs en mousse avec le sucre.
2 Ajouter petit à petit le lait bouillant. Renverser le tout dans la casserole. Faire épaissir en remuant sur feu doux jusqu'à ce que la crème soit onctueuse et nappe le dos de la cuillère.
3 Simultanément, préparer le caramel.
4 Faire fondre le sucre avec le jus de citron et les 3 cuillerées à soupe d'eau sur feu doux. Imprimer ensuite un mouvement de rotation à la casserole en soulevant celle-ci en la remettant sur le feu jusqu'à la coloration désirée.

Pour terminer
1 Verser la crème anglaise brûlante dans une jatte large.
2 Déposer dessus des boules de neige en faisant vite afin que la chaleur de la crème saisisse les blancs. Puis arroser de caramel brûlant. Les boules de neige ainsi saisies entre deux chaleurs intenses seront cuites et resteront fermes.
3 Laisser refroidir totalement avant de réfrigérer.

Menu

Jambon persillé
•
Perche meunière aux zestes d'orange et citron
•
Œufs à la neige à l'ancienne

Vin conseillé :
Jurançon

Œufs à la neige à la bergamote

Ingrédients

Pour la crème anglaise :
- 50 cl de lait,
- 5 jaunes d'œufs,
- 125 g de sucre,
- extrait de bergamote.

Pour les blancs en neige :
- 5 blancs d'œufs,
- 100 g de sucre en poudre,
- 1 gousse de vanille.

4 personnes

25 min

10 min

Menu

Crème de potiron aux coques et noisettes
•
Porc à la caroline et cake au maïs
•
Œufs à la neige de bergamote

Vin conseillé : Muscat de Beaumes-de-Venise

1 Faire chauffer le lait dans une casserole.
2 Mettre dans un saladier les jaunes d'œufs, les 125 g de sucre et fouetter.
3 Verser le lait sans cesser de remuer, remettre dans une casserole et cuire doucement sans arrêter de remuer en évitant de porter à ébullition.
4 Laisser refroidir. Ajouter quelques gouttes d'extrait de bergamote.
5 Battre les blancs en neige bien ferme en incorporant le sucre en poudre petit à petit.
6 Dans une casserole, faire chauffer de l'eau avec une gousse de vanille fendue en deux.
7 Pocher les blancs moulés à la louche, les faire cuire environ 1 min sur chaque face puis les poser sur un papier absorbant.
8 Verser la crème anglaise dans un plat creux. Disposer dessus les blancs en neige.
9 Pour décorer, on peut parsemer d'amandes effilées grillées, ou verser du caramel sur les blancs.

Œufs à la neige de la croisette

Ingrédients

- 1 l de lait,
- 8 œufs,
- 150 g de sucre vanillé, caramel,
- 100 g de sucre,
- quelques gouttes de vinaigre,
- 10 cl d'eau,
- 1 grosse pincée d'amandes effilées.

6 personnes

20 min

15 min

1 Cuire le lait sucré et vanillé. Cuire le caramel. Séparer les jaunes des blancs d'œufs, battre les blancs, fouetter les jaunes et verser dans le lait bouillant.

2 Remettre dans la casserole pour épaissir. Verser la crème dans un compotier, dresser les blancs dessus par cuillère en imitant la forme de l'œuf. Lorsque le caramel est bien blond, ajouter les amandes et répartir sur les blancs. Servir très frais.

3 Ce dessert très simple enchantera toujours vos invités.

Menu

Petites langoustines
au velouté de cèpes
et à l'arroche-faux-pourpier

•

Navarin d'agneau

•

Œufs à la neige de la croisette

Vin conseillé :
Tavel rosé

Œufs au chocolat

Ingrédients

- 125 g de chocolat amer,
- 125 g de beurre en pommade,
- 100 g de sucre en poudre,
- 3 œufs,
- 100 g de farine,
- 15 g de poudre de cacao,
- 3 g de levure.

4 personnes

30 min

8 min

Menu

Foie gras en terrine à l'ancienne

•

Sandre en écailles de cèpes

•

Œufs au chocolat

Vin conseillé :
Côtes de Roussillon Villages Caramany

1 Mélanger le chocolat amer fondu au bain-marie avec le beurre en pommade, garder à température tiède.

2 Dans un saladier, mélanger énergiquement au fouet le sucre et les œufs, puis la farine, la poudre de cacao et la levure, ajouter l'appareil chocolat/beurre, mélanger à la spatule en bois pour obtenir une pâte lisse et bien homogène.

3 Remplir aux trois quarts de cet appareil des coquilles d'œufs vidées au préalable, nettoyées et beurrées entièrement.

4 Disposer les œufs debout sur une plaque du four et cuire 5 min à four moyen (170°).

5 Sortir du four, laisser refroidir 3 min, casser la coquille et déguster. (Petite astuce : pour cuire vos œufs, les caler sur des petits tas de gros sel).

Savarin de pommes et poires caramélisées,

beurre de poiré « Angèle »

Ingrédients

- 1 kg de poires,
- 750 g de pommes,
- 300 g de sucre,
- 350 g de beurre,
- 50 cl de poiré (boisson pétillante aux poires).

Pâte à savarin :

- 250 g de farine type 55,
- 25 g de levure froide de boulanger,
- 4 cuillerées à soupe de lait tiède,
- 4 œufs,
- 120 g de sucre,
- 100 g de beurre,
- 75 g de noisettes grillées,
- 1 pincée de sel.

6 personnes

1 Mélanger au robot-coupe la farine, la levure de boulanger diluée dans le lait tiède, les œufs, les noisettes grillées, le sucre et le sel.
2 Battre le tout énergiquement jusqu'à ce que la pâte devienne élastique (10 à 15 min environ).
3 Couvrir la pâte d'un linge et laisser gonfler dans un endroit tiède.
4 Quand celle-ci a doublé de volume, la retravailler énergiquement avec le beurre fondu.
5 Verser la pâte dans les petits moules à savarin beurrés et farinés. Couvrir les moules et laisser pousser (lever) de nouveau.
6 Dès que la pâte atteint le haut des moules, cuire à four chaud pendant 20 à 25 min.
7 Faire un sirop avec le poiré et le sucre. Laisser cuire 3 min. Plonger les savarins dans le sirop chaud et égoutter sur une grille.
8 Eplucher les pommes et les poires, les couper en gros dés et les colorer au beurre et sucre.
9 Dresser dans une assiette les savarins, avec les dés de pommes et poires à l'intérieur.
10 Ajouter un cordon de beurre au poiré.

Beurre au poiré

1 Faire sauter les poires au beurre, ajouter le poiré.
2 Réduire. Mixer en ajoutant le beurre en morceaux.

Menu

Soupe de poissons
•
Osso buco
•
Savarin de pommes et poires caramélisées, beurre de poiré « Angèle »

Vin conseillé :
Un poiré fruité vallée-de-la-seiche

Aumonières de pommes au Calvados

Ingrédients

- 12 petites crêpes flambées au calvados (x 15 cm),
- 2 c. à soupe de crème pâtissière au calvados,
- 3 pommes (Boskoop ou reinettes), coupées en petits dés et sautées au sucre et au beurre,
- 20 g de sucre cristal,
- 12 lanières de poireaux (15 cm) cuites 3 min à l'eau sucrée et rafraîchies,
- crème anglaise,
- sorbet aux pommes.

4 personnes

20 min

30 min

Menu

Tourte aux champignons

•

Poulet de la ferme au cidre

•

Aumonières de pommes au Calvados

Vin conseillé :
Rosé de Loire

1 Etalez les douze crêpes et disposez au milieu de chacune la crème pâtissière et les pommes confites.

2 Refermez chaque crêpe avec la lanière pour former une petite bourse.

3 Arrosez de sucre cristal.

4 Passez 3 à 5 min au four (150 °C-th. 5).

5 Dressez trois aumônières par assiette avec un peu de crème anglaise ou de sorbet aux pommes.

Cassolette de fruits secs au Marsannay rosé

Ingrédients

- 200 g de figues sèches,
- 200 g d'abricots secs,
- 200 g de dattes,
- 200 g de raisins secs,
- 1 bouteille de Marsannay rosé (ou autre vin rosé),
- 200 g de sucre,
- 1 orange,
- 1 citron,
- 1 bâton de cannelle,
- 1 petite gousse de vanille,
- 2 sachets de thé à la bergamote,
- quelques grains de coriandre et de poivre,
- 50 cl d'eau.

8 personnes

1 Laver l'orange et le citron (en gardant leur peau) puis les couper en tranches.

2 Dans une casserole, mettre le vin à cuire pendant 15 min avec le sucre, l'eau, les tranches d'agrumes, le bâton de cannelle, la gousse de vanille coupée en deux, les grains de coriandre et de poivre.

3 Y ajouter les fruits secs et recuire 10 min.

4 Après cuisson, faire infuser 3 min les deux sachets de thé dans la préparation chaude.

5 Mettre au réfrigérateur. Servir frais.

Ce dessert peut être accompagné de sorbet aux fruits rouges. Ce dessert servi froid est très rafraîchissant pendant l'été mais il peut être aussi très agréable servi tiède à la façon d'un vin chaud.

Menu

Gâteau d'herbes à l'ancienne

•

Filet d'agneau de pays en croûte légère, jus au thym

•

Cassolette de fruits secs au Marsannay rosé

Vin conseillé : Marsannay rosé

Corolles de Plougastel

Ingrédients

- 1 kg de belles fraises,
- 250 g de framboises fraîches ou surgelées,
- 3 cuillerées à soupe de liqueur de framboise,
- 3 cuillerées à soupe de gelée de groseille,
- 3 cuillerées à soupe de jus de citron,
- 3 cuillerées à soupe de sucre.

4 personnes

1 Équeuter les fraises, mais réserver les queues.
2 Choisir quatre belles fraises pour la décoration, les réserver.
3 Couper le reste en lamelles dans le sens de la hauteur.
4 Disposer les plus jolies lamelles de fraises en cercles concentriques (en forme de corolle) sur quatre grandes assiettes. Commencer par le bord de l'assiette et les faire chevaucher vers le centre.
5 Piquer une fraise réservée sur le centre.
6 Entourer ces corolles avec les queues de fraises comme un collier de verdure.
7 Mixer le reste des lamelles avec les framboises, le jus de citron et le sucre.
8 Verser cette pulpe dans une casserole, ajouter la liqueur de framboise et la gelée de groseille.
9 Faire chauffer le tout en mélangeant avec une cuillère de bois jusqu'à début d'ébullition. Laisser refroidir.
10 Verser sur les corolles. Mettre les assiettes 1 h dans le réfrigérateur.

Menu

Petits salés de Pézenas

•

Rôti de lotte au jus de veau jeunes oignons et lard paysan « Yolande et Yves »

•

Corolles de Plougastel

Vin conseillé :
Saumur pétillant

Couronne d'ananas aux fruits rouges,
sabayon gratiné « Yvon »

1 Nettoyer sous l'eau les gros ananas. Tailler des tranches de 2 cm d'épaisseur. Ôter le cœur et couper la chair en dés. Conserver le disque de la peau d'ananas précieusement. Il servira pour la décoration.
2 Cuire pendant 5 min à feu doux dans une casserole les dés d'ananas dans du beurre avec une demi-gousse de vanille fendue.
3 Mélanger les fruits rouges (arrosés d'un filet de mandarine impériale) aux dés d'ananas. Réserver au frais.

Sabayon
1 Fouetter les jaunes d'œufs au batteur jusqu'à consistance mousseuse.
2 Faire un sirop : chauffer à 121 °C le sucre et l'eau à hauteur du sucre (compter 8 à 10 min environ jusqu'à l'apparition de grosses bulles qui doivent rester blanches).
3 Verser ce mélange tout doucement (important) sur les jaunes blanchis. Fouetter au batteur jusqu'à complet refroidissement. Réserver pendant 2 h (important) au réfrigérateur.
4 Au batteur, fouetter sans sucre une crème fleurette en chantilly. Ajouter la crème fleurette en chantilly au mélange sucre-jaunes d'œufs refroidi, en incorporant à l'aide d'une spatule en soulevant délicatement.
5 Dresser sur une assiette les cercles d'ananas évidés.
6 Les farcir de fruits rouges et d'ananas. Arroser de la préparation (jaunes d'œufs + sucre + chantilly non sucrée).
7 Chauffer au micro-ondes 1 min chaque assiette.
8 Gratiner sous le gril d'un four ou au chalumeau.
Décorer avec une feuille de menthe.

Ingrédients

- 2 gros ananas,
- 50 g de beurre,
- 1/2 gousse de vanille,
- 200 g de framboises,
- 200 g de fraises,
- 100 g de fraises des bois,
- 100 g de mûres,
- 100 g de groseilles,
- 100 g de myrtilles,
- 2 cl de mandarine impériale,
- 3 brindilles de feuilles de menthe

Pour le sabayon :

- 7 jaunes d'œufs,
- 100 g de sucre,
- eau à effleurement du sucre,
- 500 g de crème fleurette.

10 personnes

Menu

Croûtons « barbouillette »
•
Poulet Gaston Gérard
•
Couronne d'ananas aux fruits rouges, sabayon gratiné « Yvon »

Vin conseillé : un coteaux-du-layon moelleux

Figues fraîches en gratin

Ingrédients

- 18 figues violettes,
- 24 amandes,
- 9 abricots,
- 1 verre de carthagène,
- cassonade,
- beurre,
- miel clair de la garrigue,
- muscade.

5 personnes

15 min

30 min

Menu

Terrine d'aubergines et foie gras, langues d'agneau et jus de poivron

•

Barbue à la dieppoise

•

Figues fraîches en gratin

Vin conseillé :
Muscat de Rivesaltes

1 Beurrer soigneusement un plat rectangulaire allant au four.
2 Essuyer et couper en deux les abricots. Retirer les noyaux.
3 Garnir le plat avec les moitiés d'abricots (côté peau en dessous), saupoudrer légèrement de cassonade et d'un peu de muscade râpée.
4 Placer sur chaque orillon d'abricot une figue fendue en quatre.
5 Faire griller les amandes émondées rapidement, dans une poêle très chaude. Piler les amandes au mortier en les mélangeant à 5 cuillerées de miel blond.
6 Enduire chaque figue du mélange de miel et d'amandes pilées et ajouter une noisette de beurre. Mouiller l'ensemble avec un verre de carthagène.
7 Mettre au four préchauffé à chaleur douce (th. 4), et faire cuire jusqu'à ce que les figues soient très légèrement ambrées.
Faire tiédir et servir ce dessert avec une carthagène bien fraîche.

Figues rôties, coulis de figues au vin rouge

Ingrédients

- 16 figues violettes bien mûres,
- 50 g de beurre,
- 50 cl de vin rouge corsé,
- 100 g de sucre,
- 1 bâton de cannelle,
- 4 épices,
- 2 brins de menthe,
- 4 tranches de pain d'épice.

4 personnes

25 min

environ 20 min

1 Dans une casserole, réduire le vin de moitié avec le bâton de cannelle et les deux brins de menthe.
2 Ajouter 50 g de sucre, quatre figues coupées en morceaux.
3 Retirer la cannelle et les brins de menthe.
4 Mixer puis débarrasser au frais.
5 Beurrer et sécher les tranches de pain d'épice sur une plaque au four à 120 °C pendant 10 min.
6 Dans un plat, disposer les figues incisées en quatre sur le dessus.
7 Les badigeonner de beurre fondu puis saupoudrer de sucre et de quatre épices.
8 Enfourner à 180 °C pendant 8 à 10 min.
9 Servir à l'assiette accompagnées du coulis, du pain d'épice séché et d'une boule de glace à la cannelle.

Menu

Flamiche (tarte aux poireaux)
•
Dos de dorade rôti aux petits coquillages et huile de noisettes « Jean-François »
•
Figues rôties, coulis de figues au vin rouge

Vin conseillé : Sancerre rouge

Fraises en gelée de vin rouge

Ingrédients

- 800 g de fraises,
- 1 bouteille de vin rouge (Bourgogne),
- 200 g de sucre cassonade,
- 1 citron,
- 1 orange,
- 2 feuilles de gélatine (soit 5 g),
- quelques feuilles de menthe,
- 4 ou 5 grains de poivre noir,
- 1 ou 2 feuilles de sauge (ou laurier).

4 personnes

20 min

20 min

Menu

Pâté de lapin vendéen

•

Côtes de veau de lait, échalotes et ail confits « mon pépé »

•

Fraises en gelée de vin rouge

Vin conseillé : Mâcon rouge

1 Laver puis équeuter les fraises, les sucrer si nécessaire.

2 Dans une casserole, mettre le vin, le sucre, le citron et l'orange préalablement lavés et coupés en rondelles (avec leur peau), les grains de poivre et la sauge. Faire cuire jusqu'à réduction de moitié. Retirer du feu puis passer au tamis.

3 Incorporer à cette préparation les feuilles de gélatine préalablement ramollies à l'eau froide. Ajouter les feuilles de menthe ciselées dans la préparation encore chaude.

4 Faire prendre au réfrigérateur jusqu'à obtenir la consistance d'une gelée molle. Servir très frais.

Fraises et menthe marinées aux poivres,

huile d'olive et balsamique

Ingrédients

- Huile poivrée, vanillée,
- 25 cl huile d'olive,
- 15 g de poivres, mélangés moulus (poivre à queue, poivre long, poivre de Jamaïque, poivre rose, etc.),
- 3 gousses de vanille.
- 1 kg de fraises bien parfumées,
- 1 l d'huile poivrée,
- 1 botte de menthe,
- 100 g de sucre glace,
- 10 cl de vinaigre balsamique,
- 100 g de sucre semoule.

6 personnes

A réaliser trois semaines avant. Laisser mariner 1 h au réfrigérateur.

1 **Huile poivrée, vanillée :** mariner l'huile et les poivres pendant quinze jours en remuant quotidiennement.
2 Filtrer l'huile, jeter les poivres. Fendre les gousses de vanilles, bien racler l'intérieur.
3 Infuser le tout dans l'huile pendant une semaine au minimum en remuant quotidiennement.
Cette huile peut se conserver trois mois à l'abri de la lumière.

1 Laver la menthe. Garder douze inflorescences. Couper les autres feuilles en julienne.
2 Laver, équeuter (sauf six pour le décor) et couper en quatre les fraises.
3 Mélanger dans un saladier les fraises, la julienne de menthe, le sucre glace, l'huile poivrée. Laisser mariner 1 h au réfrigérateur.
4 Dans une casserole, réduire le vinaigre et le sucre semoule pour obtenir un sirop très épais.
5 Dresser sur assiette les fraises à l'aide d'un cercle. Surmonter d'une fraise coupée en deux et de deux inflorescences de menthe, puis, autour, un cordon de sirop balsamique.

On peut accompagner ce dessert de quelques madeleines cuites au dernier moment.

Menu

Tartelettes de Saint-Jacques créançaises

•

Pintade rôtie

•

Fraises et menthe marinées aux poivres, huile d'olive et balsamique

Vin conseillé :
Crémant de Loire blanc

Ingrédients

- 100 g de fraises,
- 100 g de framboises,
- 100 g de fraises des bois,
- 50 g de cassis,
- 50 g de groseilles,
- 100 g de sucre,
- 20 cl de Muscadet.

Méli-mélo de fruits rouges au Muscadet

4 personnes

20 min

Menu

Bréjaude
•
Pot-au-feu de cochon
•
Méli-mélo de fruits rouges au Muscadet

Vin conseillé : Muscadet de l'année servi très frais

1 Mettre les fraises pendant 2 h au frigo avec 100 g de sucre et 20 cl de Muscadet.
2 Ajouter avant de servir les autres fruits rouges et les groseilles entières pour décorer.
3 Servir avec des sablés nantais : mélanger, dans l'ordre, 250 g de beurre (moitié demi-sel, moitié nature) en pommade, 150 g de sucre, quatre œufs, puis 250 g de farine, sans trop mélanger.
4 Reposer au frigo puis étaler et détailler. Cuire au four à 180°.

Mélodie tomate fruits des bois

Ingrédients

- 4 grosses tomates ou 8 plus petites,
- 500 g de fraises,
- 250 g de framboises,
- 250 g de cassis,
- 250 g de groseilles,
- 100 g de sucre en poudre,
- 1 jus de citron,
- 12 feuilles de menthe,
- 4 cuillères de glace à la vanille.

4 personnes

1 Plonger les tomates 15 s dans une casserole d'eau bouillante, les rafraîchir aussitôt et les peler. Les creuser sur le côté pour les farcir.
2 Faire un coulis avec 250 g de fraises, le jus de citron et 100 g d'eau minérale.
3 Fourrer les tomates avec les fruits rouges mélangés, les poser dans un plat allant au four avec le surplus de fruits, arroser du coulis et mettre au four (140°) pendant 25 min en arrosant souvent.
4 Disposer les tomates au milieu des assiettes, avec autour un cordon de coulis chaud.
5 Décorer de feuilles de menthe et ajouter au centre une quenelle de glace à la vanille moulée à la cuillère.

Menu

Soupe de champignons noirs à l'orange

•

Brochettes de filet mignon, feuilleté de moelle et gratin moelleux aux pommes

•

Mélodie tomate fruits des bois

Vin conseillé : Côtes de Provence

Ingrédients

- 4 à 8 pêches de vigne (selon la taille, ou 4 grosses pêches),
- 1/2 bouteille de Bourgogne rosé,
- 30 cl de nectar bourguignon (ou porto),
- 100 g de sucre,
- 1 bâton de cannelle,
- 1/2 gousse de vanille,
- 1/2 citron,
- 1/2 orange,
- 5 baies de genièvre,
- 2 clous de girofle,
- 50 g de gingembre confit.

4 personnes

20 min

15 min

Pêches de vigne pochées au nectar bourguignon

Menu

Feuilleté de cailles Mr. Delaunay
•
Jambonneau au cidre
•
Pêches de vigne pochées au nectar bourguignon

Vin conseillé :
Crémant de Bourgogne

1 Commencer par pocher les pêches dans de l'eau bouillante pendant 30 s. Puis les peler.

2 Dans une casserole, verser le nectar bourguignon et le vin rosé, ajouter le sucre, la cannelle, la vanille, le demi-citron et la demi-orange lavés et coupés en petits morceaux, les baies de genièvre, les clous de girofle et le gingembre confit. Porter à ébullition. Y ajouter les pêches pelées et faire cuire pendant 10 min. Sortir les pêches de la casserole et faire réduire le jus de moitié. Passer alors le jus au tamis.

3 Mettre tout cela au réfrigérateur. Servir très frais. Présenter en assiette creuse.

Pêches et framboises rôties

au beurre d'orange « Catherine et Jean-Paul »

Ingrédients

- 8 pêches extra (mûres),
- 3 oranges,
- 3 abricots frais,
- 2 barquettes de framboises,
- 80 g de sucre,
- 100 g de beurre,
- 50 cl de glace au lait d'amandes (artisanal de préférence),
- 8 sablés bretons (style touron au beurre).

6 à 8 personnes

1 **Éplucher les pêches :** les plonger dans l'eau bouillante et les rafraîchir dans l'eau froide. De cette façon la peau se retire facilement.
2 Les placer dans un plat à tarte antiadhésif en les arrosant avec le jus des oranges.
3 Ajouter les abricots coupés en quartiers. Saupoudrer de sucre semoule. Arroser de beurre fondu.
4 Cuire au four à 170 °C pendant 20 à 25 min. Retirer les pêches et les abricots. Porter le jus de cuisson à ébullition. Ajouter les framboises 30 s afin de les faire juste éclater.
5 Dans une assiette, dresser les pêches, les abricots et les framboises tièdes sur leur jus de cuisson. Poser un sablé breton sur le fruit. Surmonter d'une boule de glace au lait d'amande.

Menu

Tarte au bleu de Gex et aux poires
•
Tête de veau sauce gribiche
•
Pêches et framboises rôties au beurre d'orange « Catherine et Jean-Paul »

Vin conseillé : un monbazillac 1995 château-septy

Poires au vin « Belle Angevine »

Ingrédients

- 4 poires de race « Belle Angevine » de préférence, épluchées, coupées en deux et épépinées,
- 2 verres (40 cl) de vin rouge champigny,
- 50 g de sucre,
- 1 petit bâton de cannelle,
- 3 cuillerées à soupe d'eau-de-vie de poire.

4 personnes

10 min

1 h

Menu

Fromage persillé de cochon au gris de Toul

•

Brandade de morue

•

Poires au vin « Belle Angevine »

Vin conseillé : Saumur Champigny

1 Mettre les poires dans une casserole. Mouiller avec le vin, ajouter le sucre et la cannelle. Cuire doucement à couvert pendant 1 h.

2 Égoutter les poires et les mettre dans un compotier. Faire réduire la cuisson jusqu'à obtenir un sirop léger. Retirer la cannelle, ajouter l'eau-de-vie et verser sur les poires.

3 Servir très frais.

Peut s'accompagner d'une jatte de crème fraîche non sucrée et d'un pavé aux noix.

Salade de fruits à la normande

Ingrédients

- 3 poires,
- 3 pommes,
- 12 prunes reines-claudes,
- framboises,
- amandes effilées,
- 100 g de sucre,
- 1 verre à liqueur de calvados,
- 25 cl de crème fraîche,
- 10 g de beurre.

4 personnes

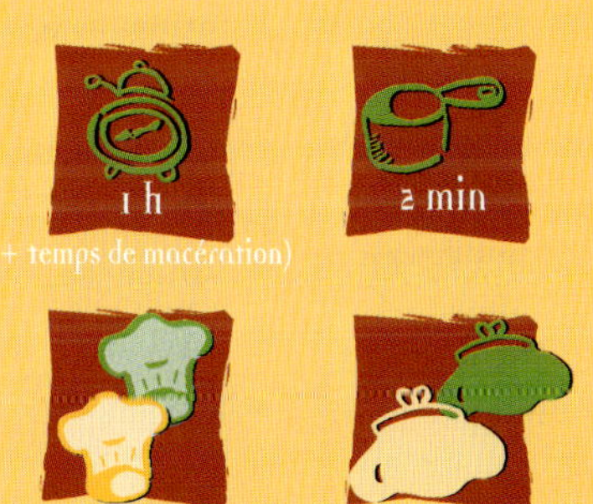

(+ temps de macération)

1 Laver, essuyer et couper en deux les reines-claudes. Jeter les noyaux.
2 Peler les pommes et les poires.
3 Détailler les fruits en lamelles régulières en ayant soin de retirer cœurs et pépins.
4 Nettoyer les framboises (sans les laver).
5 Réunir tous ces fruits dans un joli compotier transparent. Saupoudrer de sucre et arroser de calvados. Remuer avec grande délicatesse pour ne pas abîmer les fruits.
6 Laisser macérer au réfrigérateur pendant deux heures.
7 Faire fondre une noisette de beurre dans une casserole et y mettre les amandes effilées à griller. Agiter énergiquement la casserole pour que les amandes dorent de tous côtés.
8 Napper les fruits de crème fraîche, sans remuer !
9 Décorer d'amandes grillées et servir bien frais.

Menu

Lapin du pays en compote aux carottes nouvelles et marc d'Auvergne
•
Caille rôtie entière, fricassée de champignons d'automne
•
Salade de fruits à la normande

Vin conseillé :
Marcillac rosé

Soupe de cerises et sorbet au ratafia

Ingrédients

Pour la soupe :

- 1 kg de cerises (marmottes ou burlats),
- 100 g de sucre,
- 30 cl d'eau,
- 10 cl de crème de cerises,
- le jus d'un demi-citron.

Pour le sorbet :

- 30 cl de ratafia rouge,
- 25 cl d'eau,
- 100 g de sucre.

8 personnes

30 min

20 min

Menu

Poêlon du metsi
de chez Sancey

•

Épaule d'agneau cuite
à l'étouffée aux algues

•

Soupe de cerises
et sorbet au ratafia

Vin conseillé :
Corbières rouge

1 Dans une casserole, mettre le sucre et l'eau. Porter à ébullition jusqu'à obtention d'un sirop. Y plonger les cerises non dénoyautées et faire cuire pendant 10 min. Puis passer le sirop et les cerises au mixeur jusqu'à obtenir une purée (attention de ne pas casser les noyaux). Passer la préparation au tamis.

2 Y ajouter la crème de cerises et le jus de citron. Mélanger.

3 Réserver au réfrigérateur.

4 Pour le sorbet, faire bouillir l'eau et le sucre. Retirer du feu et ajouter le ratafia. Turbiner à la sorbetière.

5 Servir la soupe en assiette creuse accompagnée du sorbet.

Terrine de fruits au Sauvignon de Saint-Bris

et coulis de fruits rouges

Ingrédients

Pour la terrine :

- 4 poires,
- 4 pêches de vigne (ou pêches),
- 200 g de framboises,
- 100 g de baies de cassis,
- 100 g de groseilles,
- 50 cl d'eau,
- 400 g de sucre,
- 100 g de confiture de fraises,
- 20 cl de Sauvignon de Saint-Bris (ou vin blanc sec),
- le jus de 1 orange,
- 12 feuilles de gélatine (soit 30 g).

Pour le coulis :

- 200 g de framboises,
- 200 g de fraises,
- le jus d'un citron,
- 10 cl de crème de cassis,
- 2 à 3 gouttes d'eau de rose (facultatif).

8 personnes

1 Dans une casserole, mettre l'eau et le sucre et porter à ébullition. Pocher les pêches et les poires dans le sirop ainsi obtenu jusqu'à ce qu'elles soient cuites (vérifier la cuisson en les piquant). Puis dans ce même sirop, pocher les cassis et les groseilles 1 à 2 min. Réserver les fruits cuits et le sirop au réfrigérateur.

2 Mixer les poires avec la confiture de fraises, le jus d'une orange et le Sauvignon de Saint-Bris. Y ajouter 10 cl du sirop de cuisson. Recuire cette préparation à feu doux puis y incorporer les feuilles de gélatine préalablement ramollies à l'eau froide.

3 Monter la terrine en alternant les pêches coupées en deux, les groseilles, les cassis, les framboises et le mélange de poires mixées. Mettre la terrine au réfrigérateur pendant environ 6 h.

4 Préparer le coulis. Broyer les fraises et les framboises avec 10 cl du sirop de cuisson. Ajouter les 10 cl de crème de cassis, le jus de citron et l'eau de rose. Mélanger puis mettre au réfrigérateur.

5 Pour servir, disposer des tranches de terrine sur votre plat ou vos assiettes et napper de coulis.

Menu

Assiette des 3 foies gras des Ducs de Lorraine

•

Tournedos de sandre farci à la mâche nantaise

•

Terrine de fruits au Sauvignon de St-Bris et coulis de fruits rouges

Vin conseillé :
Sauvignon de Saint-Bris

Bricelets aux fraises de Recologne

fourrés de glace à la vanille

Ingrédients

- 300 g de fraises de Recologne bichonnées par la famille Mullin.

Bricelets :

- 75 g de farine,
- 40 g de sucre,
- 1 petite pincée de sel,
- 5 cl de crème fleurette,
- 5 cl d'eau.

Glace à la vanille :

- 6 jaunes d'œufs,
- 150 g de sucre,
- 50 cl de lait,
- 100 g de crème fleurette,
- 3 gousses de vanille.

8 personnes

20 min + 2 h de repos

15 min

Menu

Salade de pétoncles

•

Échine de porc aux abricots secs et au miel de Cavaillon

•

Bricelets aux fraises de Recologne fourrés de glace à la vanille

Vin conseillé :
Bonnezeaux blanc

1 Préparer les bricelets. Dans une jatte, verser la farine, le sucre et le sel. Incorporer la crème et l'eau en remuant sans cesse. Laisser reposer 2 h. Chauffer l'appareil à bricelets. Etaler au centre une cuillère à café de préparation. Quand le bricelet est cuit et a une belle couleur dorée, lui donner la forme d'un cornet sur un moule en bois ou tout autre ustensile adapté. Réserver les bricelets dans une boîte à biscuits en métal.

2 Préparer la glace. Chauffer le lait et infuser les gousses de vanille coupées en deux pendant 15 min. Travailler les jaunes avec le sucre pendant 2 min. Verser le lait infusé dessus en fouettant énergiquement.

3 Reverser le tout dans la casserole et cuire à feu moyen en remuant sans cesse. Lorsque la crème nappe la cuillère, ajouter la crème fleurette. Débarrasser dans un récipient pour laisser refroidir. Verser dans la sorbetière pour faire prendre la glace. Réserver au congélateur.

4 Équeuter et laver les fraises. Couper simplement en deux. Disposer les fraises sur le bord des assiettes.

5 À l'aide d'une cuillère, fourrer le bricelet de glace et poser sur les fraises, agrémenter de feuilles de menthe fraîche. Quelle fraîcheur et quel bon souvenir d'enfance !

Coupe lorraine

1 Pour chaque coupe : émietter les macarons, mettre dans une soucoupe en attente.
2 Peler les bergamotes, mettre dans une soucoupe en attente.
3 Chauffer les mirabelles.
4 Mettre deux boules de glace à la vanille, saupoudrer de macaron, de bergamote, ajouter les mirabelles chaudes et verser l'alcool (une bonne rasade).
5 Décorer avec la chantilly et servir cette coupe odorante des produits de Lorraine.

Ingrédients

- glace à la vanille,
- macarons de Nancy,
- bergamote,
- mirabelles au sirop,
- alcool de mirabelle,
- crème chantilly (facultatif)

1 coupe par personne

20 min

2 min

Menu

Daube de queue de bœuf à l'avalonnaise
•
Canard des vergers
•
Coupe lorraine

Vin conseillé : Crémant d'Alsace

Coupes « Douceur Angevine »

Ingrédients

- 4 gros biscuits à la cuillère,
- 4 cuillerées à café de pineau des Charentes,
- 4 cuillerées à soupe de compote de reines-claudes,
- 20 cl de crème fraîche liquide très froide,
- 2 cuillerées à soupe de sucre glace,
- 1 l de glace à la vanille,
- 4 cuillerées à soupe de caramel liquide.

4 personnes

15 min

5 min (caramel)

Menu

Foie gras chaud aux pommes de terre

•

Tournedos de thon clouté aux anchois et bigorneaux à la moutarde violette « Brigitte »

•

Coupes « Douceur Angevine »

Vin conseillé :
Pineau blanc

1 Émietter un biscuit à la cuillère au fond de chaque coupe à glace, l'humecter d'une cuillerée de pineau des Charentes et recouvrir d'une cuillerée à soupe de compote de reines-claudes. Réserver les coupes dans le réfrigérateur jusqu'au moment de servir.

2 Fouetter la crème fraîche en chantilly avec le sucre glace et la réserver également au froid.

Pour servir :

1 Ajouter dans chaque coupe une à deux boules de glace puis un petit dôme de chantilly et couler deux cuillerées à soupe de caramel sur le tout.

Croustillant glacé au pain d'épice de Mouthe,

banane flambée

Ingrédients

- 50 cl de lait,
- 6 jaunes d'œufs,
- 60 g de sucre,
- 90 g de miel,
- 100 g de crème fleurette,
- 125 g de pain d'épice,
- 6 tranches de pain d'épice de 2 mm d'épaisseur,
- 2 bananes,
- 20 g de beurre,
- 1 cuillère à soupe de sucre semoule,
- 2 cl de rhum.

6 personnes

1 Préparer la glace. Faire bouillir le lait avec le miel. Infuser les 125g de pain d'épice dans le lait pendant 5 min. Travailler les jaunes avec le sucre, verser le lait infusé dessus et reverser dans la casserole.

2 Faire cuire à feu moyen et lorsque la crème nappe la cuillère ajouter les 100g de crème fleurette. Laisser refroidir quelques heures au réfrigérateur. Verser ensuite cette crème dans la sorbetière et la faire prendre.

3 Couper les tranches de pain d'épice en diagonale et les passer légèrement au four pour qu'elles soient croustillantes. Éplucher les bananes et les couper en biseau.

4 Dans une poêle antiadhésive, faire fondre les 20g de beurre et faire dorer les bananes. Ajouter une cuillère à soupe de sucre semoule et flamber avec le rhum.

5 Dans les assiettes poser au centre les bananes et chevaucher avec une demi-tranche de pain d'épice. Poser une grosse quenelle de glace et superposer la dernière tranche de pain d'épice. Éventuellement faire un cordon autour avec de la crème anglaise ou de la sauce cacao.

Menu

Crème de potiron servie avec une quenelle de crème fraîche

•

Bœuf mode à la normande

•

Croustillant glacé au pain d'épice de Mouthe, banane flambée

Vin conseillé :
Rosé de Provence

Fricassée de poires au caramel de morilles,

glace au vermouth

Ingrédients

Glace au vermouth :
- 250 g de lait,
- 200 g de crème liquide,
- 6 jaunes d'œufs,
- 75 g de sucre,
- 10 cl de vermouth.

Caramel de morilles :
- 40 g de morilles séchées,
- 75 cl d'eau,
- 250 g de sucre,
- 20 g de Maïzena.

Poires rissolées :
- 6 poires bien parfumées à chair ferme,
- 30 g de beurre noisette,
- 50 g de sucre.

8 personnes

Infuser les morilles pendant 12 h avec l'eau tiède

20 min

1 Glace au vermouth : porter à ébullition le lait, la crème et 25 g de sucre.
2 Dans un saladier, fouetter les jaunes d'œufs avec le sucre restant puis verser ce mélange sur le lait et la crème bouillante (hors du feu) tout en continuant à fouetter.
3 Ajouter le vermouth. Laisser refroidir puis turbiner.

Caramel de morilles
1 Infuser les morilles pendant 12 h avec l'eau tiède.
2 Égoutter les morilles. Garder et filtrer l'eau de trempage.
3 Couper les morilles en deux dans le sens de la longueur puis les laver trois fois.
4 Dans une casserole, faire un caramel avec le sucre et déglacer à l'eau de trempage.
5 Porter à ébullition puis lier avec la Maïzena (délayée avec un peu d'eau froide).
6 Ajouter les morilles et cuire 20 min à petits bouillons.
7 Réserver au chaud.

Poires rissolées
1 Éplucher, épépiner et couper les poires en huit quartiers.
2 Dans une poêle, colorer au beurre les quartiers de poires.
3 Une fois colorés, ajouter le sucre.
4 Laisser caraméliser puis ajouter un verre d'eau.
5 Cuire quelques minutes pour que les poires soient fondantes.
6 Réserver au chaud.

1 Sur assiette, dresser les poires caramélisées en éventail.
2 Les napper de caramel de morilles et disposer deux quenelles de glace au vermouth. Servir aussitôt.

Menu

Terrine de canard au foie gras
•
Blanquette de veau
•
Fricassée de poires au caramel de morilles, glace au vermouth

Vin conseillé :
Anjou Gamay rouge

Granité au champagne

Ingrédients

- 30 cl d'eau,
- 250 g de sucre semoule,
- 2 citrons,
- 50 cl de champagne + 20 cl.

6 personnes

30 min

5 min

1 Faire bouillir l'eau et le sucre pendant 5 min. Laisser refroidir et ajouter le jus des deux citrons au sirop.
2 Incorporer 50 cl de champagne en remuant.
3 Faire prendre le sorbet en sorbetière.
4 Retirer le sorbet du congélateur 20 min avant de servir environ et le garder au réfrigérateur.
5 Servir le granité dans des coupes. Verser un filet de champagne sur le granité juste avant de servir. Pour un dessert, vous pouvez aussi décorer les coupes avec des demi-fraises ou des framboises.

Menu

Foie gras de canard poêlé aux bleuets des Vosges

•

Côte de bœuf à la nantaise

•

Granité au champagne

Vin conseillé :
Champagne

Poêlée de mûres sauvages, glace au lait réduit

Ingrédients

- 2 l de lait,
- 10 cl de crème liquide,
- 250 g de sucre,
- 1,2 kg de mûres sauvages.

6 personnes

25 min

10 min

Menu

Grosses ravioles de Morteau et foie gras de canard filet d'huile de colza grillé

•

Saumon poêlé au céleri frit et au beurre de Muscadet

•

Poêlée de mûres sauvages, glace au lait réduit

Vin conseillé : Clairette de Die

1 Faire réduire aux trois quarts dans une grande casserole le lait, la crème et 150 g de sucre.
2 Turbiner et réserver au freezer.
3 Faire un sirop avec 100 g de sucre et 10 cl d'eau.
4 Cuire les mûres dans ce sirop pendant 10 min.
5 Dresser dans une assiette creuse. Déposer dessus une quenelle de glace au lait réduit.
6 Accompagner ce dessert de tranches de cake au citron.

Biscuit des anisetiers de Honfleur

Ingrédients

- 250 g de farine,
- 250 g de sucre, poudre semoule,
- 10 g d'anis en poudre ou pistil,
- 4 œufs,
- 10 morceaux de sucre écrasés grossièrement au rouleau

36 pièces

15 min

15 min

Menu

Petits melons charentais

•

Tête de porc farcie au boudin noir

•

Biscuit des anisetiers de Honfleur

Vin conseillé : Saint-Chinian rosé

1 Mélanger vigoureusement œufs et sucre, ajouter la farine et l'anis.
2 Sur une plaque beurrée, faire de petits tas de pâte.
3 Saupoudrer des morceaux de sucre écrasés et mettre à cuire à four chaud (180 °C) 15 min environ.

Des voyageurs nous ont ramené de leur voyage cet anis au parfum si fin et délicieux.

Biscuit massepain roulé à la mousse de cassis

Ingrédients

Pour le biscuit :

- 75 g de sucre glace,
- 75 g d'amandes en poudre,
- 40 g de farine (ou fécule),
- 2 œufs,
- 2 blancs d'œufs,
- 10 g de beurre fondu,
- 6 cl de Suze (facultatif).

Pour la mousse de cassis :

- 300 g de baies de cassis,
- 100 g de sucre,
- 10 cl d'eau,
- 5 cl de crème de cassis,
- 3 feuilles de gélatine (soit 7,5 g),
- 20 cl de crème liquide,
- 30 g de sucre glace,
- 80 g de confiture (ou gelée) de cassis.

6 personnes

40 min

25 min

1 Commencer par faire le biscuit. Pour cela, dans un grand bol, mélanger le sucre glace, la poudre d'amandes et la farine puis ajouter les deux œufs et le beurre fondu. Monter les deux blancs d'œufs en neige et les ajouter à la préparation.
2 Recouvrir une plaque allant au four de papier sulfurisé beurré. Étaler la préparation sur une épaisseur de 5 mm environ et mettre au four à 200° pendant 8 min.
3 Pour la mousse de cassis, mettre dans une casserole les baies de cassis, le sucre et l'eau. Faire cuire 15 min à feu doux en écrasant les fruits. Passer au tamis.
4 Ajouter dans cette préparation encore chaude la crème de cassis et les feuilles de gélatine préalablement ramollies à l'eau froide.
5 Réserver au frais jusqu'à épaississement de cette préparation (il ne faut pas qu'elle soit trop ferme).
6 Fouetter la crème liquide et y ajouter le sucre glace pour faire une chantilly.
7 Incorporer cette chantilly à la mousse de cassis.
8 Réserver.
9 Découper les bords du biscuit qui sont trop cuits puis imbiber le biscuit avec la Suze.
10 Rouler le biscuit en mettant au centre une couche de confiture de cassis puis continuer avec la mousse.
11 Ce dessert peut être servi frais mais aussi légèrement glacé (laisser 1 h au congélateur). Une autre suggestion de présentation est de servir ce gâteau meringué. Il faut alors le recouvrir de blancs d'œufs montés et sucrés et le passer 3 min au four très chaud.

Menu

Pâtisson aux tomates cerise et tomate poire jaune

•

Poule au blanc

•

Biscuit massepain roulé à la mousse de cassis

Vin conseillé : Beaujolais rosé

Brioche chaude, raisiné et sorbet
au marc de Bourgogne

Ingrédients

Pour la brioche :
- 280 g de farine,
- 5 g de sel,
- 25 g de sucre,
- 10 g de levure de boulanger,
- 3 œufs,
- 150 g de beurre,
- 20 g de beurre fondu.

Pour le raisiné :
- 1,5 kg de raisins,
- 1 kg de pommes,
- 50 g de beurre.

Pour le sorbet :
- 30 cl d'eau,
- 100 g de sucre,
- 10 cl de marc de Bourgogne.

8 personnes

25 min

30 min

1 Pour faire la brioche, tamiser la farine et faire une fontaine. Y mettre le sel, 25 g de sucre, un œuf et la levure. Mélanger et délayer avec un peu d'eau tiède. Puis incorporer deux œufs. Travailler la pâte jusqu'à ce qu'elle se décolle du plan de travail puis ajouter 150 g de beurre. Faire pousser la pâte à température ambiante pendant 2 h puis la rompre et la mettre au réfrigérateur pendant 8 h.

2 Recouvrir les parois d'un moule à brioche avec le beurre fondu (se servir d'un pinceau) et un peu de farine, y mettre la pâte.

3 Refaire pousser cette brioche puis la mettre au four à 180° pendant 30 min.

4 Pendant ce temps, faire le raisiné. Mettre 1 kg de raisins dans une bassine à confiture (ou une très grosse casserole) et les écraser grossièrement avec une spatule en bois.

5 Les faire cuire jusqu'à ce qu'ils aient rendu leur jus puis passer au tamis en pressant bien.

6 Mettre le jus ainsi obtenu dans une casserole et le faire réduire de moitié.

7 Y ajouter les pommes épluchées et coupées en morceaux. Faire cuire à feu doux jusqu'à obtenir un coulis. Réserver au tiède.

8 Pour le sorbet, faire bouillir l'eau et le sucre puis retirer du feu et ajouter 10 cl de marc de Bourgogne. Turbiner à la sorbetière.

9 Éplucher et épépiner (facultatif) les 500 g de raisins restants puis les poêler au beurre. Si vous ne pouvez pas faire le sorbet, vous pouvez flamber au marc les raisins poêlés.

10 Servir les tranches de brioche chaude, nappées de raisiné tiède et accompagnées des raisins poêlés et du sorbet.

Menu

Flan de moules de bouchot au concassé de tomates nantaises coriandre et algues

•

Escalope de veau comtoise

•

Brioche chaude, raisiné et sorbet au marc de Bourgogne

Vin conseillé :
Bourgueil rouge

Brioche vendéenne

Ingrédients

- 1 kg de farine,
- 1 cuillerée de sel fin,
- 3 œufs plus 1 jaune d'œuf pour dorer,
- 225 g de sucre en poudre,
- 150 g de beurre,
- 3 cuillerées de crème fraîche,
- 25 cl de lait tiède,
- 50 g de levure de boulanger,
- 1 gousse de vanille,
- 2 cuillerées d'eau-de-vie,
- 2 cuillerées à café d'eau de fleur d'oranger.

20 personnes

40 min
Repos : 6 h

45 min

1 Faire bouillir le lait avec la gousse de vanille fendue en deux. Laisser tiédir le lait.
2 Dans une grande terrine, verser la farine tamisée, faire un puits, ajouter le sel, casser les œufs, ajouter le sucre en poudre et le beurre détaillé en petits morceaux.
3 Délayer la levure dans un verre de lait tiède. Travailler la pâte en ajoutant peu à peu le reste du lait.
4 Pétrir soigneusement et longuement la pâte. Dans une jatte, verser la levure délayée dans le lait, l'eau-de-vie, la crème fraîche et l'eau de fleur d'oranger.
5 Ajouter cette préparation à la pâte et la travailler jusqu'à ce qu'elle soit souple et élastique. Couvrir la terrine avec un linge et faire lever pendant 6 h dans un endroit tiède.
6 Ce temps écoulé, fariner la plaque du four. Rompre la pâte et la séparer en trois longs boudins. Les tresser et déposer cette brioche tressée sur la plaque. On peut aussi façonner la brioche en boules accolées. Laisser lever à nouveau pendant 1 h.
7 Dorer la surface de la brioche avec le jaune d'œuf battu. Préchauffer le four à chaleur moyenne (th. 5, 180°).
8 Mettre au four à mi-hauteur et laisser cuire 45 min.

Menu

Corolle de noix de Saint-Jacques et saumon mariné mousse d'endives à l'anguille

•

Cuisse de poulet gros sel

•

Brioche vendéenne

Vin conseillé :
Bordeaux Clairet rosé

Caissette de mirabelles

au coulis de myrtilles

Ingrédients

- 200 g de sucre semoule,
- 200 g d'amandes en poudre blanchies,
- 3 œufs entiers,
- 2 jaunes d'œufs,
- 50 g de farine,
- 100 g de beurre fondu,
- 100 g de mirabelles dénoyautées,
- 100 g de mirabelles au sirop.

Pour le coulis de myrtilles :

- 200 g de myrtilles,
- 50 g de sucre,
- 10 cl d'eau.

4 personnes

40 min

20 min

1 Mélanger le sucre semoule avec la poudre d'amandes. Blanchir le tout avec les trois œufs et les deux jaunes.
2 Ajouter la farine, puis le beurre fondu. Laisser reposer environ 1 h.
3 Mettre l'appareil dans des petites caissettes en papier.
4 Disposer des mirabelles dessus.
5 Cuire environ 20 min à 180 °C. Laisser refroidir et démouler.
6 Préparation du coulis de myrtilles Verser dans une casserole l'eau, le sucre et les myrtilles. Passer au chinois fin. Réserver.
7 Mettre sur assiette : couler le coulis autour de l'appareil et disposer des mirabelles au sirop en décoration.

Menu

Assiette des 3 foies gras des Ducs de Lorraine

•

Noix de veau au livarot

•

Caissette de mirabelles au coulis de myrtilles

Vin conseillé :
Rosé d'Arbois

Cake aux griottines de Fougerolles

Ingrédients

- 225 g de beurre pommade,
- 6 œufs,
- 175 g de farine,
- 10 g de levure chimique,
- 2 g de sel,
- 75 g de poudre d'amande,
- 375 g de sucre semoule,
- 1/2 zeste de citron,
- 1 bocal de 35 cl de griottines de Fougerolles.

6 personnes

Menu

Fromage de tête de cochon

•

Matelote de lieu

•

Cake aux griottines de Fougerolles

Vin conseillé : Crémant de Loire

1 Mélanger le beurre, la poudre d'amande, le sucre semoule et la moitié des oeufs pour obtenir une pâte onctueuse.

2 Ajouter le reste des oeufs et la farine avec la levure, le zeste de citron et le sel.

3 Beurrer et fariner un moule à cake.

4 Disposer une couche de pâte dans le fond du moule, recouvrir de griottines préalablement égouttées, et finir la couverture des Griottines avec la pâte à cake.

5 Laisser reposer la pâte dans le moule 1 h avant de cuire à four moyen (160 °C) pendant 30 min.

6 Démouler, décorer de griottines.

Conservation : cinq jours au réfrigérateur.

Cake sucré au potimarron

Ingrédients

- 500 g de purée de courge,
- 150 g de farine,
- 80 g de noix hachées,
- 125 g de sucre roux,
- 3 cuillères à soupe d'huile,
- 3 œufs,
- 1 pincée de sel,
- 1 sachet de levure,
- 1 zeste de citron ou d'orange.

6 personnes

30 min

1 h

1 Battre œuf et sucre, puis ajouter tous les autres ingrédients. Bien mélanger, graisser et fariner un moule à cake.
2 Cuire 1 h environ à four moyen (180°).
3 Les noix peuvent être remplacées par de la morelle de Balbis. Un végétal très rare, petit fruit rouge avec un goût de litchi.
4 Le potimarron peut être remplacé par de la délicata, butternut, potiron bleu de Hongrie, courge longue de Nice, futsu...

Menu

Soupe de chou « Quintal d'Auvergne »

●

Rouget au coulis d'olives noires

●

Cake sucré au potimarron

Vin conseillé : Coteaux d'Aix-en-Provence rouge

Charlotte aux fruits rouges

Ingrédients

- 25 biscuits à la cuillère,
- 20 cl d'eau,
- 100 g de sucre,
- 5 cl de crème de fruits rouges.

Pour la garniture

- 200 g de fraises,
- 200 g de framboises,
- 100 g de baies de cassis,
- 100 g de groseilles,
- 150 g de sucre,
- 10 cl d'eau (ou de crème de fruits rouges),
- le jus d'un citron,
- 6 feuilles de gélatine (soit 15 g),
- 40 cl de crème liquide,
- 2 cuillères à soupe de sucre glace.

8 personnes

Menu

Vol-au-vent d'Amboise
•
Cul de lapin bardatte
•
Charlotte aux fruits rouges

Vin conseillé :
Rosé d'Arbois

1 Dans une casserole, mettre 150 g de sucre et 10 cl d'eau. Porter à ébullition jusqu'à obtenir un sirop.

2 Faire cuire les cassis et les groseilles pendant 15 min. Laver et égoutter les fraises et les framboises. Les réduire en purée et y ajouter le jus de citron.

3 Ramollir les feuilles de gélatine à l'eau froide, les égoutter puis les incorporer au mélange de cassis et groseilles. Mélanger le tout à la purée de framboises et de fraises. Réserver.

4 Faire à nouveau un sirop avec 20 cl d'eau et 100 g de sucre.

5 Y ajouter la crème de fruits rouges. Imbiber les biscuits à la cuillère avec ce sirop. Garnir le fond et les parois d'un moule à charlotte avec les biscuits.

6 Monter la crème liquide avec le sucre glace en chantilly. Incorporer la chantilly à la purée de fruits. Remplir le moule de la mousse de fruits et recouvrir de biscuits. Mettre la charlotte au frais.

7 Ce dessert peut être accompagné d'un coulis de fruits rouges ou de glace à la vanille.

Cornets de Murat

Ingrédients

- 75 g de sucre glace,
- 90 g de farine,
- 120 g de beurre,
- 3 cl d'huile neutre,
- 3 blancs d'œufs,
- 1 pincée de sel,
- 25 g de sucre semoule.

15 pièces environ

30 min

5 à 10 min

1 Mélanger l'huile et le beurre fondu que vous laissez ensuite tiédir.

2 D'autre part, mélanger la farine tamisée et le sucre glace. Incorporer l'huile et le beurre en remuant à la spatule jusqu'à consistance homogène.

3 Battre les blancs en neige et ajouter le sucre semoule en fin de cycle.

4 Ajouter délicatement les blancs à la pâte.

5 Sur une plaque graissée d'huile, décrire, à l'aide des doigts, des petits disques de 8 cm de diamètre environ, peu épais. Enfourner 5 à 10 min à 180°. Ne pas laisser trop colorer car vous aurez des soucis pour rouler la pâte.

6 Au fur et à mesure, décoller les disques de la plaque et les rouler en cornets (vous pouvez également les appuyer sur le cul d'un petit verre à goutte). Garnir à loisir de crème fouettée sucrée lorsqu'ils sont froids.

Menu

Petits ramequins de foies de volaille aux poireaux

•

Maquereaux au thym et au gros sel

•

Cornets de Murat

Vin conseillé : Bourgogne rosé Hautes Côtes de Nuits

Corniotte aux framboises

flambées au marc de Bourgogne

Ingrédients

Pour la pâte feuilletée :

- 200 g de farine,
- 150 g de beurre (ou margarine à feuilletage),
- 10 cl d'eau,
- 4 g de sel.

Pour la garniture :

- 750 g de fromage blanc,
- 500 g de framboises,
- 150 g de sucre,
- 20 g de beurre,
- 3 œufs,
- 5 cl de marc de Bourgogne.

4 personnes

40 min

25 min

1 Pour commencer, il est préférable de mettre le fromage blanc à sécher dans une faisselle un à deux jours.

2 Laisser le beurre à température ambiante.

3 Confectionner tout d'abord la pâte feuilletée. Pour cela, mettre le sel dans l'eau puis incorporer la farine, travailler jusqu'à obtention d'une pâte homogène. Abaisser la pâte en croix et y incorporer le beurre. Étaler la pâte sur 5 mm d'épaisseur en une bande de 15 à 20 cm de large. La plier en trois (portefeuille) et lui faire faire un quart de tour à droite. Renouveler l'opération cinq fois et la sixième fois, abaisser la pâte et couper des cercles de pâte de 15 cm environ. Réserver.

4 Pour la garniture, mettre la moitié des framboises dans le fromage blanc. Ajouter le sucre, deux œufs. Mélanger. Mettre cette préparation au centre des cercles de pâte et refermer en faisant de petits paquets. Dorer les corniottes avec le jaune de l'œuf restant.

5 Cuire au four à 180° pendant 25 min.

6 Pendant ce temps, poêler l'autre moitié des framboises avec du beurre. Les flamber au marc.

7 Servir les corniottes chaudes accompagnées des framboises flambées.

Menu

Flan de Saint-Jacques et poireaux à la truffe

•

Jarret de porc à la bière

•

Corniotte aux framboises flambées au marc de Bourgogne

Vin conseillé :
Vosné Romanée rouge

Croquaude

Ingrédients

- 3 œufs,
- 75 g de beurre mou,
- 250 g de sucre,
- 250 g de farine,
- 2 cuillerées à soupe d'anis en grains,
- 150 g de pralines concassées,
- beurre pour le moule.

4 à 6 personnes

1 Tourner le beurre en mousse avec le sucre dans une jatte.
2 Ajouter un à un les œufs en tournant longuement entre chaque pour bien les incorporer.
3 Puis ajouter l'anis en grains et petit à petit la farine. Verser cette pâte dans un moule à manqué très largement beurré. Recouvrir de pralines concassées.
4 Faire cuire 10 min dans le four préchauffé th. 8 ou 240° puis encore 20 min en réduisant la température du four à th. 5 ou 180°.
5 Servir avec une crème à la vanille.

Menu

Bisque d'étrilles
•
Entrecôte au gros sel
•
Croquaude

Vin conseillé :
Saumur mousseux rosé

Ingrédients

- 350 g de pâte feuilletée,
- 1 kg de pommes boskoop,
- 150 g de beurre,
- 150 g de sucre en poudre roux,
- 1 bâton de cannelle,
- 100 g de raisins secs,
- 100 g de pruneaux dénoyautés,
- 10 cl de vieux calvados,
- 20 cl de crème fleurette,
- 1 jaune d'œuf

Crème anglaise à la cannelle :

- 1 l de lait entier fermier,
- 10 jaunes d'œufs au litre, ou 16 jaunes pour les gourmands,
- 1 bâton de cannelle,
- 150 g de sucre.

8 personnes

1 h + 25 min

20 min

Feuilleté de pommes caramélisées,

sauce aux écorces de cannelle, sorbet pomme cidré « Jacqueline et Marc »

La veille

1 Faire macérer les raisins secs et les pruneaux dans le vieux calvados.

Le jour même

1 Couper des rectangles de 10 x 5 cm dans la pâte feuilletée. Les dorer au jaune d'œuf.

2 Quadriller avec la pointe d'un couteau.

3 Cuire au four 20 min à 200 °C. Laisser refroidir.

4 Faire fondre dans une poêle un morceau de beurre. Ajouter le sucre et la cannelle. Dès l'obtention du caramel, y mettre les pommes épluchées et coupées en quartiers.

5 Laisser cuire pendant 3 à 4 min. Ajouter les raisins secs et les pruneaux macérés.

6 Flamber.

7 Laisser réduire et ajouter un filet de crème fleurette.

8 Couper les feuilletés en trois dans le sens de l'épaisseur avec un couteau cranté.

9 Garnir le premier et le deuxième rectangle de l'appareil aux pommes. Recouvrir avec le dernier rectangle et le saupoudrer de sucre glace.

Sauce aux écorces de cannelle (crème anglaise parfumée à la cannelle)

1 Faire une crème anglaise en travaillant les jaunes d'œufs et le sucre. Ajouter le lait chaud, infuser la cannelle et cuire tout doucement à la spatule. La crème est prête quand elle nappe la cuillère. Passer au chinois. Laisser refroidir sur glace.

2 Dresser sur une assiette, garnir avec un cordon de sauce aux écorces de cannelle

Menu

Langue lucullus

•

Ailerons de raie à l'orange

•

Feuilleté de pommes caramélisées, sauce aux écorces de cannelle, sorbet pomme cidré

Vin conseillé : un cidre brut coat-albret, Loïc Berthelot

Feuilleté de pommes en chaud-froid

Ingrédients

- 16 quartiers de pommes en olive (façon de tailler), cuites au beurre sucré,
- 4 carrés de pâte feuilleté de 6 x 6 cm,
- 10 cl de coulis de pommes (passées au mixer),
- 4 c. de crème fouettée sucrée (Chantilly),
- 200 g de sorbet aux pommes,
- 8 belles fraises (facultatif) pour décor en saison,
- 20 g d'amandes grillées au calvados,
- 8 cuillerées de crème pâtissière au calvados,
- 20 g de caramel au calvados (facultatif).

4 personnes

30 min

15 min + 10 min

1 Faire cuire les feuilletés au four chaud. Pendant ce temps, peler les pommes et les tailler en olives.
2 Mélanger la crème pâtissière au calvados avec la crème Chantilly.
3 Au sortir du four, remplir les feuilletés chauds de cette même crème et disposer dessus les pommes en olives encore tièdes.
4 Dresser sur assiette les feuilletés, le sorbet aux pommes, parsemer des amandes grillées dessus et décorer harmonieusement du coulis et éventuellement de quelques zestes d'oranges confits. Arroser du caramel au calvados.

Menu

Velouté de cèpes aux pommes caramélisées

•

Noisettes d'agneau noir du Velay à l'ail de Billom

•

Feuilleté de pommes en chaud-froid

Vin conseillé : Menetou Salon rouge

Galette charentaise

Ingrédients

- 500 g de farine,
- 200 g de sucre,
- 4 œufs,
- 125 g de beurre,
- 1 pincée de sel,
- 1 sachet de sucre vanillé,
- 1 sachet de levure alsacienne,
- fruits confits.

6 personnes

35 min

20 min

Menu

Consommé de légumes au foie gras, crêtes et rognons de coq

•

Tournedos Rossini

•

Galette charentaise

Vin conseillé : Vouvray pétillant

1 Battre les œufs entiers et le sucre dans une terrine.

2 Ajouter la farine progressivement puis le beurre ramolli.

3 Travailler la pâte quelques minutes et la placer dans une tourtière préalablement beurrée.

4 Couper en tout petits morceaux les fruits confits et les disperser sur la pâte.

5 Tracer au couteau des lignes verticales dans les deux sens opposés.

6 Saupoudrer de sucre vanillé et mettre au four assez chaud pendant 20 min.

La galette peut se manger tiède ou froide.

Galette du Vexin

Ingrédients

- 5 c. de crème fraîche,
- 1 paquet de sucre vanillé,
- 5 cuillerées de lait de beurre (recueilli après le barattage du beurre),
- 2 cuillerées à soupe de sucre,
- 1 cuillerée à café de sel fin,
- 1 cuillerée à café de bicarbonate de soude (chez votre pharmacien),
- 2 jaunes d'œufs,
- 60 g de farine

4 personnes

1 Mélanger dans un grand bol : crème, lait de beurre, sucre, sel et bicarbonate.
2 Ajouter la farine pour obtenir une pâte un peu molle (plus ou moins selon le temps). Ne pas trop mélanger, la pâte ne doit pas coller au couteau.
3 Étaler la pâte sur une épaisseur de 1,5 cm et découper dedans des ronds. Disposer ces ronds sur une plaque beurrée.
4 Bien dorer au jaune d'œuf et arroser d'un peu de sucre vanillé. Faire cuire 25 à 30 min au four à 160 à 180 °C.
Près de Paris, c'est déjà la Normandie et cette formidable région nous a laissé ce gâteau au parfum d'autrefois.

Menu

Les gougères
•
Carpe farcie à l'ancienne au Monbazillac
•
Galette du Vexin

Vin conseillé :
Anjou Villages

Gâteau au sucre

Ingrédients

Pâte :
- 500 g de farine,
- 6 œufs,
- 20 g de levure,
- 10 g de sel,
- 5 cl d'eau,
- 200 g de beurre ramolli,
- 50 g de saindoux.

Appareil :
- 100 g de beurre,
- 150 g de sucre cristallisé,
- 4 œufs,
- 2 cuillères à soupe d'eau de fleur d'oranger.

pour 4 gâteaux de 25 cm

20 min

20 à 30 min

laisser reposer environ 2 h à température ambiante

Menu

Galette de pommes de terre au lard et aux œufs de truite fumée

•

Noix de ris de veau aux morilles

•

Gâteau au sucre

Vin conseillé : Côte du Jura mousseux

1 Mettre dans la cuve d'un robot équipé d'un crochet les œufs, la levure émiettée. Faire tourner à grande vitesse quelques secondes. Ajouter la farine et le sel à vitesse moyenne ainsi que l'eau.

2 Lorsque la pâte se décolle de la cuve, ajouter le beurre et le saindoux. Continuer de faire tourner jusqu'à ce que la pâte se détache à nouveau. Laisser reposer environ 2 h à température ambiante. La pâte va doubler de volume.

3 Écraser la pâte et la diviser en quatre. Étendre sur des tôles en relevant les bords. En attendant que la pâte lève (30 min environ), battre légèrement les œufs avec la moitié du sucre.

4 Parsemer le beurre en lichettes en faisant des petits trous dans la pâte, étaler les œufs puis le restant du sucre. Cuire 20 à 30 min à thermostat 6-7. Juste à la sortie du four, mettre une giclée d'eau de fleur d'oranger sur chaque gâteau.

Gâteau aux pommes

Ingrédients

- 1 kg de pommes,
- 5 cuillerées de farine,
- 5 cuillerées de sucre,
- 2 œufs,
- 100 g de beurre,
- 2 paquets de sucre vanillé,
- 1 paquet de levure chimique,
- sel.

8 personnes

1 Mélanger dans un grand saladier 1 kg de pommes épluchées et coupées en tranches, 5 cuillerées à soupe de farine, la même quantité de sucre, 2 œufs entiers, 100 g de beurre, 2 paquets de sucre vanillé (ceci est facultatif), 1 pincée de sel et 1 paquet de levure chimique.

2 Beurrer un moule ; y placer le mélange. Faire cuire au four à feu moyen pendant 45 min.

Menu

Rillettes de homard breton tartines grillées aux algues « papa et maman »

•

Gigot à la brayaude

•

Gâteau aux pommes

Vin conseillé :
vin d'Arbois rosé

Gâteau de pommes et gaudes sablées

Ingrédients

Pour les gaudes :
- 3 cuillères à soupe de lait,
- 70 g de sucre cassonade,
- 1 œuf,
- 1 jaune d'œuf,
- 130 g de beurre,
- 170 g de farine de maïs (si possible grillé).

Pour le gâteau de pommes :
- 1,5 kg de pommes (reinettes si possible),
- 120 g de miel,
- 80 g de beurre.

8 personnes

40 min

4 h + 30 min

Menu

Soupe glacée de melon, sorbet de mac vin

•

Filet mignon de porc au fenouil

•

Gâteau de pommes et gaudes sablées

Vin conseillé : Touraine mousseux

1 Commencer par éplucher et vider les pommes en essayant de les garder entières. Puis les couper en rondelles de 5 mm d'épaisseur.

2 Dans le fond d'un moule à charlotte, disposer les pommes en cercle, les beurrer et remettre un peu de miel.

3 Puis recouvrir de rondelles de pommes, beurrer et mettre du miel. Renouveler l'opération jusqu'à ce que les pommes dépassent le bord du moule d'une dizaine de centimètres.

4 Pour que les pommes tiennent, recouvrir le tout d'aluminium.

5 Mettre au four au bain-marie à 150° pendant 4 h.

6 Pour les gaudes, mettre dans une casserole, 110 g de beurre, le lait et le sucre. Porter à ébullition et ajouter la farine de maïs.

7 Lorsque la préparation est tiède, ajouter l'œuf entier et le jaune d'œuf.

8 Beurrer un moule à tarte avec le beurre restant. Y verser la préparation. Mettre au four à 180° pendant 30 min.

9 Lorsque la cuisson est terminée, couper en part. Servir le gâteau de pommes (chaud ou froid) avec les morceaux de gaudes.

Gaufres

Ingrédients

- 4 œufs,
- 50 cl de crème fraîche,
- 125 g de sucre en poudre,
- 125 g de farine,
- 1 cuillerée à soupe de rhum,
- sucre glace.

6 personnes

1 Battre les œufs dans une terrine, ajouter la crème, le rhum, le sucre. Continuer à battre énergiquement en ajoutant la farine tamisée. Vous devez obtenir une pâte ressemblant à la pâte à crêpes mais plus épaisse.

2 Faire chauffer le gaufrier sur les deux faces préalablement huilées. Faire couler une petite louche de pâte sur une face, à l'intérieur du gaufrier, en prenant soin de bien l'emplir. Fermer, faire cuire pendant 2 min sur chaque face en retournant la gaufre. Saupoudrer de sucre glace et servir avec un pot de gelée de groseilles ou un bol de crème chantilly.

Menu

Assiette de jeunes légumes « Martine »
•
Jambon d'York « Route de l'Orient »
•
Gaufres

Boisson conseillée :
Thé, café, chocolat

Kugelhopf

Ingrédients

- 1 kg de farine,
- 2 œufs,
- 40 cl de lait,
- 350 g de beurre,
- 150 g de sucre,
- 40 g de levure de boulanger,
- 10 g à 20 g de sel,
- 125 g de raisins secs,
- 75 g d'amandes (lavées et sucrées).

8 personnes

20 min

45 min

Menu

Soupe savoyarde dite « Soupe fourre-tout »

●

Lapin de grand-mère aux fines herbes

●

Kugelhopf

Vin conseillé : Crémant d'Alsace rosé

1 Faire un petit levain avec 125 g de farine, la levure, 70 g de lait tiède. Laisser lever.
2 Ajouter le reste de farine, les œufs, le sel et le beurre ramolli. Battre jusqu'à ce que la pâte se détache de la terrine et des mains. Ajouter le sucre, battre à nouveau.
3 Ajouter les raisins.
4 Beurrer le moule, poser dans chaque godron une amande puis la pâte jusqu'à mi-hauteur. Laisser lever pendant 1 h jusqu'au bord.
5 Cuire à feu moyen pendant 45 min à 1 h. Démouler et lorsque le Kugelhopf est refroidi, saupoudrer de sucre glace.

Kuign-amann de Fanch

Ingrédients

- 300 g de farine,
- 15 g de levure de boulanger fraîche,
- 1 verre (18 cl) d'eau tiède (1 cuillerée à soupe d'eau = 2 cl),
- 250 g de beurre demi-sel, d'excellente qualité, ramolli,
- 250 g de sucre,
- 1 cuillerée à café rase de sel.

6 à 8 personnes

poussée de la pâte : 1 h

1 Délayer la levure dans l'eau tiède et laisser gonfler 10 min, puis verser sur la farine dans une jatte, ajouter le sel.

2 Mélanger et battre cette pâte à la main pendant 5 à 10 min. Couvrir la jatte d'un linge et laisser lever la pâte 1 h dans un endroit tiède, jusqu'à ce qu'elle double de volume.

3 Préchauffer le four sur th 7 ou 220°.

4 Fariner le plan de travail, y étendre la pâte à la main sur environ 2 cm d'épaisseur. Poser 200 g de beurre et 200 g de sucre au centre et ramener les bords de la pâte pour enfermer le tout.

5 La poser alors dans un moule à tarte (de préférence en porcelaine à feu) et ramener à nouveau les bords de la pâte en appuyant avec le poing sur le centre. On a ainsi une petite déclivité au milieu de la pâte.

6 Ramollir 50 g de beurre jusqu'à ce qu'il soit presque fondu et le couler sur la pâte. Saupoudrer de 50 g de sucre et enfourner sur la grille du four.

7 Glisser en dessous la lèchefrite, remplie d'eau. Faire cuire 20 min.

8 L'eau dans le four créera une chaleur humide, ce qui donnera un Kouign-Amann moelleux à souhait.

Peut se faire également avec une pâte à pain achetée toute prête.

Menu

Poêlée de Saint-Jacques en nage de muscadet

•

Kig ha farz gwiniz du

•

Kuign-amann de Fanch

Vin conseillé : Cidre brut

Les bourdelots haut-normands

Ingrédients

- 4 pommes,
- 150 g de beurre,
- 300 g de farine,
- 1 pincée de sel et de cannelle,
- 1 œuf,
- 2 cuillères à soupe de gelée de groseilles,
- 1 verre à liqueur de calvados.

4 personnes

1 h

30 min

Menu

Terrine de canard au marc d'Arbois

•

Brochet au beurre blanc

•

Les bourdelots haut-normands

Vin conseillé : Clairette de Die

1 Peler puis évider les pommes. Garnir le cœur de chaque fruit d'un peu de beurre et d'une pincée de cannelle et les faire cuire à feu doux, au four, dans un plat beurré.

2 Dans une terrine, pétrir le beurre coupé en dés, la farine et un peu de sel. Ajouter ensuite de l'eau pour obtenir une pâte plus homogène.

3 Rouler en boule puis abaisser la pâte au rouleau. La plier en quatre et renouveler l'opération quatre fois. Laisser reposer dans un endroit frais, un bon quart d'heure.

4 Pour finir, étaler la pâte (1/2 cm d'épaisseur) et découper quatre beaux cercles assez larges pour recevoir et envelopper les pommes.

5 Déposer sur chaque cercle une pomme cuite.

6 Délayer la gelée avec un trait de calvados et en emplir le cœur de chaque fruit.

7 Enfermer chaque pomme dans son enveloppe de pâte.

8 Dans un bol, séparer le blanc du jaune de l'œuf et battre celui-ci. Dorer au jaune d'œuf avec un pinceau chaque bourdelot et quadriller tout le tour de la pâte avec une fourchette.

9 Poser les fruits sur une plaque allant au four et faire cuire à four chaud pendant 30 min. Flamber au calvados au moment de servir.

Les pets-de-nonne aux fruits secs

et aux fleurs d'acacia

Ingrédients

- 30 cl de lait,
- 100 g de beurre,
- 75 g de sucre,
- 250 g de farine,
- 5 œufs,
- 1 sachet de levure chimique,
- 1 pincée de sel,
- 100 g de noix, noisettes et pistaches mélangées,
- 50 g de raisins secs,
- 30 g d'abricots secs,
- 2 cl de marc de Bourgogne,
- 1 l d'huile de pépins de raisin (ou huile de friture),
- quelques fleurs d'acacia.

8 personnes

30 min

10 min

1 Dans une casserole, mettre le lait, le beurre en petits morceaux, le sucre et le sel.

2 Porter à ébullition et ajouter la farine en remuant vigoureusement.

3 Dessécher la pâte jusqu'à ce qu'elle se décolle des parois de la casserole.

4 Laisser tiédir et ajouter la levure.

5 Incorporer les œufs un par un puis ajouter les fruits secs en petits morceaux, les fleurs d'acacia et le marc de Bourgogne.

6 Mettre l'huile de pépins de raisin dans une friteuse.

7 Faire de petites boules avec la préparation de fruits secs et les frire dans l'huile bien chaude.

8 Une fois frits, rouler les pets-de-nonne dans du sucre cristallisé. Les accompagner de glace à la vanille.

Menu

Tourte aux épinards et coquilles Saint-Jacques

•

Côtelettes de veau au cognac

•

Les pets-de-nonne aux fruits secs et aux fleurs d'acacia

Vin conseillé :
vin d'Arbois mousseux

Les sablés de Caen

Ingrédients

- 250 g de farine,
- 250 g de beurre,
- 125 g de sucre semoule,
- 3 œufs,
- 1 citron,
- 1 pincée de sel.

6 personnes

Menu

Rémoulade de céleri, radis noirs et Saint-Jacques au beurre de poivron

•

Pot-au-feu des anciens

•

Les sablés de Caen

Boisson conseillée : jus d'orange, café, thé, chocolat

1 Faire cuire les œufs à l'eau bouillante pendant 10 min. Les refroidir sous l'eau froide. Les écaler. Séparer les jaunes des blancs.

2 Laver et essuyer le citron.

3 Dans une terrine, verser la farine, le sel, le sucre et les jaunes d'œufs. Mélanger énergiquement à la fourchette.

4 Faire ramollir le beurre et l'incorporer doucement à la préparation ainsi que le zeste du citron râpé.

5 Bien pétrir avec la main et façonner une boule de pâte. La recouvrir d'un linge et la laisser reposer dans un endroit frais pendant une heure.

6 Abaisser la pâte au rouleau à pâtisserie sur une épaisseur d'un demi-centimètre.

7 Y découper de grands cercles avec un emporte-pièce cannelé. Les couper en quatre.

8 Mouiller la tôle à pâtisserie et y déposer les sablés. Faire cuire de 7 à 8 min à four très chaud.

Milhard aux cerises

Ingrédients

- 500 g de cerises sauvages (ou burlat du pays),
- 4 œufs entiers,
- 120 g de farine,
- 240 g de sucre semoule,
- 20 cl de lait entier,
- 1 demi-paquet de levure chimique,
- 1 noix de beurre.

8 personnes

1 Dans une jatte, fouetter ensemble les œufs et le sucre.
2 Quand le mélange est lisse, ajouter la farine et la levure, amalgamer.
3 Délayer la pâte à milhard avec le lait froid.
4 Beurrer un moule rond à gâteaux de 25 cm de diamètre, haut d'environ 1,5 cm.
5 Répartir les cerises non dénoyautées (quitte à écorner la tradition, ôter les noyaux, les convives ne s'en plaindront pas, même si, soi-disant, le noyau chaud parfume l'ensemble).
6 Couler alors la pâte jusqu'à noyer les cerises. Enfourner 45 min à 180°. Tiède, il sera meilleur que glacé.

Menu

Feuilleté au butternut ou à la délicata
•
Bar grillé au fenouil
•
Milhard aux cerises

Vin conseillé :
Côtes de Castillon

Millassous

Ingrédients

- 50 cl de lait,
- 150 g de beurre,
- 5 œufs,
- 100 g de farine de maïs,
- 100 g de sucre,
- 1 sachet de sucre vanillé,
- 1 petite cuillerée à café de zeste de citron râpé.

6 personnes

15 min

45 min

Menu

Friture de lançons

•

Bœuf bourguignon

•

Millassous

Vin conseillé :
Rosé de Loire

1 Faire bouillir le lait avec le sucre et le sucre vanillé. Ajouter, hors du feu, la farine de maïs. Remuer vivement, incorporer le beurre. Parfumer au zeste de citron et amalgamer un à un les œufs.

2 Verser cette pâte dans un plat en terre beurré. Faire cuire 45 min dans le four préchauffé sur th. 5 ou 180°. Saupoudrer de sucre glace au sortir du four.

3 Servir tiède accompagné d'une compote de fruits.

Oreillettes

Ingrédients

- 1 kg de farine,
- sel,
- 250 g de sucre,
- 20 g de levure chimique,
- 250 g de beurre pommade,
- 8 œufs,
- fleur d'oranger.

8 à 10 personnes

20 min

6 min

1 Mélanger le beurre et le sucre pour obtenir une pâte homogène. Y ajouter au fur et à mesure la farine et la levure.
2 Incorporer les œufs.
3 Parfumer à la fleur d'oranger.
4 Étaler la pâte ainsi obtenue, découper des rectangles, et les faire frire dans de l'huile chaude.
5 Saupoudrer de sucre glace.

Les oreillettes sont de petites galettes frites que nous mangeons traditionnellement à Noël. Elles font partie des Treize Desserts. Les enfants aiment beaucoup cette gâterie pour leur goûter.

Menu

Pyramide de foie gras aux lentilles vertes et cailles des Vosges

•

Saumon à l'unilatérale

•

Oreillettes

Vin conseillé : Côtes de Provence ou jus d'orange

Paimpolaise

Ingrédients

- 1 gâteau breton fait avec la moitié des proportions données dans la recette, ou 1 gâteau acheté et taillé en deux dans l'épaisseur.
- 750 g de fraises,
- 4 cuillerées à soupe de gelée de groseille.

Pour la crème pâtissière

- 1 jaune d'œuf,
- 1 verre moyen (15 cl) de lait,
- 1 sachet de sucre vanillé,
- 2 cuillerées à soupe de sucre,
- 1 grosse cuillerée de Maïzena,
- 2 cuillerées à soupe de Cointreau,
- 1 noisette (40 g) de beurre demi-sel.

6 à 8 personnes

15 à 20 min

15 min

Menu

Tarte aux oignons
•
Aiguillette de canard sauce Périgueux
•
Paimpolaise

Vin conseillé :
Vouvray mousseux

1 Préparer la crème. Faire chauffer le lait avec les sucres. Mélanger le jaune d'œuf dans un bol, avec le Cointreau et la Maïzena. Ajouter doucement le lait bouillant en tournant puis verser la crème dans la casserole et lui faire prendre consistance épaisse sur feu doux en remuant. Retirer du feu, ajouter le beurre.

2 Étaler cette crème sur le demi-gâteau breton et laisser refroidir.

3 Puis garnir le gâteau de fraises en rangs serrés.

4 Tiédir légèrement la gelée de groseille pour la liquéfier et en enduire les fraises avec un pinceau. Accompagner d'une petite jatte de crème fraîche liquide.

Pain d'épice au miel

Ingrédients

- 125 g de miel,
- 125 g de sucre,
- 1/2 cuillerée à café d'anis en poudre,
- 1/2 cuillerée à café de gingembre en poudre,
- 1 cuillerée à café de bicarbonate de soude,
- 250 g de farine de froment,
- 125 g de farine de seigle.

6 à 8 personnes

30 min

1 h

1 Dans une terrine, délayer le miel avec une tasse à thé d'eau ou de lait chaud. Ajouter le sucre, l'anis, le gingembre, le bicarbonate. Mélanger en fouettant à la fourchette.

2 Incorporer peu à peu la farine. Bien travailler la pâte qui doit être bien lisse.

3 Beurrer et fariner un moule à cake rectangulaire. Y verser la pâte. Ne pas remplir au-dessus des trois quarts du moule.

4 Mettre à four chaud (th. 6 ou 7). Cuire 1 h environ. Vérifier en introduisant la pointe d'un couteau au centre du pain d'épice, elle doit en ressortir nette.

Menu

Soupe au lard et au fromage

•

Fera au vin

•

Pain d'épice au miel

Vin conseillé : Gigondas rouge

Quatre-quarts

Ingrédients

- 100 g de beurre ou de margarine,
- 100 g de sucre,
- 100 g de farine,
- 2 œufs,
- 1 pincée de sel.

Parfums :

- zeste de citron ou d'orange (peau jaune ou orange),
- 1 demi-paquet de sucre vanillé.

Matériel :

- 1 verre mesureur,
- 2 terrines,
- 1 spatule en caoutchouc,
- 1 cuillère en bois,
- 1 fouet électrique,
- 1 moule à manqué 18 cm de diamètre,
- 1 grille.

4 ou 5 personnes

15 min

30 à 40 min
Th 4-5 ou 180-200°

Menu

Soupe de poissons de l'île d'Yeu
•
Côtes et ris de veau aux pistaches et jus de betterave
•
Quatre-quarts

Vin conseillé :
Côte de Roussillon Villages rouge

1 Le quatre-quarts, comme son nom l'indique, est composé de quatre éléments en poids égaux : œuf-farine-sucre-beurre.
2 Allumer le four, beurrer et fariner le moule à manqué.
3 Travailler le beurre et le sucre jusqu'à ce que le mélange soit crémeux. Ajouter le zeste de citron râpé (peau jaune).
4 Séparer les blancs des jaunes d'œufs et ajouter les jaunes au mélange.
5 Verser la farine en pluie. Bien mélanger.
6 Battre les blancs en neige ferme avec le sel. Les incorporer délicatement avec la spatule en caoutchouc en soulevant et en coupant la pâte (ne pas tourner).
7 Verser la pâte dans le moule et enfourner aussitôt ; ne pas ouvrir le four avant 30 min. Vérifier la cuisson avec une aiguille à tricoter : si elle revient nette, démouler le gâteau chaud sur une grille.

Utilisations : Le quatre-quarts peut être servi tel quel pour accompagner des fruits au sirop ou une crème. Il peut être fourré et glacé comme le gâteau de Savoie.

Quatre-quarts de Caroline

Ingrédients

- 4 œufs (calibre 55) à température tiède,
- 225 g de beurre mou,
- 225 g de sucre,
- 225 g de farine à gâteaux avec levure incorporée,
- 1 citron non traité,
- 1 pincée de sel.

6 à 8 personnes

20 min

35 à 45 min

1 Dans une grande jatte, tourner le beurre en mousse et le sucre 3 à 4 min, y incorporer les œufs un par un en tournant longuement entre chaque afin d'obtenir une consistance de mayonnaise.
2 Ajouter le sel, le zeste râpé et le jus du citron. Puis peu à peu la farine.
3 Beurrer un grand moule à cake, y verser la pâte et faire cuire à mi-hauteur du four préchauffé à 200° ou th. 6, de 35 à 45 min.
4 Vérifier la cuisson à 35 min en piquant une lame de couteau au centre, elle doit ressortir sèche. Laisser refroidir avant de démouler.

Menu

Bouquet du Croisic à la fleur de sel et laitue de mer

•

Gigot d'agneau en croûte de sel

•

Quatre-quarts de Caroline

Vin conseillé : Crémant d'Alsace

Renversé de pommes

Ingrédients

- 3 pommes acidulées (belles-de-boskoop, reinettes, etc.),
- 125 g de farine,
- 1 sachet de levure chimique,
- 125 g de sucre,
- 3 œufs,
- 100 g de beurre demi-sel fondu en pommade,
- 50 g de beurre en petits morceaux,
- 1 citron,
- 4 cuillerées à soupe d'eau-de-vie de cidre ou calvados,
- 5 cuillerées à soupe de caramel liquide.

4 à 6 personnes

Menu

Potage aux feuilles de radis sauvages

•

Mijotée de porc « Vallée d'Isère »

•

Renversé de pommes

Vin conseillé :
Cidre bouché demi-sec

1 Beurrer un moule à manqué anti-adhésif de Ø 24 cm et y verser le caramel. Eplucher les pommes, les couper en lamelles et les disposer en rosace sur le caramel. Parsemer de petits morceaux de beurre. Arroser d'eau-de-vie de cidre.

2 Préparer la pâte. Séparer les jaunes des blancs des trois œufs. Tourner les jaunes en mousse avec le sucre (5 min). Ajouter le zeste râpé et le jus de citron. Incorporer petit à petit la farine mélangée à la levure puis le beurre fondu.

3 Fouetter les blancs d'œufs en neige avec une pincée de sel et les amalgamer délicatement à la pâte. Verser la pâte dans le moule. Faire cuire 25 à 30 min dans le four préchauffé à th. 6 ou 200°.

4 Laisser tiédir au sortir du four, puis renverser sur un plat de service.

5 Servir la renverse de pommes tiède ou froide, accompagnée d'une crème anglaise.

Peut se faire aussi avec des poires.

Rigodon aux cerises

Ingrédients

- 280 g de farine,
- 5 g de sel,
- 125 g de sucre,
- 10 g de levure de boulanger,
- 7 œufs,
- 150 g de beurre,
- 20 g de beurre fondu,
- 25 cl de crème épaisse,
- 25 cl de lait,
- 1 petite cuillerée de vanille liquide,
- 500 g de cerises dénoyautées.

6 à 8 personnes

10 h

1 h 10

1 Tamiser la farine et faire une fontaine. Y mettre le sel, 25 g de sucre, un œuf et la levure. Mélanger et délayer avec un peu d'eau tiède.

2 Puis incorporer deux œufs. Travailler la pâte jusqu'à ce qu'elle se décolle du plan de travail puis ajouter 150 g de beurre.

3 Faire pousser la pâte à température ambiante pendant 2 h puis la rompre et la mettre au réfrigérateur pendant 8 h.

4 Chemiser les parois d'un moule avec le beurre fondu et un peu de farine, y mettre la pâte.

5 Refaire pousser cette brioche puis la mettre au four à 180° pendant 30 min.

6 Une fois cuite, prendre 200 g de cette brioche et la couper en cubes de 1 x 1 cm.

7 Dans une jatte, mettre quatre œufs et 100 g de sucre. Faire blanchir les œufs. Ajouter le lait, la crème et la vanille liquide.

8 Puis mélanger à cette préparation les cerises dénoyautées et les cubes de brioche.

9 Mettre le tout dans un moule à cake et cuire au four à 170° pendant 40 min.

Il est possible d'accompagner ce gâteau de confiture, de crème fraîche ou d'un coulis de fruits rouges.

Menu

Tarte à l'époisses
•
Magret à la Royale
•
Rigodon aux cerises

Vin conseillé :
Bourgueil

Sablés saboliens

Ingrédients

- 180 g de farine,
- 100 g de beurre,
- 2 jaunes d'œufs,
- 1/2 tasse de lait,
- 50 g de sucre en poudre,
- 1 pincée de sel.

24 pièces

20 min

12 min

1 Dans une terrine, verser la farine, le sucre, le sel. Incorporer les jaunes d'œufs et commencer à pétrir l'ensemble en ajoutant le beurre un peu mou. « Sabler » la pâte en la pétrissant, en la divisant et la rassemblant plusieurs fois. Verser un peu de lait et pétrir longuement à la main. La pâte est un peu collante. Pour la faire quitter les doigts, tremper les mains dans la farine et les frotter l'une sur l'autre. Réunir la pâte en boule dans la terrine et la placer au frais.

2 Le lendemain, sortir la pâte au moins 1 h avant de la travailler. Retirer la boule de pâte de la terrine. La mettre sur une planche farinée, l'aplatir avec la paume de la main et la rouler avec le rouleau à pâtisserie fariné pour l'étendre en une abaisse de 4 mm d'épaisseur.

3 Avec une petite roulette dentelée, découper des bandes en triangles. Placer les triangles sur une plaque légèrement farinée.

4 Dans un bol, délayer un jaune d'œuf avec un peu de lait. À l'aide d'un pinceau, enduire chaque triangle. Mettre la plaque au four chaud (240 °C) pendant 10 à 12 min, jusqu'à ce que les sablés soient juste dorés. Retirer du four, et à l'aide d'une spatule placer les sablés sur une grille jusqu'à ce qu'ils soient froids.

Conserver dans une boîte en fer.

Menu

Terrine de foie gras au Sauternes

•

Dos de cabillaud poché, petits légumes champignons et lardons de haddock rissolés

•

Sablés saboliens

Vin conseillé : Gamay rouge

Savoie

Ingrédients

- 2 œufs,
- 50 g de sucre semoule,
- 25 g de farine,
- 25 g de fécule de pommes de terre,
- 1 pincée de sel.

Parfums (facultatif) :

- zeste de citron ou d'orange râpé (peau jaune ou orange),
- 1 cuillerée à café de sucre vanillé.

Matériel :

- 1 moule à savoie de 18 cm de diamètre,
- 1 spatule en caoutchouc,
- 1 cuillère en bois,
- 2 terrines,
- 1 verre mesureur,
- 1 grille,
- 1 fouet électrique.

4 personnes

1 Allumer le four et beurrer largement le moule à savoie. Fariner.
2 Dans une terrine, travailler les jaunes d'œufs, le sucre et le parfum au choix jusqu'à ce que le mélange blanchisse et devienne mousseux.
3 Ajouter la farine et la fécule en pluie. Mélanger.
4 Battre les blancs en neige ferme avec le sel. Les incorporer délicatement avec la spatule en caoutchouc en soulevant et en coupant la pâte (ne pas tourner).
5 Verser la pâte dans le moule et enfourner aussitôt.
6 Laisser cuire 30 min. Lorsque le gâteau est doré, vérifier s'il est cuit avec une aiguille à tricoter. Si elle ressort nette, démouler immédiatement sur une grille.

Recommandations pour réussir la pâte aux blancs d'œufs :

1 Les blancs d'œufs sont responsables du gonflement de la pâte à la cuisson ; aussi faut-il les manier avec beaucoup de précautions : avant de les battre, vérifier qu'ils ne contiennent pas de traces de jaunes.
2 Ils doivent être incorporés à la pâte avec délicatesse, en l'enrobant. Il ne faut surtout pas tourner car les blancs perdraient l'air qui se dilate à la chaleur et soulève la pâte.
3 Si l'on veut obtenir un gâteau plus léger, on peut ajouter à la pâte un blanc d'œuf battu en neige.
4 Ils doivent être utilisés immédiatement pour ne pas retomber, donc le four doit être à la température désirée.
5 Il ne faut pas ouvrir le four pendant la cuisson, car un coup d'air froid fait retomber la pâte définitivement.
6 Pour les débutantes, éviter de faire un gros gâteau. Il est plus facile de faire deux gâteaux de Savoie selon les proportions de la recette.
7 Si vous n'avez pas de fécule, vous pouvez très bien la remplacer par de la farine.

Menu

Suprême de foie blond au coulis d'écrevisses
•
Lapin au cidre
•
Savoie

Vin conseillé :
Beaujolais Villages rouge

Tarte au chocolat

Ingrédients

Pour la pâte :
- 250 g de farine,
- 125 g de beurre mou,
- 80 g de sucre,
- 1 œuf entier ou 2 jaunes d'œufs.

Pour la garniture :
- 100 g de chocolat noir,
- 150 g de beurre mou,
- 100 g de sucre glace,
- 2 jaunes d'œufs,
- 1 cuillerée à soupe de cognac,
- 150 g de noisettes hachées.

6 à 8 personnes

Menu

Blanc-manger au gwell, soupe glacée aux abricots « Odile et Jean-Yves »

•

Gigot de Belle-Île-en-Mer

•

Tarte au chocolat

Vin conseillé : Crémant d'Alsace

Préparer la pâte

1 Verser la farine dans une jatte et y creuser un puits. Mettre au centre : le sucre, l'œuf ou les deux jaunes et le beurre. Mélanger rapidement du bout des doigts en incorporant peu à peu la farine. Ne pas trop travailler. Ramasser la pâte en boule, l'envelopper d'un film plastique et la laisser reposer 1 h au frais.

2 Puis l'étaler et en garnir un moule à tarte beurrée. Piquer le fond à l'aide d'une fourchette. Le garnir d'aluminium ménager et recouvrir de noyaux de fruits ou de haricots secs pour empêcher la pâte de gonfler à la cuisson. Faire cuire 15 min dans le four préchauffé sur th. 7 ou 210°. Retirer la garniture qui recouvre la pâte, et remettre le fond de tarte dans le four éteint encore 10 min environ. Puis laisser totalement refroidir avant de démouler.

Préparer la garniture

1 Couper le chocolat en morceaux et le faire fondre dans un bol au bain-marie avec le cognac et deux cuillerées à soupe d'eau. Retirer du bain-marie, ajouter le beurre et le sucre, mélanger. Incorporer les jaunes d'œufs et 100 g de noisette hachées.

2 Garnir le fond de tarte de cette crème au chocolat et saupoudrer le centre avec le reste des noisettes.

Tarte au chocolat au poivre

et coulis de groseilles

Ingrédients

Pour la pâte sablée :
- 300 g de farine,
- 200 g de beurre,
- 100 g de sucre,
- 1 œuf,
- 1 pincée de sel.

Pour la garniture :
- 4 cl de crème liquide,
- 50 g de beurre,
- 180 g de chocolat noir,
- 2 g de poivre blanc moulu,
- 4 œufs,
- 40 g de sucre,
- 250 g de groseilles,
- 50 g de sucre (ou 200 g de gelée de groseilles toute faite).

8 personnes

1 Tamiser la farine et faire une fontaine. Mélanger le beurre, le sucre et la pincée de sel au milieu de la fontaine. Rajouter l'œuf et incorporer le tout à la farine. Travailler la pâte jusqu'à ce qu'elle soit homogène. Laisser reposer au réfrigérateur pendant 20 min.

2 Abaisser la pâte et en tapisser un moule à tarte de 28 cm et précuire à blanc à 200 °C pendant 15 min (pour faciliter la cuisson, nous conseillons de mettre le fond de tarte 30 min au congélateur avant de le cuire à blanc).

3 Pendant ce temps, dans une casserole, faire bouillir la crème.

4 Puis hors du feu, ajouter le beurre, le chocolat en petits morceaux et le poivre moulu.

5 Mélanger et réserver. Battre les œufs et le sucre jusqu'à obtention d'une consistance mousseuse, puis incorporer au chocolat.

6 Garnir le fond de pâte précuit de cette préparation et mettre au four à 180 °C pendant 15 min.

7 Mettre les groseilles à cuire avec le sucre et un peu d'eau jusqu'à obtention d'un coulis.

8 Servir la tarte tiède nappée du coulis (ou de la gelée) de groseilles.

Menu

Sardinade

•

Cul de veau
du vieux presbytère

•

Tarte au chocolat au poivre
et coulis de groseilles

Vin conseillé :
Côtes du Roussillon rosé

Ingrédients

- 280 g de chocolat noir à 70 % de cacao,
- 370 g de crème liquide, fond de génoise de 20 cm de diamètre,
- 20 cl de café expresso,
- 30 g de sucre semoule,
- 2 g de tabac blond d'Écosse à pipe.

4 personnes

Menu

Œufs en meurette

•

Filet de saint-pierre aux cèpes

•

Tarte au chocolat et infusion café tabac

Vin conseillé : Tavel rosé

Tarte au chocolat et infusion café tabac

La veille

1 Placer le fond de génoise dans un cercle de même dimension. Avec un pinceau, l'imbiber au café expresso et le réserver.

2 Faire fondre au bain-marie le chocolat, le mélanger avec 90 g de crème liquide.

Attention ! Le chocolat fondu doit être tiède, trop chaud il va cuire la crème et croûter.

3 Monter au fouet le restant de crème liquide en chantilly et l'incorporer au chocolat délicatement en mélangeant à la spatule en bois, sans « casser » la chantilly ; l'ensemble doit rester homogène et léger.

4 Verser sur la génoise et lisser avec une grande spatule en inox, filmer et conserver au froid 24 h.

Le lendemain

1 Dans une casserole, mélanger 10 cl de café expresso avec le sucre et le tabac, porter à ébullition et laisser frémir 8 min jusqu'à obtention d'un sirop un peu épais.

2 Sortir la tarte, retirer le cercle et déposer sur un plat de service, napper de sirop tiède et de glace vanille moulée à la cuillère avec quelques feuilles de menthe comme décoration.

Tarte aux mirabelles

Ingrédients

- 250 g de pâte feuilletée,
- 1 bocal de mirabelles au sirop,
- 5 cl d'alcool de mirabelle,
- 1 cuillerée à soupe d'amandes effilées.

6 personnes

environ 15 min

20 min

1 Abaisser la pâte dans un moule à tarte, piquer à la fourchette, garnir de fruits dénoyautés, parsemer d'amandes.

2 Cuire à four chaud 20 min. Lorsque votre tarte est sortie du four, flamber à la mirabelle. Servir tiède.

Menu

Duo de langoustines et artichauts, vinaigrette au jus de truffes, « Chantal de Clam »

●

Daube à l'avignonnaise

●

Tarte aux mirabelles

Vin conseillé : vin d'Arbois mousseux

Tarte aux myrtilles

Ingrédients

- 1 pâte brisée,
- 100 g de sucre,
- 2 blancs d'œufs,
- 50 g d'amandes en poudre,
- 1 kg de myrtilles fraîches ou surgelées,
- 3 cuillerées à soupe de gelée de mûres.

6 personnes

Menu

Fleurs de courgettes farcies aux miettes d'araignée de mer et morilles à la créole

●

Truite aux deux fleurs : sel – thym

●

Tarte aux myrtilles

Vin conseillé : Vin du Bugey Vivien-le-Grand rouge

1 Préchauffer le four à 200° ou th. 6.

2 Garnir un moule à tarte démontable de Ø 26 cm avec la pâte brisée.

3 Mélanger dans un bol les deux blancs d'œufs avec la poudre d'amandes et 50 g de sucre. En recouvrir le fond de pâte et verser les myrtilles par-dessus.

4 Faire cuire la tarte 45 min dans le four.

5 La saupoudrer de sucre au sortir du four et la laisser refroidir.

6 Faire légèrement fondre la gelée de mûres puis l'étaler sur la tarte. Démouler et poser sur le plat de service.

Tarte aux pignons

Ingrédients

Pour la pâte brisée :
- 150 g de farine,
- 75 g de beurre,
- 1/2 verre d'eau,
- 1 pincée de sel,
- 1 cuillerée de sucre.

Pour la crème aux amandes et la garniture :
- 25 cl de lait,
- 2 jaunes d'œufs,
- 30 g de farine,
- 50 g de sucre en poudre,
- 100 g d'amandes en poudre,
- 100 g de pignons,
- 5 cuillerées de marmelade d'abricots.

6 personnes

1 **Préparer la pâte brisée :** effriter le beurre dans la farine du bout des doigts. Ajouter le sel, le sucre et juste assez d'eau pour former sans pétrir une pâte souple. Laisser reposer au moins 30 min, puis étaler au rouleau et foncer un moule à tarte classique, de 26 cm de diamètre.

2 Étaler sur la pâte, au fond du moule, une épaisse couche de marmelade d'abricots.

3 **Préparer la crème aux amandes :** mélanger dans une terrine les jaunes d'œufs, le sucre et la farine. Travailler l'ensemble et le délayer avec le lait chaud. Faire épaissir à feu doux en remuant sans cesse jusqu'à ébullition. Ajouter la poudre d'amande. Bien mélanger. Laisser tiédir.

4 Étaler la crème au fond de la tarte, sur la marmelade d'abricots.

5 Enfin, répartir sur la crème, régulièrement, les pignons.

6 Mettre à four moyen préchauffé (th. 5, 200°) pendant 25 min.

Laisser tiédir avant de démouler.

Menu

Bouriquette

•

Sauté de lapin grand-mère

•

Tarte aux pignons

Vin conseillé :
un muscat de Rivesaltes.

Tarte aux pommes d'hier

Ingrédients

- 8 pommes reines de reinettes ou calvilles,
- 300 g de farine,
- 200 g de beurre,
- 1 pincée de sel,
- 3 jaunes d'œufs,
- 100 g de sucre,
- 25 g d'amandes en poudre,
- 10 cl de crème fraîche,
- 1 verre (7 cl) de calvados.

4 personnes

40 min

30 min

Menu

Crème de céleri à la rapée de truffes de Meuse

•

Coq au vin

•

Tarte aux pommes d'hier

Vin conseillé : cidre bouché

1 Faire la pâte en mélangeant farine, beurre, sel. Laisser reposer 1 h au frais.

2 Faire une compote avec la moitié des pommes.

3 Émincer sans les éplucher les pommes restantes, les faire macérer dans le calvados, mélangées avec 50 g de sucre.

4 Étaler dans le moule (ou cercle) la pâte, piquer le fond avec une fourchette, garnir de compote puis recouvrir avec les pommes.

5 Mettre à four chaud 30 min (200 °C).

6 Mélanger la crème, les amandes en poudre, le sucre restant et trois jaunes d'œufs.

7 Verser sur la tarte et faire recuire 15 min.

Servir encore tiède.

Tarte aux pralines

Ingrédients

- 200 g de pralines,
- 200 g de crème liquide.

Fond de tarte :

- 250 g de farine,
- 25 g de sucre semoule,
- 125 g de beurre,
- 1 œuf entier pour préparer la pâte brisée.

8 personnes

40 min

10 à 15 min dans le four à feu doux

1 Faire cuire doucement la crème avec les pralines concassées sur le feu et verser le tout sur le fond de tarte cuit.
2 Faire cuire 15 min au four.

Menu

Poilettes fertoises
•
Poulet rôti de Sorges
•
Tarte aux pralines

Vin conseillé :
Ruchottes Chambertin rouge

Tarte de semoule au cassis et coulis de sureau

Ingrédients

Pour la pâte sablée :
- 300 g de farine,
- 200 g de beurre,
- 100 g de sucre,
- 1 œuf,
- 1 pincée de sel.

Pour la garniture :
- 150 g de semoule de blé,
- 50 cl de lait entier,
- 3 œufs,
- 250 g de sucre,
- 300 g de baies de cassis,
- 1 gousse de vanille.

Pour le coulis de sureau :
- 200 g de baies de sureau bien mûres,
- 40 g de sucre.

8 personnes

30 min

40 min

Menu

Corolle de noix de St-Jacques et saumon mariné, mousse d'endives à l'anguille

•

Potée

•

Tarte de semoule au cassis et coulis de sureau

Vin conseillé : Cabernet d'Anjou rouge

1 Pour faire la pâte sablée, tamiser la farine et faire une fontaine. Mélanger le beurre, le sucre et le sel au milieu de la fontaine. Rajouter l'œuf et incorporer le tout à la farine. Travailler la pâte jusqu'à ce qu'elle soit homogène. Laisser reposer au réfrigérateur pendant 20 min.

2 Mettre le lait à bouillir avec la gousse de vanille coupée en deux. Retirer la gousse puis incorporer la semoule.

3 Prendre les trois œufs et séparer les jaunes des blancs.

4 Incorporer les jaunes à la semoule tiédie.

5 Monter les blancs avec 120 g de sucre. Les mélanger à la semoule.

6 Dans une casserole avec un peu d'eau, faire cuire les baies de cassis avec 130 g de sucre jusqu'à obtenir un coulis.

7 Puis sortir la pâte du réfrigérateur et l'abaisser. En tapisser un moule à tarte. Y verser le coulis de cassis puis la préparation à la semoule.

8 Mettre au four à 180° et faire cuire pendant 40 min.

9 Faire le coulis de sureau. Pour cela, mettre les baies de sureau à cuire avec le sucre et un peu d'eau pendant 20 min. Une fois cuit, passer le coulis au mixeur puis le passer au tamis. Servir la tarte tiède nappée du coulis de sureau.

Tarte des demoiselles Tatin

1 Mettre le beurre, coupé en morceaux, dans un moule à manqué antiadhésif. Faire fondre sur feu très doux ; ajouter le sucre et faire légèrement caraméliser.
2 Retirer du feu, recouvrir de quartiers de pommes bien serrés. Les arroser de jus de citron. Chauffer l'armagnac dans une petite casserole, le flamber et le verser sur les pommes.
3 Recouvrir le tout de pâte brisée. Faire cuire 30 min dans le four préchauffé sur th. 6 ou 7 ou 210°. Laisser un peu tiédir à la sortie du four avant de retourner cette tarte sur un plat de service. Servir chaude ou tiède.
4 Peut également se faire avec des poires.
Cette tarte serait due, selon la légende, à une maladresse de Fanny Tatin, qui cuisinait au siècle dernier à Lamotte-Beuvron, et qui, ayant laissé choir la tarte qu'elle avait préparée, l'enfourna à l'envers. Cet envers, l'expérience a prouvé qu'il valait mieux encore que l'endroit !

Ingrédients

- 4 à 5 belles pommes, reinettes ou boskoop, épluchées,
- 100 g de beurre,
- 100 g de sucre,
- 1/2 citron,
- 5 cuillerées à soupe d'eau-de-vie ou d'armagnac,
- 1 pâte brisée.

6 personnes

15 min

30 min

Menu

Tartare de grosse truite au brési

•

Filet de turbot du nabab « René Madec »

•

Tarte des demoiselles Tatin

Vin conseillé : Vouvray

Tourte aux prunes

Ingrédients

- 1 pâte semi-feuilletée,
- 1 kg de prunes ou de reines-claudes dénoyautées,
- 1 œuf, blanc séparé du jaune,
- 1 cuillerée à soupe de poudre d'amandes,
- 5 cuillerées à soupe de sucre,
- 10 cl de crème fraîche liquide,
- beurre,
- farine.

Pour la pâte feuilletée :

- 1 verre (20 cl) d'eau ou de rosé d'Anjou,
- 200 g de beurre coupé en morceaux,
- 300 g de farine,
- 50 g de sucre,
- 1 pincée de sel.

6 à 8 personnes

25 min
+ 2 h (repos de la pâte)

45 min

Menu

Pommes d'or au roquefort

Petit-salé aux lentilles

Tourte aux prunes

Vin conseillé :
Anjou pétillant rosé

1 Mélanger dans une jatte les noix hachées et le sucre. Ajouter la farine, les œufs, le rhum, le sel et terminer par le beurre fondu.

2 Verser cette pâte dans un moule à tarte beurré. Faire cuire 25 min dans le four préchauffé sur th. 6 ou 200°.

Vacherin mirabelle

Ingrédients

- 1 fond de meringue,
- 1 l de glace à la vanille,
- 1 l de glace à la mirabelle,
- crème chantilly.

Pour la garniture :

- 1 bocal de mirabelles au sirop,
- 1/2 verre d'alcool de mirabelle.

8 personnes

environ 40 min

1 Monter le vacherin la veille. C'est-à-dire sur un grand plat, rond et plat, mettre le fond de meringue dans un cercle en inox de la dimension plus petite que le plat. Ensuite, monter 3 cm de glace à la mirabelle. Vous mettez la quantité de glace de la hauteur du cercle. Terminer par la décoration avec la crème chantilly avec une seringue ou une poche à décoration. Tenir au congélateur jusqu'au moment de servir.

2 Pour le dessert, faire chauffer les mirabelles que vous aurez versées dans une casserole, demander le vacherin en utilisant un couteau trempé dans de l'eau chaude pour décoller le cercle. Garnir avec quelques mirabelles réservées à cet effet. Chauffer lentement l'alcool de mirabelle.

3 Apporter le vacherin, les mirabelles chaudes. Flamber devant vos invités, dresser par assiette la part de vacherin et quelques mirabelles flambées. Déguster mais le parfum de mirabelles aura rempli votre salle et aiguisé les papilles de vos invités.

Menu

Terrine de saumon aux petits pois

•

Noix de veau au livarot

•

Vacherin mirabelle

Vin conseillé :
Roussette de Savoie

Entrées

Entrées chaudes

Entrées froides

terrines

gelée

soupes

Tartes

plats

poissons d'eau douce

poissons d'eau de mer

Bœuf

Lapin

mouton, agneau

porc

veau

volailles

Desserts

clafoutis, fars, flans

crêpes

entremets

fruits cuisinés

glaces, sorbets

pâtisseries diverses

Toutes les recettes de cet ouvrage, dont les auteurs sont les suivants,
sont extraites des collections «cuisine» des Éditions Ouest-France :
Andant Jean-Yves, Association des tables gourmandes de Loire-Atlantique, Bar Amélie,
Bruneau Michel, Carpentier Gérald, Chanliaud Roland, Charlon Raymonde, du Pontavice Bleuzen,
Faivre Marc, Fonteneau Jean-Marie, Guilbaud Lionel, Guilbault Jean-Marie, Guy Ghislaine,
Haye Jacqueline et Olivier, Jeffroy Patrick, Laverrière Jean-Pierre, Lavialle Suzanne,
Lebédel Claude, Leroux Brigitte, Leymarie Jacqueline, Mouty Jean-Luc, Nespoux Jean-Pierre,
Nouet Martine, Obriot Claudy, Ringer Stéphane, Robert Jean, Romestant Henri-Dominique,
Strich Marie-José, Thépaut Nicole

Crédits photographiques :
Benaouda Didier, Chandon Denis, Herlédan Claude, Gratien Jean-Patrick,
Enjolras Bernard, Ehrard Marcel, Taillard Hubert

Mise en page : Nord Compo, Villeneuve d'Ascq (59)
Cet ouvrage a été achevé d'imprimer par l'imprimerie Cayfosa à Barcelone, Espagne.

ISBN : 2.7373.3394.6 **N° d'éditeur :** 4640.01.20.10.03 - **Dépôt légal :** octobre 2003